Georg Büchner (1813 – 1837)

Jan-Christoph Hauschild

GEORG BÜCHNERS FRAUEN

20 Porträts
aus Leben und Dichtung

Deutscher Taschenbuch Verlag

Ausführliche Informationen über
unsere Autoren und Bücher
finden Sie auf unserer Website
www.dtv.de

Originalausgabe 2013
© Deutscher Taschenbuch Verlag GmbH & Co.KG,
München
Das Werk ist urheberrechtlich geschützt. Sämtliche,
auch auszugsweise Verwertungen bleiben vorbehalten.
Umschlagkonzept: Balk & Brumshagen
Umschlagbild: ›Lesende Frau‹ (1889) von Asta Nörregaard (akg-images)
Satz: Bernd Schumacher, Obergriesbach
Druck und Bindung: CPI – Ebner & Spiegel, Ulm
Gedruckt auf säurefreiem, chlorfrei gebleichtem Papier
Printed in Germany · ISBN 978-3-423-28018-1

INHALT

Anhang

VORWORT

Die Skala der Liebe

Das in diesem Buch aufgebotene Ensemble setzt sich zum kleineren Teil aus realen Frauenpersönlichkeiten zusammen, die Raum und Zeit mit Georg Büchner teilten; zum größeren Teil aus Imaginationen seiner Phantasie und historischen Figuren, die er zu Protagonistinnen seiner Dichtungen machte. Und weil von den (mehr oder weniger) bekannt gewordenen Zeit- und Weggenossinnen beinahe die Hälfte dem Familienkreis zuzurechnen ist, bleiben fünf weibliche Wesen, an die Büchner sein Herz verloren haben könnte. Könnte! Denn als er starb, war er wenig mehr als 23 Jahre alt. Und die Tugend, so formulierten es schon die Aufklärer des 18. Jahrhunderts, erwächst nicht selten schlicht aus Mangel an sündiger Gelegenheit. Zudem soll sich Büchner, wie sein erster Biograph Karl Emil Franzos bei »fast wörtlicher Übereinstimmung« aller Befragten in Erfahrung brachte, von »allen grobsinnlichen Vergnügungen« ferngehalten haben. Was Literaten und Literaturwissenschaftler aber nicht daran gehindert hat, sich Büchners Liebesleben in schillernden Farben auszumalen.

Einer der ersten, der nebenbei das Thema »Büchner und die Frauen« in Szene setzte, war der Schriftsteller Fritz Gross (1897–1947). In seinem Lesedrama ›Georg Büchner. Stationen seines Lebens‹ (1919) bringt er Büchner in Zürich mit einer Prostituierten zusammen. Weil die Begegnung aber auf einer Parkbank in einer Winternacht stattfindet, kann sich keine rechte Kuschelatmosphäre einstellen; statt dass es zu Intimitäten kommt, übernimmt es die gütige »Dirne«, den jungen Mann in den Schlaf zu singen.

So sittsam ging es nur selten zu. Franz Theodor Csokor (1885–1969) lässt Büchner in seinem Drama ›Gesellschaft der Menschenrechte‹ (1929) ausgerechnet zusammen mit einem Schurken namens Konrad Kuhl und zwei Kellnerinnen in den rot verhangenen Logen einer Darmstädter Weinschenke eine Orgie feiern. Wohl weil dieser Kuhl heimlich für Geld Minnigerode, Weidig und andere Verbündete der hessischen Justiz ans Messer lieferte, verfiel Csokor auf die Anschlussidee, nun auch noch Chefermittler Georgi auftreten und sich mit Büchner balgen zu lassen, und zwar um dessen Dienstleistende, die sich wiederum von Büchner nur eines wünscht: »Tritt mich! Hau zu! Daß ich dich noch recht spüre!« Damit aber nicht genug: Auch Kuhl, der geldgierige Unhold, hat auf den hübschen Büchner ein Auge geworfen: »Sie sind ja hundert Frauen, mein Lieber [...]! Und ärger sind Sie noch als hundert Frauen, denn Sie haben Hirn und Fleisch eines Mannes dazu!«

In Gaston Salvatores (*1941) wenig inspiriertem Drama ›Büchners Tod‹ (1973) muss der Titelheld in betrunkenem Zustand seiner Verlobten auflauern und ihr gegenüber handgreiflich werden; das Erscheinen ihres Vaters bringt ihn zwar nicht zur Vernunft, aber fürs Erste von seinem Vorhaben ab. Als Todkranker macht er in Zürich einen erneuten Versuch, verwechselt Wilhelmine aber im Typhusdelirium mit einer Prostituierten und »schlägt sie mit voller Kraft«, was sein Freund Schulz ganz ernsthaft mit den Worten kommentiert: »Vielleicht wart ihr einen Augenblick glücklich«. Dem kann die Jaeglé nach reiflicher Überlegung nur zustimmen, um kurz

darauf das ›Aretino‹-Drama in den Ofen zu werfen, woraufhin
Büchner augenblicklich den Geist aufgibt. Großes Theater!

Im DEFA-Spielfilm ›Addio, piccola mia‹ (1979) griffen Dreh-
buchautor Lothar Warneke und seine Szenaristin Helga Schütz
eine Idee von Kasimir Edschmid auf, für den das Bild vom jugendlichen Womanizer eine ausgemachte Sache war:»Georg
hätte Frauen haben können, soviel er gewollt hätte«, lässt er
Caroline Schulz in seinem Büchner-Weidig-Roman ›Wenn es
Rosen sind, werden sie blühen‹ aus dem Jahr 1950 räsonieren.
Im Übrigen hatte Edschmid es bei ihrem Bekenntnis bewenden
lassen, wonach Büchner bis»vor einigen Jahren«, ehe sie Schulz
kennenlernte, gewiss»einen starken Reiz« auf sie»ausgeübt«
haben würde. Warneke und Schütz aber machten aus ihr Büchners reife Zürcher Geliebte, eine dramaturgische Dreingabe
zur biederen Jaeglé.

Im selben Jahr präsentierte der Literaturwissenschaftler
Thomas Michael Mayer (1946–2010), damals 33 Jahre jung, in
mehreren Veröffentlichungen Büchner als ausgemachten Erotiker, was er nicht bloß für den Autor, sondern auch für das gesellschaftliche Wesen, den Menschen Georg Büchner, geltend
machte. Denn gab es nicht den von Karl Emil Franzos überlieferten Bericht eines ungenannten Freundes, der Büchner
im Sommer 1831 in der Dämmerung am Darmstädter Jägertor
getroffen haben wollte,»ermüdet« zwar, aber mit glänzenden
Augen? Auf seine Frage,»wo er gewesen« sei, habe Büchner
dem Kameraden ins Ohr geflüstert:»Ich will's dir verraten: den
ganzen Tag am Herzen der Geliebten!« Und auf sein ungläubi-
ges oder sogar empörtes»Unmöglich!« habe Büchner lachend
geantwortet:»Doch, […] vom Morgen bis zum Abend in Einsiedel und dann in der Fasanerie!«

Hundert Jahre lang war niemand auf die Idee gekommen,
in dieser»Geliebten« etwas anderes zu vermuten als die Per-
sonifikation der Natur. Schließlich waren die Wälder rund um

das Forsthaus Einsiedel und die großherzogliche Fasanerie bei Kranichstein bevorzugte Ausflugsziele der Darmstädter, nur rund eine Fußstunde vom Zentrum entfernt. Doch Mayer deutete Einsiedel und Kranichstein als »verschwiegene« Tatorte für amouröse Abenteuer des Siebzehnjährigen, solchermaßen Naturliebe mit natürlicher Liebe, den Darmstädter Busen der Natur mit dem einer unbekannten Herzensfreundin verwechselnd.

Nachdem ihn Kollegen freundlich auf seinen Irrtum hingewiesen hatten, räumte Mayer etwas gewunden ein, man werde jene Geliebte, obschon Franzos' Darstellung »hier wie generell undurchsichtig« sei, »im engen Kontext eines besonders hervorgehobenen, unbescholtenen ›sittlichen Wandels‹ und statt dessen ›mit Schwärmerei‹ geliebter, spaziergangsweise geradezu angebeteter Natur doch auf diese letztere beziehen müssen und nicht auf ein Techtelmechtel« des Heranwachsenden. An einem anderen Indiz für die »frühe Libertinage« des bewunderten Dichters hielt er jedoch unbeirrt fest: dass nämlich die bis dahin lediglich aus einem Brief Büchners bekannte Klavierlehrerin seines elfjährigen Bruders Ludwig, ein Fräulein namens Lottchen Cellarius, mit einem »gefallenen Mädchen« identisch sein könnte, für das Büchner im Sommer 1833, nach dem Zeugnis seines Freundes Alexis Muston, »von einer Art mystischer Anbetung ergriffen« war.

Der Schriftsteller Frederik Hetmann (1934–2006) griff diese Kopiervorlage sogleich auf und ließ in seinem 1981 erschienenen Jugendbuch ›Georg B. oder Büchner lief zweimal von Gießen nach Offenbach und wieder zurück‹ seinen jugendlichen Helden »vielleicht« zwei-, dreimal mit der bei ihm allerdings üppig gereiften Mademoiselle Cellarius schlafen (was Hetmann immerhin ausdrücklich als seine Schriftstellerphantasie ausgab) und Gleiches – nach Salvatores Vorbild – in angetrunkenem Zustand bei der Jaeglé versuchen, die sich ihrem Freund jedoch mit »etwas spitzer, schriller Stimme«, also offensichtlich hyste-

risch, entzieht. Obendrein träumt Hetmanns Büchner, das Bett
mit einer gewissen Lena (sic!), der Geliebten seines Freundes
Schütz, zu teilen, nachdem er das Paar bei einem Spontanbe-
such nackt im Bett überrascht und Lenas »runde Schultern«,
ihren »Busen«, »den Rücken, die Hüften, die Beine« erblickt hat.
»Hübsch« erscheint ihm Lena zwar nicht, sogar »etwas grob«.
Aber im Unterschied zur Jaeglé eben willig. »Für Georg ist die
Liebe mindestens ebenso wichtig gewesen wie die Revolution«,
befand Hetmann kumpelhaft, um vierzig Seiten später noch
einmal daran zu erinnern: »Für Georg war Erotik wichtig. Es
gibt in den Theaterstücken […] unzählige Belegstellen für diese
Behauptung.« Lakonisch-komischer geht es kaum.

Selbst nachdem Lebensdaten zu Charlotte Cellarius bekannt
geworden waren und Mayer einräumen musste, dass eine Sech-
zehnjährige als Kandidatin für eine in Darmstadt »gestrandete
Prostituierte« kaum in Betracht kam, wollte er »amouröse Abenteuer« des Heranwachsenden »im damaligen Darmstadt« keineswegs von vornherein ausschließen; in solcher Abwehr, so Mayer,
mache sich lediglich ein überkommenes Büchner-Bild geltend,
das seine Sensualität in enge Grenzen gebannt sehen wolle. Wenn
Charlotte und die angeschwärmte Anonyme nicht identisch sei-
en, bedeute das eben, dass Büchner »zwei ganz verschiedene Geheimnisse in Darmstadt« gehütet habe. Für ihn stelle Büchners
»Sensualismus« jedenfalls »kaum eine bloße Lesefrucht« dar.

Hierin war er sich mit dem Germanisten Reinhold Grimm
(1931–2009) einig, der ebenfalls 1979 mit alliterierender Sugge-
stivkraft darauf aufmerksam gemacht hatte, dass es in Büchners
Stücken »von Hingebung und Huren, Liebenden und Libertins,
schonendster Zärtlichkeit und rücksichtslosester Geilheit« nur so
»wimmelt«. Grimm bezeichnete die »Sachlage« als »eindeutig«:
»Büchner war Erotiker und Revolutionär, war erotischer Revolutionär und revolutionärer Erotiker.« In seinem eifernden Überschwang schlug Grimm sogar vor, und zwar – wie er einräumte –

ohne Kenntnis der Handschriften, den Ausdruck »Zickwölfin«
(eigentlich »Zickwolfin«) in den ›Woyzeck‹-Manuskripten als
»Fickwölfin« zu lesen – wobei er allerdings übersah, dass es sich
um einen alten Sippennamen (ursprünglich »Sigiwolf«) handelt,
der in Deutschland, besonders in Baden und der Südpfalz, bis
auf den heutigen Tag verbreitet ist, derzeit durch ungefähr zweihundert Namensträger. Und eine Z- und eine F-Versalie sind
selbst in Büchners flüchtiger Handschrift nicht zu verwechseln.

»Als außenseiterischer Revolutionär musste Büchner konse-
quenterweise auch außenseiterischer Erotiker sein«, pflichtete
1986 Theo Buck (*1930) bei; »naturhafte Liebe und freie Partner-
wahl nach antiken Mustern bildeten seine Orientierungsgrund-
lage«, »sinnliche Lust ohne Maske gehörte zu seinem Programm«.
Denn werde nicht in ›Danton's Tod‹ »programmatisch verkün-
det«: »Der göttliche Epikur und die Venus mit dem schönen Hintern müssen statt der Heiligen Marat und Chalier die Türsteher
der Republik werden«? Büchners Dichtungen legten für Buck
nahe, dass er nicht nur in der Theorie, sondern auch in der Praxis
ein Apostel hedonistisch-laxer Liebes- und Sexualmoral war, ein
Libertin des Geistes und der Sitten, in jedem Fall »alles andere
als ein Verteidiger des abendländisch-christlichen Ehedogmas«.
»Hinsichtlich der sinnlich-erotischen Intensität« dürften wir »ge-
trost von einer völligen Übereinstimmung« zwischen der Prostituierten Marion (in ›Danton's Tod‹) »und ihrem libertinistischen
Schöpfer ausgehen«, in ihr habe Büchner »einen wesentlichen
Teil seines erotischen Wunschpotentials verlebendigt«.

In der Tat findet sich in ›Leonce und Lena‹, Büchners ab-
gründiger Komödie von 1836, ein Plädoyer für sexuelle Po-
lyphonie. »Mein Gott, wieviel Weiber hat man nötig, um die
Skala der Liebe auf und ab zu singen?«, lässt Büchner dort seinen Lustspielprinzen seufzen, nachdem er seiner Mätresse den
Laufpass gegeben hat. »Kaum, daß eine einen Ton ausfüllt.«
Doch Vorsicht: Der das sagt, ist nicht unbedingt ein Fachmann

fürs Feminine. Sein »Ideal eines Frauenzimmers« stellt sich so
dar: »Sie ist unendlich schön und unendlich geistlos. [...] Es
ist ein köstlicher Kontrast: diese himmlisch stupiden Augen,
dieser göttlich einfältige Mund, dieses schafnasige griechische
Profil, dieser geistige Tod in diesem geistlosen Leib.«

Wieso also sollte sich Büchner ausgerechnet diesen Leonce
zu seinem Sprachrohr auserkoren haben, der in vielen Einzel-
heiten als Protagonist der von ihm verachteten, »nach allen
Richtungen abgekitzelten Klasse« feudaler Müßiggänger erscheint und dessen Lebensplan sich in der Vision erschöpft,
das Königreich Popo in ein mediterranes Schlaraffenland
umzuwandeln, dem er als Schnarchmonarch vorsteht? Ein
Don Juan sieht anders aus. Und einen Dichter mit einer seiner
Figuren gleichzusetzen, bleibt immer problematisch. Zu Recht
hat Wolfdietrich Schnurre in seiner Büchnerpreis-Rede von
1983 den verbreiteten Publikumswunsch, »Werk und Autor
möchten wie zwei Sandwichhälften konturgleich aufeinander-
passen«, als »absolut unliterarisch« zurückgewiesen.

Außerhalb seiner Dichtungen verrät Büchner mehr als
einmal Konformität mit den seinerzeit gesellschaftlich domi-
nierenden Normen und Werten: Sensibilität gegenüber Sitte
und Moral, ein ausgeprägtes, ja fast übertrieben anmutendes
Bewusstsein für vornehme Schicklichkeit, und auch schamhaf-
te Rücksichtnahme auf das sogenannte schwache Geschlecht,
wie es auch für die Schwester Luise, Vorkämpferin der Frauen-
emanzipation, noch dreißig Jahre später selbstverständlich war,
als sie die weibliche Jugend vor »Schmutz« und Frivolität in der
Kunst sicher bewahrt wissen wollte: Im Brief an die Eltern vom
28. Juli 1835 räumte er ein, dass sich ›Danton's Tod‹ aufgrund
seiner überbordenden bildhaften Sexualität als »Lektüre für
junge Frauenzimmer« nicht eigne, der Medizinerfreund Boek-
kel wurde mit Brief vom 1. Juni 1836 darüber belehrt, dass er
seine Briefe, die ein »Frauenzimmer« gynäkologischer Details

wegen nicht lesen sollte, auch nicht an ein Frauenzimmer hätte adressieren und ihm »schicklichkeitshalber« nur unter Kuvert hätte zukommen lassen dürfen. Und die dubiose Gefährtin eines österreichischen Geheimagenten, nach damaliger Aktenlage ein ungarisches »Freudenmädchen«, bezeichnete der Schöpfer von Rosetta und Rosalie, Adelaide und Marion Anfang Juni 1836 in einem Brief an die Familie wenig einfühlsam als »liederliche Person«.

Was schließlich Büchners Einstellung zum »abendländisch-christlichen Ehedogma« angeht, so hat er sich mit verblüffender Klarheit gegen seine Abschaffung ausgesprochen: »Übrigens gehöre ich für meine Person keineswegs zu dem sogenannten Jungen Deutschland, der literarischen Partei Gutzkows und Heines. ... Auch teile ich keineswegs ihre Meinung über die Ehe und das Christentum«, heißt es unter dem Datum des 1. Januar 1836 in einem Brief an die Familie.

Auch die detailversessene biographische Forschung hat nur bestätigen können, was schon seit 1837 bekannt war: Dass sich nämlich Büchner im ersten Jahr seines Studiums in Straßburg »mit der Tochter« des Pfarrers an St. Wilhelm, Johann Jakob Jaeglé, verlobte, »welche durch Geist und Herz in jeder Beziehung seiner würdig war«. So steht es im Nachruf, den ihm sein Freund Wilhelm Schulz gewidmet hat. Wilhelmine Jaeglé also war die Frau an seiner Seite. Und dabei sollte, wer nicht selbst an einer sexuellen Obsession leidet, es belassen. Spannender und nutzbringender ist die Frage nach Georg Büchners Frauenbild, wie es uns in seinen Dichtungen entgegentritt. Dass die von Büchner entworfene »Skala der Liebe« von bürgerlicher Sittsamkeit bis zu ausschweifender Sinnlichkeit reicht, wird den Kenner nicht überraschen. Wie sich aber Dichtung und Wirklichkeit zueinander verhalten, ist in diesem Umfang bisher noch nicht untersucht worden. Die folgenden zwanzig Einzelporträts geben gründliche, bisweilen überraschende Auskunft.

LOUISE REUSS

1764–1846

Während Büchners Vorfahren väterlicherseits den Geist des selbstbewusst aufstrebenden Bürgertums repräsentierten, lassen sich durch die Familie seiner Mutter Verbindungen zum Absolutismus des 18. Jahrhunderts herstellen. Findet sich bei den Büchners über viele Generationen hinweg immer wieder der Beruf des Arztes und Chirurgen, hat bei den Reuß' der beamtete Staatsdiener Tradition. Wenn König Peter, seniler Serenissimus des Reiches Popo in Büchners Komödie ›Leonce und Lena‹, Züge Ludewigs I. trägt, dann weil Büchner durch seine Großmutter Louise über dessen Habitus und Schrulligkeiten genau unterrichtet gewesen sein dürfte. Sie kannte den hessischen Großherzog zum Mindesten aus Erzählungen ihres Mannes und dem Hofklatsch. Eine ihrer Freundinnen, mit denen sie in Darmstadt regelmäßig verkehrte, »hatte ihre Jugend an einem der kleinen deutsch-französischen Höfchen verbracht und war mit Skandal- und Intrigengeschichten ausgelegt wie ein Raritätenkasten mit Perlmutterplättchen«.

Großmutter Reuß wurde als Louise Sophie Hermanni am 22. März 1764 in Pirmasens geboren, damals Residenz des Landgrafen (späteren Großherzogs) von Hessen-Darmstadt. Ihre Eltern waren Nikolaus Ludwig Hermanni (1734–1793),

Major im Hessischen Leibgrenadier-Garderegiment, zuletzt
Obristleutnant, und Elisabeth Charlotte Hardinus.

Am 4. Oktober 1785 heiratete Louise, eine »große, schlanke,
stolze Frau« und damals »hochgefeierte Schönheit«, den sieben
Jahre älteren Georg Reuß (1757–1815), der sich binnen sechs Jahren vom einfachen »Scribenten« bis zum Rechnungsführer mit
dem Titel eines Hofkammerrats hochgearbeitet hatte. Den Ermittlungen von Karl Emil Franzos zufolge war er ein »ernster,
wackerer Mann, nicht bloß klug und welterfahren, sondern
auch hochgebildet; ein genauer Kenner und eifriger Verehrer
der deutschen Literatur«.

Die Reuß' stammten ursprünglich aus dem Hanauischen.
Der Stammvater Paulus Reuß war Diakon in Babenhausen,
sein Sohn Hospitalmeister in Buchsweiler und damit Gründer
des elsässischen Zweigs der Familie. Dort hatten die Grafen von
Hanau-Lichtenberg ihren Sitz, ehe ihre elsässisch-pfälzischen
Besitzungen 1736 an Hessen-Darmstadt fielen. Die Reuß' stellten eine Reihe von Hofbeamten. Büchners Urgroßvater Philipp
David Reuß, 1710 in Öhringen (Fürstentum Hohenlohe) geboren, kehrte ins Elsass zurück und diente sich unter Landgraf
Ludwig IX. von Hessen-Darmstadt vom Amtsschaffner bis
zum Kriegs- und Kammerrat im Ministerrang hoch. Er starb
1763 als Amtmann in Pirmasens. In der als »Militärkolonie« be-
rüchtigten Residenzstadt fand man damals, wie der Historiker
Vehse schrieb, »ein Mixtum von allen europäischen Nationen
beisammen«, »angeworbene Russen, Polen, Schweden, Dänen,
Franzosen, Türken, Zigeuner«. 1790, nach der Französischen
Revolution, als Ludewig X. Darmstadt wieder zum Sitz der
Landgrafschaft machte, entleerte sich »der große Menagerie-
kasten von Zweifüßlern« schlagartig und Pirmasens fiel erneut
in seinen früheren Dornröschenschlaf.

Während sich der mittlere Sohn von Büchners Urgroßvater
Reuß als Textilkaufmann in Frankreich niederließ, standen

zwei weitere Söhne in landgräflichen Diensten: Büchners Großvater Georg zuletzt als Schlossverwalter in Pirmasens, sein Bruder Johann Friedrich (1740–1830) als Kammerrat in Buchsweiler (heute Bouxwiller), das bis 1791 Sitz der landgräflichen Regierung war. Beide wurden mit ihren Familien Augenzeugen der Französischen Revolution, beide übernahmen Aufgaben, die in diesen stürmischen Zeiten besonders heikel waren. Johann Friedrich gehörte einer landgräflichen Kommission an, die sich mit den Ursachen für die im Gefolge der Französischen Revolution auch im Elsässischen aufgekommenen Beschwerden und Unruhen beschäftigen sollte. Ein Jahr lang ritten drei Regierungskommissare in Begleitung eines Militärkommandos durchs Land, um aufgebrachte hessische Untertanen zu beschwichtigen, Mängel festzustellen und für deren Abhilfe zu sorgen – das dämpfende Gegenstück gewissermaßen zu Georg Büchners aufrüttelnder Bauernagitation im ›Hessischen Landboten‹.

Georg Reuß blieb mit seiner Familie bis 1793 in Pirmasens. Als durch die Revolutionskriege die elsässischen Besitztümer des Landgrafen an Frankreich fielen, wurde auch die Lage in der einstigen Residenz von Tag zu Tag unsicherer. Auf eigene Initiative versuchte er im Frühjahr 1793, achtzehn Kisten mit »Herrschaftl[ichem] Silber, Zinn-, Porcellain- und Weißzeug, auch einigen Cammer Archiv Akten«, verteilt auf zwei Wagen, nach Darmstadt »in Sicherheit zu bringen«. Doch die Sendung wurde in Annweiler von einer französischen Patrouille beschlagnahmt, er selbst wenig später verhaftet. Während sich Büchners Großvater damit verteidigte, dass es sich um Eigentum seines »gnädigsten Fürsten« handle und nur deshalb nach Hessen hätte gebracht werden sollen, um es vor der Beschlagnahmung durch einen französischen Kommissar und der zu befürchtenden Plünderung des Schlosses durch aufgebrachte elsässische Bauern zu bewahren, betrachteten die Franzosen das Unternehmen als »prise fait sur l'ennemie« und behandelten ihn zunächst wie einen »Kriegs Gefangenen«. Am Morgen des 10. März brachte man ihn nach Landau und von dort nach Wissembourg, wo man die Entscheidung des Direktoriums in Straßburg abwarten wollte. In der Zwischenzeit gestattete man ihm, mit seiner Frau in Pirmasens Briefkontakt aufzunehmen. Louise wandte sich darauf unverzüglich an den Chef der Regierung in Pirmasens, damit dieser den Landgrafen nicht nur über den Verlust der achtzehn Kisten, sondern auch über die Motive, die ihren Mann zu der riskanten Rettungsaktion bewogen hatten, unterrichtete. Unter anderem heißt es in dem wohlformulierten Brief von Büchners Großmutter:

»Allein die Furcht, daß man die wahre Lage der Sache und deren Verhältnisse Serenissimo nicht so getreulich schildern mögte, und boshafte Leute seine Handlungen leicht anders auslegen könnten, läßt meiner Unruhe und Bekümmernis, in welcher mein Gemüt sich befindet, und das bei der in doppelter Rücksicht traurigen Lage meines Mannes weit mehr leiden muß, keine Augenblicke mehr verlieren, mich an Euro Reichsfreiherrliche Exzellenz, dessen Gewogenheit zu besitzen mein Mann das Glück hat, mit der untertänigen und dringenden Bitte zu wenden, Serenissimo sobald als möglich, die Anzeige hiervon zu tun, da es nicht an Feinden fehlen wird, die alles in einem gehassigen Licht schildern werden.«

Als nach acht Tagen die Entscheidung aus Straßburg eintraf, wurden Reuß und die beiden Fuhrleute wieder auf freien Fuß gesetzt. Die achtzehn Kisten waren jedoch verloren.

Nach einem erfolglosen Vorstoß der österreichischen Truppen, die zwar schon bis Buchsweiler gelangt waren, aber am 19. November der französischen Gegenoffensive weichen mussten, traten Ende November auch die Brüder Reuß mit ihren

Familien die Flucht nach Hessen-Darmstadt an. Insgesamt verließen damals rund 500 Personen, darunter etwa fünfzig Beamte aus Pirmasens und Buchsweiler, das Elsass. »Nur wenige«, schilderte ein anonymer Zeitgenosse die überstürzte Flucht, »hatten noch so viel Zeit, etwas an Mobilien zu retten; die meisten mußten aus Mangel an Fuhren oder weil sie nicht mehr so viel Zeit hatten, alles zurücklassen und ganz mit leerer Hand ihre Wohnungen verlassen. Manche wurden noch auf der Flucht durch Marodeurs ihres wenig Geretteten beraubt. [...] Es müßte einem geschickten Künstler Stoff zu einem interessanten und rührenden Gemälde geben, der es unternehmen wollte, diesen Auftritt darzustellen. Im Hintergrunde aufmarschierende Kolonnen zur Deckung des Rückzugs, im Vordergrunde defilierende Bataillone mit ihren Kanonen und Wagen, diese Bataillone durchmischt mit Auswanderern von jeden Geschlechte, Alter und Stande, einige in Wagen, die meisten zu Fuß, viele mit Bündeln auf dem Kopfe oder dem Rücken, andre ganz leer, manche mit Kindern auf dem Arm [...].« Die Flucht der landgräflichen Beamten war dringend geboten: Einige von den Zurückgebliebenen wurden auf Betreiben des öffentlichen Anklägers – kein anderer als der deutsche Jakobiner Eulogius Schneider – von den Franzosen festgenommen und hingerichtet. Büchners Großeltern waren der »Schreckensherrschaft« fast bis auf Tuchfühlung nahe gekommen.

Zwar ließ der Landgraf und spätere Großherzog Ludewig I. seine mit ihm vertriebenen Beamten nicht fallen, aber die steile Hofkarriere von Georg Reuß war damit beendet; eine 1794 bereits bewilligte, mit dem Titel eines Hofrats verbundene Stelle als »Resident und Hof- und Amtsschaffner« in Straßburg erledigte sich durch die weiteren Kriegsereignisse. »Die Invasion hatte seine amtliche Stellung erschüttert, den Kreis seiner Pflichten erweitert, den seiner Rechte eingeengt«, resümierte Karl Emil Franzos. Während sein Bruder als Geheimer Rat in Gießen amtierte, war Georgs 1798 erfolgte Einsetzung als Hospitalmeister am Philippshospital in Hofheim wohl nur eine Verlegenheitslösung; möglicherweise stellte sie eine Verbannung aus dem Gesichtskreis des Landesherrn dar: 1813 beklagte er sich beim Großherzog über die mangelnde Autorität des Amtes und die zu geringe Besoldung, und bat um Ernennung zum »Hospital-Direktor« und »wirklichen Regierungs-Rat«.

Nach dem Tod von Georg Reuß am 26. August 1815 sind die einundfünfzigjährige Witwe und der vierzehnjährige Sohn Carl wahrscheinlich zusammen mit der Familie ihres Schwiegersohns Ernst Büchner ins benachbarte Stockstadt am Rhein gezogen. Carl, gelernter Kaufmann, wanderte Anfang der 1830er Jahre nach Amerika aus, wo sich seine Spur verliert. Der älteste Sohn George war 1814 als Sekondeleutnant ins Leibgarde-Infanterie-Regiment Nr. 115 eingetreten und führte seitdem einen eigenen Hausstand, als Untermieter (mit Möbeln aus mütterlichem Besitz) in der heutigen Luisen-, dann der Zimmerstraße, später in der Bau-, der heutigen Elisabethenstraße in Darmstadt. Eine Führungspersönlichkeit war er nicht: Es dauerte vierzehn Jahre, bis man ihn zum Premierleutnant erhob, und weitere zwölf Jahre, bis er zum Hauptmann befördert wurde. »Das Reiten« war »seine Liebhaberei«; ab 1837 betreute er als »Stallmeister« die Pferde des Erbgroßherzogs. »Zwischen Amt und Blut geteilt«, war George Reuß das Bindeglied zwischen den liberal gesinnten Büchners und ihren dem Hof nahestehenden konservativen Darmstädter Verwandten.

Als Ernst Büchner nach Darmstadt berufen wurde, trennten sich die beiden Familien zunächst für einige Jahre, ehe Großmutter Reuß 1825 endgültig zu den Büchners in deren mittlerweile erworbenes eigenes Haus in der Grafenstraße zog. Dort lebte sie samt ihrer Magd Catharina im 1. Stock, der »bel étage« des Hauses, umgeben von »absonderlichen Möbeln mit gewundenen Beinen und geschnitzten Säulchen«, »abgeblaßten

Stickereien und Webereien«, einer »urnenförmigen porzellane-
nen gemalten Schlaguhr mit Glasglocke aus der Imperialzeit«
und ganzen »Menagerien« von mythologischen und pastoralen
»Porzellanfiguren und Gruppen aus Meißen und Sèvres«. Für
ihren jüngsten Enkel Alexander, der »oft als kleiner Bengel
auf einem Schemel« zu ihren Füßen zu sitzen pflegte, während seine Schwester Luise, ihr Patenkind (im Testament vom
12. November 1825 vererbte sie ihr sämtliche »Pretiosen d. h. die
goldne Sackuhr, Vorstecknadeln und Ringe, goldene Kette und
mein Kreutz von guten Steinen«), »aus gedruckten Büchern
sehr gebildete Lektüre vorlas«, war sie eine echte »Rokokogroß-
mutter«, die »nur noch in der Vergangenheit lebte« und »mit
Glanz am Hofe Ludwigs XV. [hätte] erscheinen können«.

Louises Magd muss eine besonders treue Seele gewesen sein,
was der Grund dafür war, dass sie im Mai 1828 sogar in die
Zeitung kam, in das ›Darmstädter Frage- und Anzeigeblatt‹:
Bei einer Tombola, die zur Auszeichnung und Belohnung
besonders »treuer und braver« Darmstädter Dienstmädchen
stattfand, gewann sie 1828 25 Gulden und erhielt obendrein
noch ein gedrucktes Zeugnis und einen »Jubiläumsring mit
den Bildnissen des Allerdurchlauchtigsten Großherzoglichen
Paares«. In ihrem ersten Testament vom 12. November 1825 legte Louise fest, dass ihrer »Magd Catharina Köbern, in so ferne
sie bei meinem Ableben noch in meinen Diensten sich befindet,
das Bett in dem sie schläft«, übereignet werden solle.

Ein- bis zweimal die Woche lud Großmutter Reuß, diese
»über die Jahre hinaus kokette Frau« (»bis zum Alter von sechzig Jahren ging sie geschminkt und geschnürt, gepudert und
ausgeschnitten einher«), ihre Freundinnen zum Essen und anschließenden Poch ein, einem Kartenspiel um Rechenpfennige.
Dabei wurden die Farben mit französischen Namen benannt,
»es hieß immer: Kör, Karoh«. Da kam es dann manchmal im
Licht von Talgkerzen zu komischen Situationen und Wortspie-

len, wie sie Büchner in der Eröffnungsszene von ›Danton's Tod‹ verarbeitet hat: »Aber, Frau Hofkonditor, *ich* hatte den Buben! Wie können Sie einen *Buben* haben, *Fräulein* [von Kruse]?« Bei Büchner heißt es:

> HÉRAULT ... Es ging schlecht, die Dame lag immer in den Wochen, jeden Augenblick bekam sie einen Buben. Ich würde meine Tochter dergleichen nicht spielen lassen, die Herren und Damen fallen so unanständig übereinander und die Buben kommen gleich hinten nach.

Im Gegensatz zur Großmutter, die als kostbares »Inventarstück« gehegt und gepflegt wurde, galten den Enkelkindern deren Freundinnen unter den befremdenden »Staatsspitzenhauben mit bunten Bändern« nur als geduldete Gäste. Frau Hofkonditor Juliane Purgold, »ein äußerst empfindsames und reizbares Gemüt«, galt den Geschwistern ihres »allgemein bekannten mißtrauischen und wenig wohlwollenden Charakters« wegen als Schreckschraube: »Sie sah in sich immer das verfolgte Opfer einer mißgünstischen oder höhnischen Absicht und mußte also stets bewaffnet sein, sich Angriffen entgegenzusetzen, die sich nur zu oft als Don Quixott'sche Windmühlen herausstellten.« Höchster Lebenszweck von Fräulein Wilhelmine von Kruse, einer »phlegmatischen Dame« von »korpulenter Gestalt«, sei es laut Luise Büchner gewesen, »zu leben, und zwar so bequem und angenehm als möglich«. »Keine große Wasche der geplagtesten Hausfrau, kein großes Diner, kein Souper, nichts konnte sie vermögen, sich ihrer Ruhe zu entziehen und mit Hand anzulegen. Sie lebte sich, den Mahlzeiten und ihrem Strickzeug.« Wie die Frau Hofkonditor stand auch sie mit den Büchnerschen Kindern auf ständigem Kriegsfuß, und Großmutter Reuß befand sich, ihrer Enkel wegen, »die sie herzlich liebte, fortwährend in einem kleinen Krieg mit diesen ihren beiden Freundinnen.«

Als ihr Enkel Georg im Frühjahr 1831 das Gymnasium absolviert hatte, war Großmutter Reuß gerade 67 Jahre alt geworden und noch immer »eine sehr stattliche Dame, der man es nicht ansah, wie nahe sie den siebenzig stand. Zu ihrem jugendlichen Aussehen trug ihre Toilette bei, die nach Schnitt und Farbe nichts weniger als im Geschmack einer Matrone eingerichtet war, jedoch durch die Haltung, mit der sie getragen wurde, nichts weniger als unangenehm auffiel.« Eugène Boeckel, der sie 1836 bei einer Darmstädter Stippvisite kennenlernte, schien sie, wie er Büchner nach Straßburg schrieb, »besonders gut konserviert« zu sein.

Das Verhältnis Georg Büchners zu seiner Großmutter muss ein sehr vertrauensvolles gewesen sein. Sie scheint Geheimnisträgerin für Probleme gewesen zu sein, die Büchner nicht einmal seiner Mutter mitteilen wollte, um sie nicht in Konflikte zwischen Mutter- und Gattinnenrolle zu stürzen. Als Büchner im März 1835, unmittelbar vor seiner Flucht nach Straßburg, seiner drohenden Verhaftung wegen untertauchte und »vor seiner Familie sogar, verborgen« lebte (so Karl Gutzkow in seinem Nachruf), ließ er sich seine Post unter Kuvert an die Adresse seiner Großmutter schicken. Daher war das Antwortschreiben des Verlegers Johann David Sauerländer, dem Büchner im Februar 1835 sein Drama ›Danton's Tod‹ angeboten hatte, an sie adressiert, und an sie ging Anfang März auch das vereinbarte Honorar von 100 Gulden. Dieses Geld, das Büchner für die heimliche Flucht nach Straßburg dringend benötigte, traf jedoch zu spät in Darmstadt ein. Großmutter Reuß konnte es ihrem Enkel nicht mehr aushändigen. Er hatte sich bereits aus dem Staub gemacht, unterstützt von seinen Freunden aus der »Gesellschaft der Menschenrechte«, die von dem Geld ursprünglich eine Druckpresse anschaffen wollten.

Großmutter Reuß schloss sich auch nicht den Sanktionen des wegen der Verstrickung seines Sohnes in »revolutionäre

Umtriebe« aufs Höchste erzürnten Vaters an, sondern unterstützte ihren Enkel, wie Wilhelm Büchner berichtete, nach seiner Flucht finanziell: »Durch die Mutter und die Großmutter wurden Georg einige Mittel von Zeit zu Zeit zugewiesen, vielleicht nicht ganz ohne Wissen des Vaters, aber nicht mit seiner offiziellen Bewilligung.« Zu diesem Zeitpunkt war sie schon am Star erkrankt (sie sei »iezt beinahe völlig blind«, schrieb Ernst Büchner seinem Sohn am 18. Dezember 1836) und musste sich fortan »an den Zimmermöbeln hinfühlend, durch die Reste ihres Daseins hindurch« tasten, ehe sie zuletzt »erblindet ans Bett gefesselt« war, von der ganzen Familie verehrt und liebevoll umsorgt. Dankbar hob sie in ihrer beim Stadtgericht hinterlegten »Letzten Willens Ordnung« vom 29. September 1840 hervor, dass ihre »dahier wohnenden Kinder, der Capitain Reuß und die Ehegattin des Großhz. Medizinalrates Dr. Büchner« sie während ihres »Alters« und ihrer »Krankheit« mit kindlicher Liebe gewartet«, »dieses Verhältnis« aber nicht benutzt hätten, »um sich vor ihren Geschwistern einen Vorteil anzueignen«, denn das beim Ableben ihres Mannes »vorhandene CapitalVermögen« habe sich »nicht vermindert«. Sie wolle daher sicherstellen, dass bezüglich der Erbschaft beide »in keiner Weise nach meinem Tode belästigt werden«. Unter anderem verbot sie ihren »übrigen Erben« regelrecht, »irgend eine Anfrage über die Verwaltung meines Vermögens an meine dahier wohnenden Kinder zu richten«. Sie starb am 17. Januar 1846, fast neun Jahre nach ihrem Enkel Georg. Seine andere Großmutter, die Mutter seines Vaters, hatte er nicht mehr kennengelernt, sie war bereits um 1800 gestorben.

CAROLINE BÜCHNER

1791–1858

An
Herrn Doktor G. Büchner Wohlgeboren in Zürich.
In der Schweiz.
Abzugeben bei Herrn Regierungsrath Zehnder in der
Steinstraße.
Frei.

Darmstadt den 30ten Oktober 1836.

Lieber Georg!
Welche Freude als Dein Brief vom 25ten Oktober das Postzeichen Zürich darauf ankam. Ich jubelte laut; denn obgleich wir uns gegenseitig nichts sagten; so hatten wir alle große Angst, und wir glaubten kaum daß Du glücklich über die Gränze kommen würdest. Die Sache hat mir vielen heimlichen Kummer gemacht, nun Gott lob auch dies ging glücklich vorüber. –

Wir waren die Zeit sehr beschäftiget, Mittwochs legte ich große Wasche ein, und Montags zuvor kamen Beckers aus Frankfurt und blieben bis Donnerstag, sie erkundigten sich sehr nach Dir, und freuten sich recht über Deine guten Aussichten, wir hatten einige sehr vergnügte Tage. Auf Deinen Geburtstag tranken wir alle zusammen Deine Gesundheit. –

Wie Dein Brief ankam den 27ten biegelte ich gerade das letzte Stück, Vater war im Theater, ich kann Dir gar nicht sagen wie sehr er sich freute als er nach Hause kam. Er stimmt ganz mit Baiter überein und ermahnt Dich dringend ja über vergleichende Anatomie Vorlesungen zu halten, er glaubt sicher, daß Du darin am ersten einen festen Fuß fassen und Dich am ehrenvollsten emporhelfen könntest. –

Wilhelm war ohngefähr 14 Tage hier, und nun ist er seit Mittwoch nach Heidelberg mit Schenk abgereist. Mit Giessen war es für diesen Winter nichts. Ich kann Dir gar nicht sagen wie ich mich über diesen Jungen beunruhige, es ist noch ein gar zu großer Kindskopf, hat gar keinen Begriff vom Schaden hat einen falschen Ehrgeiz, und ist hinter seinem Rezeptiertisch gar zu schro geworden. Wie wir Briefe von ihm erhalten, werde ich ihm schreiben, ihm Deine Adresse schicken, damit er auch an Dich schreiben kann. Antworte ihm nur gleich und ermahne ihn recht. Mathilde wird selbsten an Dich schreiben, sonsten ist alles bei uns beim alten. Den 25ten Ok: war Alexanders Geburtstag er wurde 9 Jahre alt, heute wird er solenn gefeiert, er hat sich 10 Jungens gebeten, der Chokolade ist bereits gekocht könnte ich Dir doch auch eine Tasse einschenken. Onkel Georg ist bei seinem Leutnant, auch noch so ein Stück Stallmeister geworden. Der bekannte Stall Schenk, zeither Stallmeister bei Prinz Louis ist am Nervenfieber gestorben, und nun reitet Onkel die Pferde vom Prinzen, er hofft auch die vom Prinzen Karl zu bekommen, und dann trägt es ihm immer 200 fl ein. Das Reiten ist seine Liebhaberei, er ist sehr vergnügt darüber. –

Wenn Du hörst daß hier das Nervenfieber grassierte, so ängstige Dich nicht es ist nicht so arg, als es die Leute machen, es sind zwar schon viele Menschen daran gestorben. Kürzlich starben aus einer Familie drei junge Leute. Zwei Söhne und eine Tochter, sie wurden an einem Tage begraben, und gestern soll auch die Mutter gestorben sein. –

Der Vater ist Hoboist. Leider wurde kürzlich ein Mörder hingerichtet die Kinder sahen ihm auf dem Markt den Stab brechen, und Louis ging mit Vater auf die Richtstätte; er hatte vor 2 Jahren einen Förster erschlagen. –

Wie es hier mit den Gefangenen geht weiß Gott, es ist alles still. –

Der Junge Baron von Bechtold ist Leutnant geworden, und wurde nach Butzbach versetzt, und heute hörten wir daß Herr Regierungs: von Bechtold Ministerialrat geworden sei. Dies unsere Neuigkeiten. – Ich kann nun gar nicht erwarten bis Dein nächster Brief kommt, lasse uns nur nicht lange warten, gehe nur recht unter Menschen und suche Dich zu zerstreuen. Doch hoffe ich, daß ich Dich nicht mehr zu ermahnen brauche, Dich von allem politischen Treiben entfernt zu halten, Du bist nun mitten darin Du wirst Dich denke ich nicht anstecken lassen, es wird mir doch manchmal himmel Angst. – Morgen schreibe ich und Mathilde an Mina, sie dauert mich gar zu sehr, ich kann das Frühjahr kaum erwarten, dann hoffe ich fest, sie bei uns zu sehen. Mathilde läßt Dich tausendmal grüßen; wie sie *endlich* anfing zu schreiben bekam sie Besuch sie will es also aufsparen bis ich wieder schreibe. –

Vater schickt Dir hier ein Recept für Deine Nase, er bittet Dich sehr es einmal recht ernstlich und anhaltend zu gebrauchen, und ihm über den Erfolg zu berichten. Wie hast Du die Straßburger nach einander verlassen? hast Du die Tante Reuß noch gesprochen, warst Du bis Himmlies? Wenn Du wieder schreibst so gib mir Nachricht. Deine Kost und Logie finden wir sehr billig, freilich eine Kost wie bei Fräulein Jäkele wirst Du nicht leicht wieder finden, nun man muß sich an alles gewöhnen. Schreibe uns nur immer recht ausführlich, ich meine seit Du von Straßburg weg bist nun seist Du erst in der Fremde,

in Straßburg glaubte ich Dich immer in meiner Nähe. Wirst
Du denn mein Geschmier lesen können? Ich schreibe aber in
einem solchen Tumult daß ich gar nicht weiß wo mir der Kopf
steht. Großmutter grüßt Dich vielmals schreibe ihr bald, weil
es ihr Freude macht, sie ist immer sehr niedergeschlagen, denn
sie sieht fast gar nichts mehr. Es ist sehr betrübt, und für uns
alle traurige Aussichten. Alles grüßt Dich Jung und Alt, auch
Emma die eben da ist auch die träge Mathilde. Nun lebe wohl
und schreibe bald wieder Deiner treuen

Mutter C: Büchner

Der Brief einer besorgten Mutter, aber ganz ohne Ermahnungen
und Zurechtweisungen, ein Bericht über das Leben zu Hause,
über die engere und weitere Familie und über das Beteiligtsein
am anderen, mit Freuden und Ängsten: »könnte ich Dir doch
auch eine Tasse einschenken«. Es ist der einzige erhaltene Brief
von Caroline Büchner, ein wertvolles Lebensdokument, denn
außer einigen Urkunden ist wenig mehr überliefert. Wir wissen
kaum etwas und fast nichts Gesichertes über Georg Büchners
Mutter. »Lebenslustig« und »von rheinischem Frohsinn« soll
sie gewesen sein, mit einem wachen und vielseitigen Interesse,
bescheiden, »unendlich gütig und weich« (Alexander Büchner),
zugleich aber resolut, mit allen Fähigkeiten für die Führung
eines zuletzt neunköpfigen Haushalts. Eugène Boeckel, der als
Fünfundzwanzigjähriger die Familie seines Freundes Georg
Büchner besuchte, bezeichnete sie als »eine der angenehmsten
und unterhaltendsten Personen«, denen er »jemalen« begegnet sei. »Sie habe«, fasste Karl Emil Franzos, einer der ersten
Büchner-Biographen, die ihm vorliegenden Zeugnisse zusammen, »jedem wohlgetan und keinem wehe; ihre Güte wie ihre
Kenntnis des Menschenherzens seien gleich groß gewesen und
darum unvergleichlich das Produkt aus beiden: ihr Takt, ihre
zarteste Rücksichtnahme auf jede Eigenart.«

Als Friederike Louise Caroline Reuß kam sie am 19. August 1791 in Pirmasens zur Welt, der ehemaligen Residenz der Landgrafen von Hessen-Darmstadt. Sie war das dritte Kind ihrer Eltern Georg und Louise Reuß. Älter als sie waren ihre Schwestern Amalie (1786–1810) und Luise (1789–1814), jünger ihre Brüder George (1795–1849) und Carl Ludwig (1801–nach 1846); ein weiterer Bruder, Reinhard Carl, starb 1800 bald nach der Geburt. Ihre ersten beiden Lebensjahre verbrachte sie im Residenzschloss des Landgrafen Ludwigs X., der sich wegen der Revolutionskriege schon 1790 mit dem gesamten Hofstaat in die hessischen »Stammlande« zurückgezogen und ihren Vater als Schlossverwalter eingesetzt hatte. Als 1793 die elsässischen Besitztümer des Landgrafen aufgrund eines Konventsbeschlusses Frankreich inkorporiert wurden, trat auch Georg Reuß zusammen mit seiner Frau und den drei kleinen Töchtern die Flucht nach Hessen-Darmstadt an. Von 1798 bis zu seinem Tod im Jahr 1815 war er Verwaltungsleiter des Philippshospitals in Hofheim, wo man sich seit dem 16. Jahrhundert um »Rasende und Wahnsinnige« kümmerte.

In Darmstadt erhielt Caroline eine ausgezeichnete Erziehung im Haus des reformierten Pfarrers Johann Balthasar Reck, der zugleich ihr Seelsorger war. Als sie sich am 28. Oktober 1812 im Alter von 21 Jahren mit dem »Amts und Hospital Chirurg Doktor Büchner in Goddelau« verheiratete, bestand sie darauf, in aller Stille nach dem Ritus der reformierten Kirche, der die Reuß' schon in Pirmasens angehörten, getraut zu werden, was immerhin der allerhöchsten Genehmigung durch den Großherzog bedurfte. Damit waren die traditionellen Gepflogenheiten, eine öffentliche Proklamation und ein gemeinsamer Festschmaus, der sog. »Weinkauf«, ausgeschlossen. Das Gesuch des Brautvaters Georg Reuß an Ludewig I. vom 3. Oktober 1812 ist im Zentralarchiv der Evangelischen Kirche in Hessen und Nassau in Darmstadt erhalten; es wurde vom Großherzog am selben Tag bewilligt. Die vollzogene Eheschließung ist sowohl im Hofheimer Kirchenprotokoll des Jahres 1812 als auch im Kirchenbuch der Gemeinde Goddelau verzeichnet, wo der Bräutigam vermutlich seit seiner Ernennung zum Amtschirurgen für das Amt Dornberg wirkte. Ernst Büchner fiel es nicht schwer, in der Frage des Ritus nachzugeben, wie er sich überhaupt, nach dem glaubhaften Zeugnis von Ludwig Wilhelm Luck, Pfarrer und ehemaliger Mitschüler Georg Büchners, aus »Religion und Christentum« wenig gemacht haben soll, die für ihn Äußerlichkeiten darstellten, während Caroline ein Sinn für Religion eignete, auch wenn dieser »vielleicht nicht ganz ausgebildet und bewußt« war, wie Luck konstatierte, dessen Frau sie aus ihrer Jugend kannte. Und noch etwas unterschied sie von ihrem Mann: Während Ernst Büchner aufgrund seines Lebensschicksals zum Bewunderer Napoleons und seiner eingreifenden Reformen von Staat und Gesellschaft geworden war, soll sich laut Karl Emil Franzos in Caroline Büchner, und sogar »noch weitaus verstärkt«, die Vorliebe ihres Vaters für »deutsches Wesen« fortgepflanzt haben: »Sie sog durch ihr weiches, schwärmerisches, für und durch das Schöne leicht entflammtes Gemüt aus den patriotischen Dichtern, namentlich aus Schiller und Körner, eine wahrhaft grenzenlose Begeisterung für ihr Volkstum.«

Das Ehepaar Büchner zog in das Haus Weidstraße 9 in Goddelau (bis zur Einführung von Straßennamen Nr. 33 der Häuserliste), das in seinen ältesten Teilen aus dem Jahr 1665 stammte und damals dem Landwirt Ludwig Heil gehörte. Dort haben die Büchners vermutlich auf fünfzig Quadratmetern zwei Zimmer im Obergeschoss bewohnt, und hier wurde am 17. Oktober 1813, »früh um halb Sechs Uhr«, das erste Kind geboren. In der Taufe, die am 28. Oktober erfolgte, erhielt es – den damaligen Gepflogenheiten entsprechend – die Namen seiner beiden Großväter, Carl Georg. Eine leichte Bevorzugung der Familie Reuß ist nicht zu verkennen: Mit dem Rufnamen Georg wurde der Vater der Mutter, Hofrat Georg Reuß, geehrt. In den ersten achtzehn Lebensmonaten hatte Büchner die Mutter ganz für sich; seitdem musste er sie mit einer wachsenden Zahl von Geschwistern teilen.

Vermutlich Anfang 1815 zogen die Büchners in das 1801 neu errichtete Haus Hospitalstraße Nr. 22 (früher Nr. 39), wo am 20. April das zweite Kind zur Welt kam, Mathilde. Im Herbst desselben Jahres scheinen sie, nach dem Tod des Großvaters Reuß am 26. August, zusammen mit der Großmutter und deren vierzehnjährigem Sohn Carl ins benachbarte Stockstadt gezogen zu sein, wo am 2. August 1816 Wilhelm Büchner geboren wurde. Als Ernst Büchner wenige Wochen später nach Darmstadt berufen wurde – am 7. November trat er dort seinen Dienst an –, musste die inzwischen fünfköpfige Familie zunächst mit einer Dienstwohnung des Darmstädter Hospitals im Armenhaus vorliebnehmen.

Alle nachfolgenden Kinder des Ehepaars Büchner sind in Darmstadt geboren – zuerst am 1. Mai 1818 Carl, der im Alter von nicht ganz fünf Monaten starb. Ein Jahr später, am 5. Juli 1819, kam ein tot geborenes Kind zur Welt. Acht Wochen zuvor waren die Büchners in das dem Bäckermeister Schaller gehörende Haus am Marktplatz, links neben dem Marktpalais (heute Neubau, Markt 4) gezogen. Dem Häuserbogen im Stadtarchiv Darmstadt zufolge hat noch ein weiterer Wohnungswechsel stattgefunden, und zwar in die untere Bau-, spätere Elisabethenstraße, wo die Familie etwa ab 1821/22 im Haus eines Verwandten gewohnt hat. Vermutlich dort, auf der Südseite des heutigen Ludwigsplatzes, wurde am 12. Juni 1821 Luise Büchner geboren. Ihr folgte am 29. März 1824 Ludwig als siebtes Kind.

Die bis jetzt erwähnten Wohnungen der Familie befanden sich überwiegend in der Altstadt, dem Wohngebiet der Handwerker, das gleichzeitig das ökonomische Zentrum der

Stadt bildete. Im Frühjahr 1825 erwarben Ernst und Caroline Büchner dann mithilfe einer Schuld- und Pfandverschreibung in Höhe von 8000 Gulden bei Witwe Böhler ein Haus in der Grafenstraße (heute Nr. 39, neu bebaut) mit zwei Hintergebäuden und einem großen Garten, »welcher als Weinberg angelegt war und in guten Jahren«, so Alexander Büchners Erinnerung, »einen vorzüglichen Traubenmost lieferte«. »In diesem Hause und Garten verbrachten wir eine höchst glückliche Kindheit, denn dasselbe war der Sammelpunkt der Jugend aus der ganzen Nachbarschaft.« Das Haus an der Grafenstraße, die überwiegend von Angehörigen des »kleineren Bürgertums« bewohnt war, bot mit seinen drei Geschossen nicht nur Platz für die vielköpfige Familie, sondern auch für Untermieter; hinter einem der Straßenfenster hatte Ernst Büchner seine Praxis. Hier kam am 25. Oktober 1827 Alexander Büchner zur Welt, das Nesthäkchen der Familie.

Die wenigen überlieferten Zeugnisse über die häusliche Familiensituation geben kein soziologisch exaktes, auch kein objektives Bild. Das Material stammt ganz überwiegend aus zweiter Hand und ist deshalb mehr oder weniger anfechtbar. Dennoch dürfte es auf authentische Weise die Eindrücke derer wiedergeben, die am Familienleben teilhatten: Geschwister, Freunde und Bekannte. In Luises Selbstbeschreibung, die sich im Fragment ihres Schlüsselromans ›Ein Dichter‹ findet, erscheint das Familienleben als »still und schlicht«, während ihr Bruder Alexander betonte, dass »das Haus selten ohne Besucher« gewesen sei: Die Mutter, »einer zahlreichen wohlangesehenen Familie in der Residenz angehörig«, habe »gegen Verwandte und Freunde die ausgedehnteste rheinische Gastfreundschaft« geübt: Verwandte des Vaters aus Holland, der Mutter aus Frankreich, Freunde und Freundinnen der Kinder von nah und fern.

Georg Zimmermann, ein weiterer Schulfreund Georg Büch-

ners, schilderte die Eltern als »sehr verschiedenartige Naturen«:
»der Vater ein charaktervoller und pflichtgetreuer Mann, der
mit starrer Festigkeit seine Ansichten und Vorurteile behauptete, die Mutter eine Frau von der anmutigsten und liebens-
würdigsten, die Gegensätze des Lebens mild ausgleichenden
Weiblichkeit, ein Engel an Herzensgüte – der Vater ein ganz auf
das Wirkliche und Praktische gerichteter Verstandesmensch,
die Mutter in ihrem Gemütsleben tief-poetisch und von einem
entschieden idealen Zuge, doch frei von Überspanntheit und
Sentimentalität – der Vater in politischen Dingen streng-kon-
servativ, dabei von unauslöschlicher Verehrung Napoleon's I.
durchdrungen und für die französische Nationalität einge-
nommen, die Mutter eine getreue Anhängerin der in den Frei-
heitskriegen verfochtenen Ideen.«

Als Erzieherin war Caroline Büchner sanft und nachsichtig.
Sie ging auf die Kinder ein, nahm ihre Sicht der Dinge ernst,
behandelte sie als urteilsfähige Menschen, schimpfte nicht,
sondern setzte sich mit ihnen auseinander: Bei ihr wurde »diskutiert«, nicht »disputiert«. Die Kinder vergalten es ihr mit
»unbedingtem Vertrauen«. Sie schätzten es, bei ihr im Damen-
salon zu sitzen, einem einfachen, »kleinen Stübchen neben dem
Wohnzimmer«, und ihr am Teetisch »alle ihre kleinen Geheimnisse und ihren Herzenskummer« anvertrauen zu können; hier
bei ihrer Mutter spielten sie oder erledigten ihre Hausaufgaben.

Der Vater stellte konkrete Ansprüche, forderte Leistungs-
nachweise, spornte aber auch an und fühlte sich zur Gerechtig-
keit gegenüber allen seinen Kindern verpflichtet. »Im höchsten
Grad sparsam für sich« selbst, gab er »mit vollen Händen, was
zur Ausbildung seiner Kinder nötig war.« Im Gegenzug erwartete er auch von ihnen Anspruchslosigkeit, etwa das Auftragen
alter Kleidung, und er stellte an sie noch höhere Ansprüche, als
er selbst seinerzeit zu erfüllen imstande gewesen war. Er sah es
nicht gern, wenn man untätig war, duldete kein »faules Her-

umschlendern«, verlangte dauernde Beschäftigung: »Auch das Kleinste mußte schon mit anpacken, wo es galt.« Wenn die Familie nach dem Abendbrot noch um den »großen, viereckigen, nußbaumenen Eßtisch« versammelt blieb, »dessen vier Seiten vollständig durch die Eltern und die sechs Kinder besetzt waren«, wurde »eine große Schüssel voll Linsen auf den Tisch ausgeleert« und Mutter und Kinder machten sich ans Auslesen, »ob sich nicht etwa noch ein vergessenes Gersten- oder Wickenkorn darin finde«. Dann zündete der Vater »seine Pfeife an und überschaute mit zufriedenem Lächeln den frischen Kinderkranz«. Dies war »die einzige Stunde des Tages«, wo er sich »Ruhe und Erholung gönnte«. Es gab »kaum ein angenehmeres Bild für sein Auge«, erzählte Luise Büchner, »als wenn er seine ganze Familie, groß und klein, bei einer nützlichen Arbeit vereinigt erblickte«, und wenn es das Linsenlesen war.

Legitimiert wie angetrieben wurde die väterliche Dominanz durch die Berufstradition seiner Vorfahren: Bei den Büchners waren Konzepte bürgerlicher Selbstständigkeit entwickelt und erprobt worden, die zu Wohlstand und sozialer Anerkennung führten. Insbesondere gegenüber seinem Erstgeborenen hielt der Vater starr an seinem Standpunkt fest. Caroline Büchner war diejenige, die unter der dickköpfigen Strenge des Vaters am meisten litt, denn seine drakonischen Zwangsmaßnahmen lösten Konflikte nicht auf, sondern verhärteten sie. Der Mutter kam dann die Rolle der Schlichterin zu, eine konfliktträchtige Aufgabe, wie Luise Büchner in ihrem Romanfragment ›Ein Dichter‹ hervorgehoben hat: »Was hatte sie nicht schon gelitten, wie viel gebeten, wie viel vermittelt, um den heftig aufstrebenden Sohn und den strengen entschiedenen Vater gegenseitig in gutem Einvernehmen zu erhalten.« Etwas abgeschwächt klingt es in Luises 1861 veröffentlichter Erzählung ›Unter der Tanne‹: »Die Doktorin war wie geschaffen für den Mann und den Beruf, dem er diente. Ebenso sanft, als er hitzig und aufbrausend war, wußte sie immer das richtige Gleichgewicht wieder herzustellen. Mit sicherer Ruhe verwaltete sie den Haushalt, erzog sie die Kinder und stand selbst dem Manne in seinen notwendigen Schreibereien bei«. Der Sohn dankte es ihr »mit liebender Verehrung« (Luck). Das schöne Festgedicht des etwa Sechzehnjährigen, »Gebadet in des Meeres blauer Flut«, ein malendes Naturbild mit antiken Reminiszenzen, gilt deshalb der »besten aller Mütter«, die ihren Kindern »voll zarter Mutterlieb ihr Leben weiht«.

Zwei Porträts sind von Caroline überliefert: Eine frühe Fotografie von 1854 in Familienbesitz zeigt die Dreiundsechzigjährige in biedermeierlicher Festtagsrobe mit Kopfputz, ein weiteres, verschollenes Porträt, von dem nur eine Miniaturfotografie erhalten ist, eine früh gealterte Frau mit Halsrüsche und einer von Bändern gehaltenen Haube. Sie starb am 3. März 1858 in Darmstadt, drei Jahre vor ihrem Mann. Im Haus der ältesten Enkelin Ludwig Büchners in der Hölgesstraße soll bis zur Zerstörung 1944 auch eine

Gipsbüste von ihr gestanden haben, mit einem (so wiederum Ludwig Büchners jüngste Enkelin Erika Pfuhl 1986) markanten, »etwas männlichen Gesichtsausdruck«.

MATHILDE BÜCHNER

1815–1888

Goddelau, der Geburtsort Georg Büchners, liegt etwa dreizehn
Kilometer westlich von Darmstadt. Vor zweihundert Jahren
war es ein Bauerndorf mit etwa fünfhundert Einwohnern, wo
Torf gestochen und etwas Rinder- und Schweinezucht betrieben
wurde, mit einigen Handwerkern, die für die Region arbeiteten:
Leineweber, Schneider, Schuhmacher, Zimmerleute, Schreiner,
Maurer, Wagner. Bis 1825 floss der Rhein in zwei Kilometern
Entfernung an Goddelau vorbei, die Schleife von Gernsheim
über Stockstadt und Erfelden nach Oppenheim wurde erst
zwölf Jahre nach Büchners Geburt abgeschnitten, wodurch die
Insel Kühkopf, heute ein Naturschutzgebiet, entstand.

Hier kam anderthalb Jahre nach Georg, am 20. April 1815,
»abends halb sieben Uhr«, das zweite Kind der Eheleute Büchner zur Welt, die erste Tochter. Bei der Taufe am 19. Mai erhielt
sie die Namen Mathilde Louise Cathinka Charlotte; Letztere
waren die Vornamen der Taufzeugen: Louise Reuß, »des Kindes
Großmutter« mütterlicherseits in Hofheim, Charlotte Büchner,
geb. Hoffmann, des Kindes Großmutter väterlicherseits in
Reinheim, und Kathinka Stubenrauch, »des Kindes Großtante« in Alzey. Die beiden Letztgenannten wurden beim Taufakt
durch eine weitere Verwandte vertreten, Maria Stubenrauch.

Kurz zuvor waren die Büchners vom Haus Weidstraße 9 in das Haus Hospitalstraße Nr. 22 (bis zur Einführung von Straßennamen die Nr. 39 der Häuserliste) umgezogen, einen stattlichen Fachwerkbau aus dem Jahr 1801. Die Grundstücke beider Häuser grenzten ursprünglich mit ihren Rückseiten aneinander und gehörten wohl derselben Besitzerfamilie. Aufzeichnungen des damaligen Ortspfarrers zufolge aus dem Jahr 1931 hatte sich Dr. Büchner, obgleich nur Mieter, im Haus unter dem hinteren Giebel einen »Abort« bauen lassen, eine für damalige Verhältnisse fortschrittliche Sanitäreinrichtung, »von dem ein Schacht aus Brettern in die Tiefe ging«, und eine Seitenkammer oben, in der die selbst gefertigten Medikamente aufbewahrt worden waren, hatte bis in die Gegenwart den Namen »Teestube« behalten.

Mathilde war die Zurückhaltendste und am wenigsten Ambitionierte unter den Büchner-Geschwistern, denen sie als

»ruhender Pol« der Familie galt, und das einzige Kind, das später keine öffentliche Berühmtheit erlangte. Bis vor Kurzem nahm man an, dass nicht einmal ein Porträt von ihr existierte; erst 2009 konnte die Leiterin der Darmstädter Luise-Büchner-Bibliothek, Agnes Schmidt, im Hessischen Staatsarchiv Darmstadt eine dort fälschlich Wilhelm Büchners Schwiegertochter zugeordnete Fotografie als Bildnis von Mathilde Büchner aus großherzoglichem Besitz identifizieren.

Als einzige der Geschwister hat sie ihren Bruder Georg nach

seiner Flucht noch einmal gesehen, bei einem Besuch in Straßburg zusammen mit der Mutter vermutlich im August 1836. Sie fanden den Sohn und Bruder, den seine Studien, häufig »von Morgens früh bis um Mitternacht«, oftmals an den Rand totaler Erschöpfung führten, »zwar gesund, aber doch in einer großen nervösen Aufgeregtheit und ermattet von den anhaltenden geistigen Anstrengungen. Er äußerte damals oft: ›Ich werde nicht alt werden.‹« Womöglich auf eine Nachfrage der Mutter und Mathildes antwortend, erklärte Büchner im September: »Ich habe meine zwei Dramen noch nicht aus den Händen gegeben, ich bin noch mit Manchem unzufrieden und will nicht daß es mir geht wie das erste Mal. Das sind Arbeiten, mit denen man nicht zu einer bestimmten Zeit fertig werden kann, wie der Schneider mit seinem Kleid.« Woraus zu schließen ist, dass sich beide für seine literarische Tätigkeit interessierten und verlangten, von ihm auf dem Laufenden gehalten zu werden.

Kaum Handschriftliches ist von ihr überliefert, kein einziger Brief, dabei war sie eine eifrige Korrespondentin: »Mathilde wird selbsten an Dich schreiben«, hieß es im Brief Caroline Büchners an den Sohn in Zürich vom 30. Oktober 1836, doch es blieb bei dem Vorsatz, wofür sie von der Mutter als »träge« tituliert wurde: »Wie sie *endlich* anfing zu schreiben bekam sie Besuch, sie will es also aufsparen bis ich wieder schreibe«; einstweilen ließ Mathilde ihren Bruder durch die Mutter »tausendmal grüßen«. Und auch ein gemeinsamer Brief an die zukünftige Schwiegertochter wurde angekündigt: »Morgen schreibe ich und Mathilde an Mina, sie dauert mich gar zu sehr, ich kann das Frühjahr kaum erwarten, dann hoffe ich fest, sie bei uns zu sehen.« Weitere Briefe Mathildes an Wilhelmine Jaeglé sind – nun durch Ludwig Büchner – für September 1844 und Februar 1845 bezeugt. Sie scheint wohl die Darmstädter Hauptkorrespondentin von Büchners Verlobter gewesen zu sein. Und im Sommer 1845, als sie ihren Onkel George Reuß und dessen Frau auf einer Straßburgreise begleitete, wird Mathilde die Frau, die beinahe ihre Schwägerin geworden wäre, sicher besucht haben.

Der Brief der Mutter, der einzige von ihr überlieferte, stellt eine zufällige Momentaufnahme dar. Desgleichen ein Brief des Vaters, der dem Sohn am 18. Dezember 1836 mitteilte, dass »Mathilde und Louise« im Hof-Operntheater einer Aufführung der ›Stummen von Portici‹ beiwohnten. In den wohlhabenden Kreisen Frankfurts gehörte es zum guten Ton, sonntags zur Oper nach Darmstadt zu fahren. Zu den Premieren von Opern Rossinis, Webers oder Spontinis kam das Publikum oft von weit her angereist, aus Mainz, Wiesbaden, Offenbach, Aschaffenburg und Heidelberg, und zwar scharenweise. Dafür wurden die Opern auch mit einem Aufwand in Szene gesetzt, der alles bisher Dagewesene überbot. In der Darmstädter Inszenierung der ›Stummen von Portici‹ wirkten rund 150 Statisten mit.

Eines der wenigen Dokumente von Mathildes Hand ist die Unterschrift im Pfungstädter Kirchenbuch, mit der sie die Patenschaft für ihre im Januar 1848 geborenen Nichte Elisabeth bezeugt, ein anderes ihr eigenhändiger Namenszug in einem Exemplar der von Ludwig Büchner herausgegebenen ›Nachgelassenen Schriften‹ ihres Bruders Georg, das sich zuletzt im Besitz ihrer Großnichte Erika Pfuhl befand. Darüber hinaus hat sich in der Familie nur die Erinnerung erhalten, dass die gutmütige Mathilde eine hervorragende Köchin gewesen sei. Bekannt ist außerdem ihre Mitwirkung an Theaterstücken, die anlässlich von Familienfeiern aufgeführt wurden. Und wir wissen, dass ihr 70. Geburtstag, drei Jahre vor ihrem Tod, »pomphaft« gefeiert wurde. Da wurde sie bereits von Altersbeschwerden geplagt, die sie weitgehend ans Haus fesselten. Sie starb am 30. August 1888 in Darmstadt.

Ihr Leben entsprach dem einer unverheirateten Frau im 19. Jahrhundert. Sie übernahm Erziehungsaufgaben bei den jüngeren Geschwistern, unterstützte die Mutter bei der Haus-

haltsführung, versorgte und pflegte beide Eltern getreulich
bis zu deren Tod. Das Elternhaus Grafenstraße 39 »samt allem was darin ist«, fiel testamentarisch ihr und ihrer Schwester Luise zu; dort lebten die Schwestern im gemeinsamen
Haushalt mit der Familie des Bruders Ludwig. Nach einem
dreijährigen Intermezzo in der Wilhelmstraße (in dieser Zeit
war Ludwig als Vortragsreisender in Deutschland und den
USA unterwegs) zogen sie 1874 zu ihm in die Hölgesstraße
14. Mathilde beherrschte offensichtlich die Kunst, für andere
zu sorgen, ein dienstbarer Engel ihrer Geschwister zu sein.
Auch wird sie an vielen Kindbetten ihrer Schwägerinnen ge-
wacht haben. Luise ermöglichte sie ein außergewöhnliches
Leben als Schriftstellerin; mit ihr unternahm sie auch Reisen. Auf Edouard Reuss allerdings, der seine Darmstädter
Verwandten 1858 besuchte, machte das Büchner'sche Haus
einen »trüben« Eindruck: »Die Mutter war jüngst gestorben,
die alternden Töchter verzehrten sich in allerlei Sehnsucht
und Nachleid [...]. Mir war es peinlich hier unter Ruinen zu
weilen.«

Das Bild einer melancholischen, ganz in häuslicher und pfle-
gerischer Arbeit aufgehenden Frau wird relativiert, wenn man
berücksichtigt, dass sich Mathilde, wie Luise, wenn auch viel
weniger prominent, »um gemeinnützige weibliche Bestrebun-
gen verdient gemacht« hat: In einer Anzeige im ›Darmstädter
Tagblatt‹ wird sie unter den Gründungsmitgliedern des am
17. Januar 1874 gegründeten »Darmstädter Hausfrauenvereins«
genannt, deren Mitglieder sich zu einer Art Einkaufsgenossen-
schaft zur »billigen Beschaffung unverfälschter Lebensmittel«
verbanden: Der Vereinsvorstand schloss Lieferverträge mit
günstigen Anbietern ab, organisierte Vorträge zu Einsparungs-
möglichkeiten im Haushalt, technischen Neuerungen oder
allgemeinen wirtschaftlichen Fragen. Und bereits sechs Jahre
zuvor hatte sie zu den Unterzeichnern eines öffentlichen Spen-

denaufrufs zugunsten der »weniger bemittelten Mitbürger«
gehört.

Ihre Kaltblütigkeit rettete womöglich einmal ihrem Bruder
Alexander das Leben, als er, der sich rückblickend als »schre-
ckenerregender Demokrätzler« beschrieb, zu Pfingsten 1849 in
konspirativer Mission an der Bergstraße unterwegs war, während über die Region infolge des Gefechts von Oberlaudenbach
der Belagerungszustand verhängt war und »der ganze Land-
strich bereits von hessischen Soldaten [wimmelte], welche den
Fortschritten der badischen Bewegung Einhalt tun sollten«.
Gegen Alexander war bereits wegen »Verletzung der Amts- und
Dienstehre des Hofgerichtsrats Georgi« Anklage erhoben worden (er hatte in einer Schlüsselerzählung über Weidigs Haft und
Tod Georgi des Mordes bezichtigt), als er sich, im Gepäck einen
Aufstandsplan für die Bauern im Odenwald und ein »großes
Dolchmesser«, zusammen mit Mathilde am 28. Mai der Familie seines Bruders Wilhelm anschloss, die eine Wanderung auf
den Felsberg im Lautertal unternahm. Auf dem Bahnhof Bi-
ckenbach wurde er von Darmstädter Offizieren erkannt; kurz
vor seiner Festnahme gelang es ihm jedoch, die »kompromit-
tierenden Gegenstände« unbemerkt seiner »stets besonnenen
Schwester« zuzustecken, die sie in einem günstigen Moment
»ins tiefste Gestrüpp [schleuderte]«. Wieder einmal hatte sie
sich, wie Alexander in seinen Lebenserinnerungen hervorhob,
als sein »Schutzgeist« erwiesen.

LUISE BÜCHNER

1821–1877

Dem Theologieprofessor Edouard Reuss, ihrem Straßburger Verwandten, galt sie, weil sie aus der Rolle fiel, als »exzentrisch«. Sie war keine radikale Revolutionärin, weder Suffragette noch Feministin, sondern ein »Blaustrumpf«, wie die damalige Spottbezeichnung für eine Frau mit ausgeprägten literarischen oder wissenschaftlich-gelehrten Interessen lautete, Vorkämpferin für die Befreiung der Frau aus ihrer teils selbst verschuldeten Unmündigkeit und Abhängigkeit. Als solche hatte sie tätigen Anteil an der Verbesserung der weiblichen Erziehungs-, Ausbildungs- und Arbeitsverhältnisse, wobei sie »das Erreichbare und Praktische von dem Untunlichen wohl zu sondern wußte«, wie es in einem Nachruf hieß. »Vernünftig« und »zweckmäßig« sollte es bei der Reform zugehen; den Maßstab dafür setzte sie stillschweigend als allgemein anerkannt voraus.

Geboren wurde sie am 12. Juni 1821 morgens um vier Uhr in Darmstadt. Die Büchners wohnten damals in der unteren Baustraße (später Elisabethenstraße, heute Südseite des Ludwigplatzes) im Haus eines Verwandten. Taufzeugen am 5. Juli waren laut Kirchenbuch der reformierten Gemeinde Elisabeth Gerlach, Gattin eines Oberkriegskollegsprotokollisten, und deren Tochter Emma, sowie Louise Hesse, Tochter eines Hofgerichtsrats. Nach ihnen wurde das Kind Elisabeth Emma Louise benannt. Mit dem Rufnamen Louise (sie selbst verzichtete später auf das o vor dem u) wurde die bei der Taufe nicht anwesende Patin geehrt, die Großmutter mütterlicherseits.

Ihr Herkunftsmilieu war der »gebildete Mittelstand« – jene »obere Mittelschicht«, wie wir heute sagen würden, die Luise auch später bei ihren Reformvorschlägen zur Mädchenerziehung stets im Auge hatte. Sie war hochbegabt, von »scharfem, klarem Verstand«, antriebsstark und fleißig, ein »sehr gescheites Kind« (der halb blinden Großmutter las sie »aus gedruckten Büchern sehr gebildete Lektüre« vor). Die Voraussetzungen für eine optimale Entwicklung der Persönlichkeit waren also günstig. Doch selbst ihr, der Tochter eines angesehenen Arztes, blieb das zeitübliche Mädchenschicksal nicht erspart, den Sinn des Lebens in der Häuslichkeit zu suchen, und nicht etwa, wie ihre vier Brüder, die allesamt das Gymnasium besuchen durften, in wissenschaftlicher Bildung. Nachdem sie zunächst »ein unwissender, ungebildeter Theologe« unterrichtet hatte, verbrachte sie fünf Jahre im Mädcheninternat von Catharina Reichert in Offenbach. Ihre Schulzeit beschränkte sich somit auf das achte bis vierzehnte Lebensjahr.

Auch eine fachliche Ausbildung unterblieb; nicht zuletzt wohl aufgrund ihrer »zarten Gesundheit«: Im Hintergrund stand eine Rückgratverkrümmung, die von den Eltern darauf zurückgeführt wurde, dass ein ungeschicktes Kindermädchen den Säugling hatte fallen lassen. Ihr Bruder Alexander erinnerte sich ihrer als der »intuitiven Luise, mit dem idealschönen Gesicht, aber ihrem durch einen Unfall verkrümmten Körper«. Herzenswärme, ein »milder, menschenfreundlicher Sinn« und ein »angenehmer Humor« zeichneten sie aus, ebenso Schlagfertigkeit: Wohl infolge ihrer körperlichen Verunstaltung und zur Abwehr kränkenden Spotts hatte sie sich eine spitze Zunge zugelegt. »In ihrem Eifer gegen Zweifler oder Gegner« konnte sie durchaus »schroff werden«.

Was höhere Bildung anging, war sie im Wesentlichen Autodidaktin, »eignete sich nach und nach einen seltenen Schatz von Kenntnissen in Sprachen, Literatur und Geschichte an«. »Ihr dichterisches Talent entwickelte sich schon mit 13 Jahren und in einem solchen Grade, daß man sie scherzweise den ›Hauspoeten‹ nannte.« In einem literarischen Exzerptbuch, das sie ab 1839 führte, finden sich neben Texten von Bürger, Matthisson, Herder, Hölderlin, Jean Paul, Novalis, Tieck, Brentano, Chamisso, Kerner, Uhland und Rückert auch – meist in der Originalsprache – Verse von Byron, Thomas Moore, Shelley, Longfellow und Chateaubriand.

Ihre weitere Entwicklung blieb familiengebunden. Vom Haushalt ihrer Eltern wechselte sie nach deren Tod (1858/1861) in den ihres Bruders Ludwig, mit dessen Familie sie, mit einer kurzen Unterbrechung, in enger Verbindung lebte. Daneben pflegte sie zahlreiche Freundschaften. Ihre häuslichen Pflichten gab sie mehr und mehr an ihre Schwester Mathilde ab, um sich ganz ihrer literarischen und publizistischen Arbeit widmen zu können. Sie schrieb Aphorismen, Gedichte, Erzählungen, Reisebeschreibungen und Theaterstücke, verfasste geschichtliche Übersichten, Theater- und Opernkritiken (u.a. zu Wagners ›Tristan und Isolde‹ und dem ›Ring‹) und gab eine Gedichtanthologie heraus, die es bis 1876 auf fünf Auflagen brachte. Ihr Plan zu einem Drama »über die Stellung der Frauen«, Jahre vor Strindberg und Ibsen, blieb unausgeführt.

»Die Entfaltung und der Ausbau ihres reichen geistigen Innern« war geprägt durch den »jähen Tod« ihres Bruders Georg und die dadurch veranlasste »Zurückgezogenheit der Familie«. Nicht zuletzt eine Reihe elegischer Gedichte legt von dieser Tragödie Zeugnis ab, die die »trübsten und durch nichts ganz zu zerstreuenden Schatten« in ihr »erstes Jugendalter und damit

auch zum Teil in ihr ganzes späteres Leben« warf. Im Gedicht
›Am Grab des Bruders‹ (aus der schwermütigen Sammlung
›Frauenherz‹ von 1862), Totenklage und Ruhmpreisung in einem, hat sich Luise als seine »Geistesschwester« porträtiert, in
deren »Gemüte« »dasselbe Feuer« lodere, das auch seine »Brust
durchglühte«.

Nicht nur Georgs Tod, auch dessen Leben und Werk waren
für Luise ein Dauerthema. 1850 unterstützte sie die Arbeit ihres
Bruders Ludwig, als dieser in Verbindung mit seinen Geschwistern die ›Nachgelassenen Schriften‹ Georgs herausgab. Ein
literarisches Denkmal wollte sie ihrem Bruder mit einem um
1865 entstandenen, Fragment gebliebenen Schlüsselroman setzen; der Text erschien erst nach ihrem Tod im ersten Band der
›Nachgelassenen belletristischen und vermischten Schriften‹.
In ihrer 1875 erschienenen ›Deutschen Geschichte von 1815–
1870‹, die auf eine Reihe von Vorträgen »über allgemeine Geschichte in aufsteigender Reihenfolge von den ältesten Zeiten
an« zurückgeht, gehalten zwischen 1860 und 1870 vor einem
weiblichen Darmstädter Publikum, gedenkt sie der hessischen
Volksbewegung der dreißiger Jahre ausführlich, nennt die Namen Weidig, Schulz und Minnigerode – den Anteil, den ihr
Bruder daran nahm, unterschlägt sie rücksichtsvoll. Und als
im November 1875 in einer Wiener Tageszeitung Auszüge aus
der von Karl Emil Franzos hergestellten ›Woyzeck‹-Fassung
veröffentlicht wurden, war sie sich mit Gutzkow einig, dass es
sich dabei um nichts Wesentliches handle, nicht einmal um
eine Talentprobe. »Was Sie über die Veröffentlichung von Woz-
zek sagen«, schrieb sie dem 64–Jährigen, der dem Erfolg ihres
Bruders seinerzeit den Weg geebnet hatte, »hat ganz meinen
Beifall, ich habe da auch die taktvolle Auswahl vermißt, aber
ich habe ja nichts dabei zu sagen.«

So musste sie, um sich als »Geistesschwester« des revolutionären Dichters begreifen zu können, über vieles bei ihm

hinwegsehen. Von seiner Radikalität und Konsequenz war
sie weit entfernt; was sie tatsächlich mit ihm teilte, war der
Praxisbezug. »Wo sie stand, da durften Überspanntheit, unge-
sunde Schwärmerei und nebelhaftes Phrasentum sich keinen
Tummelplatz erwählen«, konstatierte 1877 eine Mitstreiterin.
»Nur wer auf diesem Gebiete *praktisch* zugegriffen, erlangt den
richtigen Begriff von dem, was zunächst zu erreichen und zu
tun ist, erlangt aber namentlich die *richtige Einsicht* in die Lage
der Verhältnisse und in das, was dort zuerst bekämpft und verändert werden muß, ehe man einem höhern Ziele zustrebt« –
diesen Satz aus der Schrift ›Praktische Versuche zur Lösung
der Frauenfrage‹ hätte Georg Büchner gewiss, wenn nicht
schreiben, so doch unterschreiben mögen. Hielt er sich doch
einiges darauf zugute, mit der Arbeit seiner »Gesellschaft der
Menschenrechte« direkt »politisch zu Werk gegangen« zu sein.
Auch in der Einsicht, dass »nur das notwendige Bedürfnis der
großen Masse Umänderungen herbeiführen kann«, berühren
sich Luises Überlegungen mit denen ihres Bruders. 1872 forderte sie die Frauen auf, einen »Corpsgeist« zu entwickeln, »der sie
einzig und allein im Dienste der Sache, der Idee, alle für eine,
und eine für alle, müßte handeln und kämpfen lassen«:

»Ganz gewiß wird das Frauengeschlecht nicht früher die
Früchte einer vernünftigen Emanzipation ernten, nicht früher die Stellung einnehmen, zu der es berufen ist, so lange es
nur einzelne für sich arbeiten und kämpfen läßt, so lange sich
nicht alle an dem Werke beteiligen, welches jahrhundertlange
Vernachlässigungen, in Entwicklung und Heranbildung ihres
Geschlechtes, beseitigen soll. […] In viel größerer Anzahl als
bis jetzt müßten in Folge dessen Frauen-Vereine in Deutschland entstehen, die mit Hilfe denkender Männer sich namentlich damit beschäftigten, die Zustände der weiblichen Arbeits-,
Lohns- und Erziehungsverhältnisse zu ergründen und bloß

zu legen. [...] Aus diesen Gründen ist es aber auch so überaus wichtig, daß wir alle gemeinsam vorangehen, uns gegenseitig fördern und belehren.«

Mit dem (zunächst nur mit dem Kürzel L. B. gezeichneten) Manifest ›Die Frauen und ihr Beruf. Ein Buch der weiblichen Erziehung‹ trat Luise 1855 als Schriftstellerin auf den Plan, im selben Jahr wie ihr Bruder Ludwig (›Kraft und Stoff‹), gleichsam mit einem Paukenschlag. Beide hörten damit auf, in der Öffentlichkeit als jüngere Geschwister des verstorbenen Georg Büchner zu gelten, ja dieser Georg Büchner galt fortan als ein älterer Bruder des berühmten Ludwig und der berühmten Luise, bis sich das nach der Jahrhundertwende wieder umkehrte.

Für Luise war es eine richtungweisende Veröffentlichung, die sie in den folgenden Auflagen ergänzte und weiterentwickelte, ein Plädoyer für eine anspruchsvollere Mädchenbildung und -erziehung vor allem in den Familien des »gebildeten Mittelstands«, deren Ziel es sein müsse, »Freiheit, Selbstständigkeit und Unabhängigkeit« zu erlangen. Sie verlangte eine »völlige Gleichstellung« in der schulischen Bildung von Knaben und Mädchen; nicht den Inhalten nach, sondern in der Art und Weise, wie gelehrt wurde. Zu einer »vernünftigen« Mädchenerziehung gehöre zunächst eine solide Ausbildung in weiblichen Handarbeiten: Sticken, Nähen, Weißnähen, Stricken. Doch auch die »allgemeine Bildung, die menschlich frei und tüchtig« mache, dürfe der Frau – und zwar bis zum 18. Lebensjahr – »unter keiner Bedingung vorenthalten werden«. Dazu zählten für Luise »ganz gründliche Kenntnis der Weltgeschichte und ihrer Muttersprache, der Geographie, der allgemeinen Naturgesetze und der klassischen Literatur des Vaterlandes«; eventuell auch Musik und Fremdsprachen. Mit unpassender, unweiblicher »Gelehrsamkeit« habe das nichts zu tun; »Fachwissenschaften« sollten dem Mann vorbehalten bleiben. Vorschläge für religiöse

Unterweisung finden sich in ihrem Konzept an keiner Stelle: Religion war für sie Privatsache.

Mit scharfen Worten prangerte sie die »zimperliche Parfummoral« der höheren Stände an, ihre »Vergnügungssucht und Geistesarmut«, das »Übermaß des geselligen Verkehrs«, die Untätigkeit der Unverheirateten, die Genusssucht der Alternden. Es müsse aufhören, dass junge Frauen ihren Lebenssinn darin sähen, »Amüsiervogel« des Mannes zu sein. »Tatenlosigkeit und Äußerlichkeit« konstatierte sie aber auch bei den Frauen des Mittelstandes. Diese sollten endlich »der widerlichen Nachahmungssucht der vornehmen Sitten und Gebräuche« entsagen, »die alle unsere Verhältnisse auf den Kopf stellen«. Statt solcher »Nachäfferei der vornehmen Stände« forderte sie »Rückkehr zur Einfachheit, Rückkehr zu geistigen Genüssen«. Für die Frau gelte es, ein »nützliches Glied der Gesellschaft« zu werden.

Gleichberechtigung hieß für Luise zunächst Gleichverpflichtung zur täglichen Arbeit, einer allerdings spezifisch weiblichen Arbeit als Hausfrau, denn »Häuslichkeit« sei der Frau »eigentlicher Boden, in dem ihr ganzes Wesen wurzelt«, sodann – wenn auch nicht zwingend – als »Mutter und Erzieherin«. Als unveränderliches, »natürliches« Verhältnis gilt ihr, dass der Mann die schwereren Arbeiten übernimmt, die Frau »die kleinen, täglich wiederkehrenden Sorgen um den Haushalt«. An eine Gleichberechtigung auch in der Berufswahl dachte sie nicht, Forderungen nach voller Teilhabe der Frau »an den geistigen Gütern des Lebens« nannte sie »töricht«: »Alle schon aufgestellten Theorien von der Emanzipation des Weibes werden es nicht dahin bringen, daß der Mann zu Hause koche oder nähe, während die Frau draußen auf der Bank des Richters Recht spricht oder die Kanzel besteigt.« Allenfalls zur Lehrerin oder Erzieherin sei sie berufen (in späteren Auflagen kam noch die Krankenpflegerin hinzu).

Sie machte sich auch Gedanken über die Probleme, die aus der Berufstätigkeit beider Eltern erwachsen, dachte an Hilfen für Haushalt und Kindererziehung und regte in einem Artikel für den ersten Jahrgang der Zeitschrift des ›Allgemeinen Deutschen Frauenvereins‹, ›Neue Bahnen‹, den Einsatz technischer Haushaltshilfen an: Nähmaschine, Dampfkochtopf, Waschmaschine, Wäscheausringer und Handmangel. Solche Maschinen würden der Frau die »notwendige Zeit erübrigen«, um den »gesteigerten Ansprüchen« an ihre Bildung gerecht zu werden, »ein paar ruhige Nachmittagsstunden, welche die Hausfrau, sofern sie nur mag, im Interesse ihres Geistes verwenden kann«. Eine derartige Mitgift würde ihr »dienlicher sein, als der kostspielige Flügel, der später oft wochenlang nicht aufgemacht wird, irgend ein anderes Möbel« oder übertriebener Kleidungsaufwand.

Das Buch erlebte innerhalb weniger Wochen eine zweite Auflage, 1860 kam die dritte, 1872 die vierte Auflage heraus, die

letzte zu ihren Lebzeiten. Für Korrekturen und Modifikationen ihrer Einsichten und Überzeugungen zeigte sich Luise offen. Ab der dritten Auflage bezog sie auch die Erziehung der Mädchen aus den unteren Schichten in ihre Überlegungen ein: Nach der Volksschule sollte eine dreijährige Ausbildung in Handarbeit, praktische Haushaltstätigkeit und Kinderpflege folgen, begleitet von weiterer Schulbildung. Im Vorwort zur vierten Auflage bekannte sie, »daß es weit öfter eine Notwendigkeit für Mädchen der höheren Stände ist, sich selbstständig zu ernähren, als wir dies früher geglaubt«. Zugleich rief sie »ältere Frauen, deren Kinder erwachsen und versorgt, oder die kinderlos und Witwen sind«, zum Engagement in der Frauenfrage auf: »Denn grade der Rat von solchen Frauen, welche die Schule der Ehe durchgemacht, mithin um viele Erfahrungen reicher sind, als die Unverheirateten, wird in vielen Fällen von hoher Wichtigkeit sein.« Auch zum Kampf um das Frauenwahlrecht nahm sie Stellung, wollte es jedoch »der Zeit überlassen, in wie weit die Frauen tätigen Anteil nehmen sollen an dem politischen Leben ihres besondren Vaterlandes, ob sie darauf hinzuarbeiten haben, sich das öffentliche Stimm- und Wahlrecht zu erwerben«. Und: »Sagten wir aber an vielen Stellen unseres kleinen Werkes, daß die verheiratete Frau vorerst und allein dem Hause und der Familie angehören muß, so möchten wir diesen Pflichten gegenüber doch auch ihr allgemeines Recht, als Weib betonen.«

In der reforminteressierten britischen Prinzessin Alice, seit 1862 mit dem Erbgroßherzog von Hessen und bei Rhein verheiratet, fand Luise eine tatkräftige Schirmherrin. Gemeinsam gründeten sie ab 1867 mehrere Frauenvereine, in denen junge Frauen eine qualifizierte Berufsausbildung als Krankenschwester, Handarbeitslehrerin, Buchhalterin oder Kindergärtnerin erwerben konnten. Außerdem wurden Weiterbildungskurse in Geschichte, Literatur und Naturwissenschaften angeboten.

Luises letzte Lebensjahre waren von Krankheiten überschattet, die »mit zunehmenden Qualen« verbunden waren. Liebevoll gepflegt wurde sie von ihren Geschwistern Ludwig, der in Darmstadt als Arzt praktizierte, und Mathilde. Sie starb, »bei bereits getrübtem Bewußtsein«, am Abend des 28. November 1877 im Alter von nur 56 Jahren, »umgeben von ihren Verwandten und im Beisein einer ihrer ältesten und treuesten Freundinnen, Frau Therese Heumann (geb. Beck)«, wie die ›Darmstädter Zeitung‹ zu berichten wusste. Drei Tage später wurde sie beerdigt, »unter einem Meer von Blumen und Kränzen«. Ein Beileidsschreiben des Lette-Vereins (sein Zweck war die »Förderung der Erwerbsfähigkeit des weiblichen Geschlechts«) galt seinem Ehrenmitglied, der »wackeren, tüchtigen, unerschrockenen und unermüdlichen Mitstreiterin in dem Kampfe um die Verbesserung der Erziehung und der Stellung des weiblichen Geschlechts«. In Darmstadt erinnern heute ein Ehrengrab auf dem Alten Friedhof und die nach ihr benannte Bibliothek des Deutschen Frauenrings e.V. an sie; ebenfalls dort ist die 2010 gegründete Luise-Büchner-Gesellschaft ansässig.

WILHELMINE JAEGLÉ

1810–1880

In seinem Roman ›Wenn es Rosen sind, werden sie blühen‹ lässt der Schriftsteller Kasimir Edschmid Büchners Verlobte Wilhelmine Jaeglé (die hier, ganz zu Unrecht, durchweg »Minni« genannt wird) und Wilhelm Schulz, Weggefährte und Freund des Dichters, am Abend von Büchners Beisetzung ein heikles Gespräch über den angemessenen Umgang mit seinem literarischen Nachlass führen. Denn Schulz ist der Ansicht, dieser gehöre, sofern Büchner nicht andere Bestimmungen getroffen habe, seiner Familie. Damit aber stößt er bei »Minni« auf entschiedenen Widerspruch. »Ja, sicher«, entgegnet sie schroff, »aber doch nicht, was er geschrieben hat, seine Briefe und Stücke und sein Tagebuch.« Schulz räumt ein, dies könne unter Umständen für »das Tagebuch und die Briefe« gelten, sie werde darüber gewiss mit der Familie einig werden. Aber als er dann auf Büchners »Stücke« zu sprechen kommen will, schüttelt Jaeglé »mit solcher Eigenwilligkeit« den Kopf, dass Schulz die Sache nicht weiterzuverfolgen wagt.

Am nächsten Tag geht das Ehepaar Schulz mit Jaeglé am See spazieren. Caroline Schulz, die sich nebenbei ständig fragt, »warum Minni solche Gewalt über ihn hatte«, erwähnt, dass Büchner an einem Drama über Pietro Aretino gearbeitet habe:

»Er wollte ihn [den Aretino] uns vorlesen [...], das Stück war fertig, aber er kam nicht dazu [...]. Du wirst es gefunden haben.« Als Jaeglé daraufhin stumm bleibt, betont Schulz noch einmal, »daß es sehr wichtig sei«, Büchners schriftlichen Nachlass sorgfältig zu behandeln. Er schlägt vor, »alles, was nicht privat sei, an Gutzkow zu senden, der Georg doch die Bügel gehalten habe und sicher alles veröffentlichen wolle, was druckfertig sei«. Woraufhin Jaeglé kurz, aber bestimmt erklärt, »alles« sei privat. Und als Schulz einwendet, dass dies wohl kaum in Büchners Sinn sei, dass Jaeglé offenbar »vergesse, daß er ein Revolutionär war«, stimmt sie dem zwar zu, gibt den Worten durch die Betonung aber einen anderen Sinn: »Ja ... er war es.«

Das Gespräch ist Edschmids Fiktion, aber seine Rollenzuweisung – hier der umsichtige Freund, dort die selbstherrliche Verlobte – steht in einer wirkungsmächtigen Tradition, deren Grundstein von den ersten Büchner-Editoren und -Biographen gelegt wurde. Ihnen zufolge hat sich die Pastorentochter Jaeglé nach dem Tod ihres Bräutigams in dumpfe Resignation geflüchtet, willkürlich bestimmt, was der Nachwelt in welcher Form vor Augen kommen durfte und was nicht, und Büchners Œuvre solchermaßen auf den Hund kommen lassen. Das nachgelassene Manuskript eines Dramas über den Schriftsteller Pietro Aretino soll sie, darin enthaltener atheistischer Stellen wegen, sogar verbrannt haben – eine, wie sich zeigen wird, besonders absurde Unterstellung: War sie es doch, die als Einzige von der Existenz dieses Dramas zu wissen glaubte und auf deren Veranlassung danach gesucht wurde.

Indem die Dame Facetten des Verstorbenen schamhaft zu verhüllen suchte, hat sie sich selbst enthüllt: Generationen von Germanisten haben die Legende von der bösen Braut, die auf Büchners Nachlass sitzt wie der Drache auf dem Nibelungenhort, gutgläubig kolportiert, Schriftsteller ihr die nötigen literarischen Weihen verpasst. Unverstand, Vorurteilsdenken

und ein gerüttelt Maß an männlichem Chauvinismus waren
ebenfalls im Spiel. Franz Theodor Csokor stellt insofern eine
Ausnahme dar, als er Büchner auf dem Sterbebett eine Blan-
kovollmacht ausstellen lässt und die Verantwortung dadurch
ihm zuweist: »Schriften, Zettel, Pläne – was von mir bleibt: Du
findest das Bündel beisammen. Du kannst es verwalten. Du
kannst es vernichten. Das steht bei Dir.« Nur eine Bitte hat er
an die Frau, die ihm »die Pforte zur Welt« wurde: »Kannst du
dich verschließen nach mir? Auf immer?« Was sie ihm denn
auch, wie in Trance, zusichert: Vierzehnmal hintereinander
lässt Csokor sie »Ja, Georg« sagen.

Wolfgang Hildesheimer erklärte 1966 in seiner Büchnerpreis-
Rede: »Sein Werk würde uns, zumindest thematisch, um eine
Facette bereichert erscheinen, hätte nicht seine Braut das Manuskript eines fertigen Theaterstücks vernichtet. Zwar war es
nicht zur Heirat gekommen, dennoch hat sie nach seinem Tod
von ihrem Witwenrecht Gebrauch gemacht, hat Geschriebenes
verschwinden lassen und ist damit einer Tradition gefolgt, die
von Konstanze Mozart bis in die heutige Zeit reicht.« Und für
Peter Hacks stellte die Jaeglé gar das »hassenswerteste Weib der
neuern Zeit« dar. In seinem an Büchner adressierten, übrigens
schönen Gedicht von 1963 fragte er frech: »Gabs denn nicht
schöne Ärsche und Busen mehr, / Mußte das auch noch fromm
sein?« Büchner, so lautet der Umkehrschluss, war folglich an
die Falsche geraten. Ach, hätte sich ihm doch eine Emanze wie
die verruchte George Sand beigesellt, oder wenigstens Fanny
Lewald! Oder wäre die Jaeglé doch gleich mit ihm gestorben
und (bzw. oder) zusammen mit ihm beerdigt worden!

Was Wilhelmine Jaeglé abzüglich aller Verdächtigungen
über ihren Tod hinaus berühmt gemacht hat, ist eine Handvoll
Korrespondenz, die zu den eindrucksvollsten Zeugnissen der
Briefkultur des 19. Jahrhunderts gehört. Es sind – nur – Büchners Briefe; ihre Antworten sind verloren, wie fast alles von

ihrer eigenen Hand. Wenig nur kennen wir aus ihrem eigenen Leben. Ihr langes, eheloses Leben galt als einsam, ihre Wohnung als Sammelplatz von Melancholie und Spinnweben, mit Büchners Nachlass als kostbarstem Besitz. An die Stelle der realen Person trat ein Phantom, ein Objekt für Projektionen.

Eine »frustrierte Matrone« hat Thomas Michael Mayer sie genannt, als wäre er ihr höchstpersönlich begegnet. Und Henri Poschmann stellte sie sich als eine Art weltliche Klosterfrau vor, gefangen in »ihrem Schmerz« und »lebenslanger Trauer« um »ihren George« und sichtlich »überfordert [...] von der ihr zugefallenen Erblast«, mit der sie »einfach nicht fertig« geworden sei. Er warf Jaeglé »Versagen« vor und sah keinen Anlass, das überkommene »negative Bild« von ihr in Frage zu stellen: Anstatt sich resolut zu Büchner zu äußern, »zu dem, was er geschaffen und erstrebt hat«, habe sie sich ihrer »Rechenschaftspflicht« als Nachlassbesitzerin entzogen und sei »allein« auf ihre »Selbstbehauptung« bedacht gewesen. Da sie und Büchner, der allen »seinen Mitlebenden«, insbesondere aber ihr, »unzumutbar weit in die Zukunft [...] vorausging«, ohnehin nicht recht zusammengepasst hätten und von ihr kein verantwortungsbewusstes und verständnisvolles Wort in der Sache zu erwarten gewesen wäre, sei es »letztlich« sogar »klüger von ihr« gewesen, »zu schweigen« – ein gelungener Schachzug gewissermaßen, mit dem sie ihr Unverständnis gegenüber »dem, was er geschaffen und erstrebt hat«, geschickt verborgen habe.

Nichts beweist, dass es wirklich so war. Wilhelmine Jaeglé hatte das Schicksal, Braut eines prominenten Autors gewesen zu sein, folglich interessierte ihr Leben nur, soweit es sich mit dem Leben ihres berühmten Bräutigams berührte. Die Jahre, die sie nach seinem Tod verbrachte, erschienen nutzlos. Sie blieb, wie jenes Mädchen aus Falun in Johann Peter Hebels Erzählung ›Unverhofftes Wiedersehen‹ (1811), die Braut eines Toten, und als solche ist sie, 43 Jahre nach ihm, gestorben.

Sie war drei Jahre älter als Büchner, den sie als achtzehnjährigen Studenten kennenlernte. Sein Straßburger Verwandter Edouard Reuss hatte ihm, als er im Oktober 1831 ein Studium der Medizin und Naturwissenschaften an der dortigen Académie aufnahm, das Quartier im Pfarrhaus Jaeglé besorgt. In der rue St. Guillaume (auch rue des filets) Nr. 66, »links eine Treppe hoch, in einem etwas überzwergen [schiefwinkligen] Zimmer mit grüner Tapete«, fand Büchner Kost und Logis, hier wurde er, mit den Worten von Edouard Reuss, »wie ein Kind gehalten und gehegt«. Weil Büchners Großtante Karoline Reuß, die 1817 in Darmstadt starb, mit Nikolaus Jäckel (1726–1776) einen Onkel des Pfarrers Jaeglé geheiratet hatte, bestand sogar eine entfernte Verwandtschaft zwischen den beiden Familien.

Zwar wissen wir wenig über Büchners Hauswirt, der damals bereits auf die siebzig zuging, doch lassen der Bildungshintergrund, wie er sich in seiner weltmännischen Bibliothek manifestiert, sein von der Norm abweichender, fast galant zu nennender Lebensweg und seine literarischen Ambitionen das Bild eines vielseitig interessierten Gelehrten und Intellektuellen entstehen, der gewiss eine Ausnahmeerscheinung darstellt. Wohl mit Jaeglés Hilfe hat Büchner in Straßburg das Studium des Englischen betrieben, weil dies ihm den Zugang zur medizinischen und naturwissenschaftlichen Fachliteratur englischer Autoren ermöglichte.

Johann Jakob Jaeglé wurde am 16. März 1763 in Straßburg als Sohn des Postillons Jacob Jäck geboren, dessen Name in der Trauungsurkunde vom 3. Oktober 1759 mit Jäckle angegeben wird, während er selbst zwei Jahre später, bei der Geburt seiner Tochter Catharina, mit »Jacob Jägle« unterschrieb. Als Postreiter oder -kutscher gehörte Jägle zum Gesinde des Posthalters der Herberge »Cour du Corbeau« am Schifferstaden; sein sozialer Status war kaum höher als der eines Dienstboten. Der Großvater Christian Jäckle stammte aus Wildbad im Schwarz-

wald und hatte dort den Beruf eines Flößers ausgeübt. Beide
Gewerbe, die Personen- und Postbeförderung und der Holz-
transport, bringen ihre Angehörigen in Verkehr mit der Au-
ßenwelt und verhelfen den Betreffenden aus eigener Anschauung zu Kenntnissen des *Andern*, des *Fremden*, wie sie sonst
reisenden Kaufleuten vorbehalten sind. Von den vier Söhnen
des Postillons war Johann Jakob der einzige, der mit der be-
ruflichen Familientradition brach. Leistungsbereitschaft und
gesellschaftlicher Aufstiegswille, Weltoffenheit und kulturelle
Neugier zeichneten seinen Lebensweg. Auch bei ihm schlug die
berufliche Mobilität durch; in Verbindung mit einem akademischen Studium wurde daraus Weltgewandtheit.

Obgleich arm (»pauper«), wie der Matrikeleintrag bekundet,
konnte er seit 1774 das protestantische Gymnasium besuchen,
wurde als ausgezeichneter Schüler mehrfach lobend erwähnt
und wechselte 1780 an die Universität; die Wahl des Theologie-
studiums war ohne Zweifel den Einkommensverhältnissen der
Eltern geschuldet. Zum Abschluss seines sechsjährigen Studiums verteidigte er seine Schrift über ägyptische Quellen des
Apuleius – ein antiker Schriftsteller (›Metamorphosen‹), der zu
dieser Zeit nicht unumstritten war und manchen als »unan-
ständiger« Erzähler galt. Von 1789 bis 1798 war er Hauslehrer
bei der englischen Familie Wynne, mit der er Süddeutsch-
land, Österreich und Norditalien bereiste und – nach längeren
Aufenthalten auf Schloss Wartegg am Bodensee (wo ihm die
briefliche Denunziation vorausging, er sei »ein wahrer Demo-
krat, aber ein verborgener«) und in Regensburg – in Florenz,
Elba, Neapel und Padua Station machte. Anschließend wurde
er für drei Jahre von der Familie Battaja in Padua als Erzieher
engagiert. Die Französische Revolution überstand er auf diese
Weise unbeschadet.

Neben seiner Hauslehrertätigkeit war Jaeglé literarisch tätig.
Unter dem Datum des 1. Mai 1797 schickte er Schiller für den

dritten Jahrgang von dessen Tübinger ›Musen-Almanach‹, für den neben anderen auch Pfeffel, Goethe, Lenz, Wilhelm von Humboldt und August Wilhelm Schlegel Beiträge lieferten, einige Gedichte. Er schrieb dazu: »Ob diese Gedichte eine gütige Aufnahme von einem Schiller verdienen und in seinem Musen Almanach keine unwürdige Figur unter den trefflichen Stücken, die er selbst, ein Goethe u. a. verfertigen, machen würden, will ich nicht entscheiden; denn auch das häßlichste Weib erkennt nie die Hälfte seiner Gebrechen. Sie haben indes zween Zwecke: Erstlich sollen sie mich in das Gedächtnis meiner Freunde, die ich vor acht Jahren verlassen und derer, die ich binnen dieser Zeit in der Schweiz, Deutschland und Italien mir erworben habe, zurückrufen; zweitens Ihnen zur schwachen Probe dienen, wie gern ich Sie von der Achtung und Bewunderung überführen wollte, mit welcher ich immer sein werde Ihr ergebenster J. J. Jägle von Straßburg Hauslehrer bei Richard Wynne Esq.«

Zwar wurde nur eines der eingesandten Gedichte von Schiller für den Druck berücksichtigt, doch seit diesem ehrenvollen Auftakt betätigte sich Jaeglé immer wieder als Lyriker, Prosaist und Übersetzer. Er entspricht damit dem Typus des protestantischen Dichter-Pfarrers, dem man seit der Aufklärung häufiger begegnet, als die Pfarrer verstärkt in das aufkommende Bildungsbürgertum integriert wurden. Seine erste Sammlung, die 1799 in Regensburg erschienenen ›Gedichte nach Englischen Originalen‹, widmete er den beiden Töchtern seines ersten Arbeitgebers, Eugenia und Elise Wynne, 1805 folgten ›Gedichte‹, 1822 die Sammlung ›Herbstblumen‹. Bis zum Jahr 1831 lassen sich fast drei Dutzend weitere Druckschriften nachweisen. Auch in Almanachen und Zeitschriften wie der ›Alsa‹ seines jüngeren Freundes Ehrenfried Stoeber war er vertreten, während er selbst als Herausgeber erfolglos blieb. Der Titel des nicht zustande gekommenen Projektes, ›Alsatische Blätter für Belehrung und Unterhaltung‹, kann als Programm seiner Dichtungen gelten.

Bevor er als Pfarrer eingesetzt wurde, machte er aus seiner Vorliebe für derbkomische Erotik, wie sie sich in den ›Gleichnissen an Molli‹ äußert, keinen Hehl:»Wie Senf ist meine Liebe stark, / Und scharf wie Knoblauchzeh; / Sie wütet mir durch Bein und Mark, / Daß ich vergeh wie Schnee. // Beim hochgefüllten Becher kann / Ich Molli nicht vergessen; / Besoffen selbst wie ein Kaplan, / Könnt' ich vor Lieb' sie fressen.« Auch verschloss er seine Augen nicht vor den schneidenden gesellschaftlichen Gegensätzen. In seinem Gedicht ›Der Reiche und der Arme‹ heißt es:»Zur Arbeit ist er nur erkoren; / Ein Lasttier ist er auf der Welt, / Das sich ein Pinsel, hochgeboren, / Für seinen faulen Schmerbauch hält! / Von seinem Marke sich zu mästen, / Zu prassen von des Armen Schweiß; / Zu schwelgen unter Spiel und Festen, / Die ihm bezahlt des Niedern Fleiß: / Lebt er dahin.«

Das Dekorum des geistlichen Standes versagte es ihm, in dieser Manier fortzufahren. Nun beschäftigten ihn Großereignisse der Politik, was sich in Flugblättern wie ›Napoleons Zug aus Elba nach Paris‹ (1815), ›Unserm Könige. Gabe der Huldigung dargebracht Ihrer Majestät Ludwig-Philipp I., König der Franken‹ (1830), ›Gottes Gericht oder der Thronen-Sturz‹ (1830) und ›Abschied und Willkommen an die Jahre 1831 und 1832‹ manifestiert, wo der Revolutionen in Belgien und Polen gedacht wird. Wenn er später als Pfarrer einmal über die autoritätsfeindlichen Auswirkungen der französischen Staatsumwälzung klagte, begrüßte er es auf der anderen Seite, dass dadurch auch der Irrglaube an Gespenster, Hexen, Glücks- und Unglückstage ziemlich aus der Welt gekommen sei.

Johann Jakob Jaeglé war ein großer Bücherfreund. Seine rund tausendbändige Gelehrten- und Dichterbibliothek, deren Bestand durch einen Versteigerungskatalog genau ermittelt werden kann, enthielt Bücher in sieben Sprachen und aus vier Jahrhunderten, wobei religiöse Schriften zu einem angemessenen, jedoch keineswegs überwiegenden Teil vertreten sind. Nicht ein einziger Romantiker ist darunter (und auch nicht die von Büchner geschätzten Goethe und Jean Paul), dafür aber Bürger, Gellert, Herder, Lessing, Schiller (mit seinen englischen Schülerinnen las Jaeglé 1791 ›Don Carlos‹), Wieland, Shakespeare und Walter Scott. Die philosophischen und pädagogischen Aufklärer fehlen ebenso wenig wie die literarischen Anhänger der Revolution, Unterhaltungsschriftsteller der Anakreontik, Autoren des Göttinger Hain und die Hauptvertreter der elegischen und sentimentalen Dichtung.

1804 erhielt Jaeglé seine erste Pfarrstelle in Uhrwiller, einer kleinen Gemeinde vierzig Kilometer nördlich von Straßburg am Fuß der Vogesen – für einen Mann seiner Bildung und Erfahrung gewiss eine einschneidende Zäsur. Auf der anderen Seite kam mit ihm eine Ahnung von der großen Welt ins Dorf und sicherte ihm den Status einer besonderen Persönlichkeit. Jetzt, wo er über ein gesichertes, regelmäßiges Einkommen verfügte, konnte er auch daran denken, eine Familie zu gründen. Am 11. September 1806 heiratete er in Straßburg Marguerite-Salomé Strohl, die Tochter eines Schullehrers aus Nonnenweier im Breisgau. Er war jetzt dreiundvierzig Jahre alt. Seine Unabhängigkeit hatte er damit aufgegeben, doch als sinnenfroher Lebenskünstler wählte er sich eine zwanzig Jahre jüngere Frau, mit der er zwischen 1807 und 1823 fünf Kinder zeugte. Die Gründung einer vielköpfigen Familie gehörte offenbar auch zu seinem Lebensplan.

Am 31. Januar 1808 wurde das erste Kind des Ehepaares geboren, Daniel Frédéric. Es lebte nur zweieinhalb Stunden. 1809 wurde Jaeglé nach Scharrachbergheim versetzt, einem Pfarrdorf 25 Kilometer westlich von Straßburg. Und in Straßburgs rue de la chaîne Nr. 1, in der Wohnung ihrer Schwägerin

Catharina Jägle, brachte am Abend des 15. November 1810 Marguerite-Salomé ihr zweites Kind zur Welt, Louise Wilhelmine.
Sie trug den Namen von Napoleon Bonapartes zweiter Frau,
Marie Louise, der Jaeglé im selben Jahr eine Ode widmete. In
der Verehrung des französischen Imperators traf sich Jaeglé
mit Büchners Vater, auch wenn dieser bereits einer jüngeren
Generation angehörte.

Ebenfalls in Straßburg wurde am 3. August 1812, zwei Jahre
nach Wilhelmine, ihr Bruder Louis-Théodore geboren. 1814
folgte Jaeglé einem Ruf nach Goxwiller, 1818 nach Barr, wo am
24. Juni 1819 die Tochter Julie-Adélaide geboren wurde, die
bereits am 8. Januar 1821 starb. Hier in Barr stand Jaeglé beruflich und persönlich einem Mann nahe, dem Georg Büchner
die Hauptquelle zu seiner Erzählung ›Lenz‹ verdanken sollte:
Johann Friedrich Oberlin, dem Philanthropen aus dem Stein-
tal. Als man ihn 1826 in Fouday beerdigte, war es Jaeglé, der
den Trauergottesdienst hielt.

Drei Monate später wurde er nach Straßburg als dritter Pfarrer an St. Wilhelm berufen, die pittoresk an der Ill gelegene protestantische Kirche aus dem 14. Jahrhundert im Osten des Stadt-
zentrums; ein Amt immerhin, das seit 1803 nicht mehr besetzt
worden war. Die Dienstwohnung der Jaeglés befand sich in einem
winkligen Mietshaus, das die Ecke der Wilhelmer- und Hamen-
gasse bildete und vor dem sich das sogenannte »Warmwässerle«
befand, an dem die Hausfrauen ihre Wäsche wuschen. Das in
die Breite gebaute Haus mit seinen mittelalterlichen Gewölben
wurde gravierender Baumängel wegen 1906 abgerissen. Hier
starb Ende 1828 im Alter von nicht ganz vier Jahren das jüngste
Kind der Jaeglés, der am 17. Februar 1824 geborene Jacques Jules,
und neun Monate später die Mutter, im 45. Lebensjahr. Seitdem
führte die Tochter Wilhelmine, unterstützt von einer Hausge-
hilfin, den Pfarrhaushalt. Früh an Selbstständigkeit gewöhnt,
bildete sie den charmanten Mittelpunkt des Hauses.

Wie so viele Kinder aus protestantischen Pfarrhäusern hatte sie eine sorgfältige Erziehung durch ihren Vater erhalten, dem Sektengeist, Schwärmerei und Pietismus fernstanden und dessen theologisches Credo lautete:»Gedanken sind frei und sollen frei sein, lies und urteile! Blinden Glauben fordern wir evangelischen Lehrer nicht!« Er vermittelte ihr eine durchweg rationalistische Auffassung des Christentums und machte sie zweifellos auch mit der schöngeistigen Literatur bekannt, die er ja mitgeschaffen hatte. E. T. A. Hoffmann scheint einer ihrer Lieblingsautoren gewesen zu sein; wenigstens für 1837 ist die Lektüre des Stuttgarter ›Morgenblatts‹, der führenden deutschen Kulturzeitschrift des Vormärz, wie auch des ›Literatur-Blatts‹ belegt. Französisch und Deutsch sprach und schrieb sie gleich gut, was im damaligen Straßburger Bürgertum für eine Frau durchaus nicht selbstverständlich war.

Obgleich Wilhelmine Jaeglé allein schon aufgrund der Familienkonstellation zu mütterlichem Verhalten geneigt haben dürfte, wäre es falsch, sie auf Büchners Straßburger Hausmütterchen zu reduzieren. Sie scheint dem von ihm geschätzten Frauentypus entsprochen zu haben: von kindlicher Zartheit (»lieb Kind« ist eine seiner stereotypen Anreden) und liebreizender Natürlichkeit, auch von Einfachheit, aber nicht im Sinne von beschränkter Unvollkommenheit, sondern im Sinne einer harmonischen Organisation. Mit Büchner teilte sie das Interesse an Literatur und war ihm hierin wesensverwandt; ohne seine produktive Kreativität.

Dass die Demoiselle nicht in allen Punkten dem »Ideal eines Frauenzimmers«, wie es sich Leonce in Büchners Lustspiel wünscht, entsprechen konnte, versteht sich von selbst. Eines dieser Defizite war Wilhelmines ungenügende Mitteilsamkeit bezüglich der Tagespolitik. Im Brief vom Januar 1834 beklagte sich Büchner darüber, dass sie »kein Wort« von dem sage, was in Straßburg vor sich gehe, dabei gebe es doch »allerlei«

zu erzählen. In Deutschland wusste man aus Presseberichten, dass es im Elsass in jüngster Zeit wieder gärte: In der Gegend von Colmar war es Ende Oktober zu Unruhen gekommen, die erst durch Aussetzung der Steuern gedämpft werden konnten und mit einem Prozess gegen dreizehn republikanische »Aufrührer« ihren Abschluss fanden; am 21. November 1833 meldete die ›Frankfurter Ober-Postamts-Zeitung‹, dass die Winzer in Sélestat und Umgebung »sehr gereizt« seien und »daß das Feuer unter der Asche glimmt und bei jeder Veranlassung zur Flamme werden könnte«; am 4. Januar war an gleicher Stelle zu lesen, dass sich, schon »seit einiger Zeit«, in Straßburg »neue republikanische Gesellschaften« gebildet hätten – Vorgänge, die Büchner ungemein interessierten.

Aber auch der Kontrast machte sie für ihn begehrenswert. Mit ihrer wunderbaren »inneren Glückseligkeit«, einer »göttlichen Unbefangenheit«, einem gerüttelt Maß an »Leichtsinn« und weiteren »bösen Eigenschaften«, die dem »bösen Mädchen« gleichwohl alle zum Vorteil gereichten, wurde die Pfarrerstochter zum »Engel« des Andersseins für Büchner. Dessen gewöhnlicher Studientag an der Académie begann um neun Uhr morgens und war bis zum späten Abend ausgefüllt mit praktischen und theoretischen Kursen oder Vorlesungen, mit dem Besuch der Bibliothek oder der Sammlungen. Wenn Büchner dann noch frühmorgens eine oder mehrere der Kliniken besuchte und abends »einige Stunden« im »Leichendunst« der Anatomie zubrachte, verlängerte sich sein Arbeitstag auf über zwölf Stunden, unterbrochen nur vom Mittagessen, das er im Pfarrhaus Jaeglé einnahm. Seine »Kost« dort »bei Fräulein Jäkele« war, wie wir durch Büchners Mutter wissen, so gut, dass sie, nicht ohne Anzüglichkeit, vermutete, eine solche werde er woanders »nicht leicht wieder finden«. Durch Wilhelmines älteren Bruder Louis wurde Büchner bald mit dem Freundeskreis der Brüder Stoeber bekannt, später sogar zum »hospes perpetuus« (dauernden Gast) ihrer Theologenvereinigung »Eugenia« ernannt, zu deren Gründungsmitgliedern Louis gehörte.

Ins Frühjahr 1832 fiel eine Erkrankung Büchners, die ihn 14 Tage ans Bett fesselte. Es war Wilhelmine, die den Gast gesund pflegte. Während dieser Zeit, in der sich beide nahekamen, verlobten sie sich heimlich miteinander. Während Büchners anschließendem Darmstädter Ferienaufenthalt musste sein Freund und Vertrauter Eugène Boeckel bei der schmachtenden Wilhelmine, »Fräulein Schönfuß und Schönhand«, wie er sie nennt, die Rolle eines Trostspenders übernehmen. Bis Ostern 1834 erfuhr außer ihm niemand von der Liaison.

Angesichts einschlägiger Anspielungen in den »hitzig-zarten« Briefen, die Büchner zwischen Herbst 1833 und Ostern 1834 aus Gießen an sie geschrieben hat, möchte man kaum glauben, dass das Paar eine rein platonische Beziehung unterhalten hat: Da werden Umarmungen, Lippen, die sich »nieder-bücken« und Küsse assoziiert. Daher ist es nur konsequent, wenn Kasimir Edschmid Kapitel 4 seines Romans ›Minni küßt ‚George'‹ betitelt, wobei es sich nur um eine kurze Szene am Schluss handelt, als Wilhelmine die Arme um den Nacken des Geliebten schlingt und ihn küsst, »immer wieder, unsinnig und versinkend«.

Nicht belegt sind hingegen gröbere Intimitäten, wie sie etwa der Dramatiker Gaston Salvatore und der Jugendbuchautor Frederik Hetmann imaginiert haben: Beide lassen Büchner in beschwipstem Zustand den Versuch machen, mit der Freundin zu schlafen. Während bei Salvatore das Auftauchen des alten Jaeglé Büchner die Sache vermasselt, ist es bei Hetmann die Pfarrerstochter selbst, die dem Drängen des Untermieters nicht nachgeben will. Es fehlt ihr nämlich an »Selbstbewußtsein«, wie es Lena, die Geliebte seines Freundes Schütz, besitzt. »Er versucht, sich Minna nackt und so unbekümmert wie dieses Mädchen vorzustellen. Unmöglich. Unvorstellbar auch, daß sie sich einem Mann hingeben würde vor der Hochzeit. Hingeben: was für ein Wort. Wieder so ein Wort der Vornehmen. Und doch liebt Minna ihn. Er ist sicher, daß sie ihn liebt, und sieht doch immer noch Lena nackt im Bett liegen.«

Hetmann nimmt an, dass Minna »die konventionellen Normen auch im Umgang mit Georg« wahrte, was »zu Verkrampfungen, Frustrationen und bei Georg auch zu Zorn über die bürgerlich-christliche Moral« geführt habe. In nüchternem Zustand akzeptiert er ihre Zurückhaltung. Aber im Suff macht sich auch bei ihm der Trieb geltend. »Georg – in Minnas Kammer noch einmal an jenem Abend, als er spät heimgekommen ist, angetrunken, mit Lust darauf, mit ihr zu schlafen. Immer wieder diese Stimme aus der Erinnerung: ›Ich bitte dich, Georg, geh jetzt. Laß mich los.‹ Diese etwas spitze, schrille Stimme, so laut in dem nächtlichen Haus. Widerwärtig.« Wohlgemerkt: Widerwärtig ist nicht etwa Georgs Geilheit, sondern der nächtliche Notschrei der Haustochter. Woraus zu ersehen ist, dass es sich um ein prüdes, hysterisches Weibsbild handelt, als Hüterin eines frivolen Theaterstücks denkbar ungeeignet. Quod erat demonstrandum.

Von der Dichtung zurück zur Dokumentation. Weil die hessische Studienordnung es verlangte, musste Büchner im Sommer 1833 von der Straßburger Académie an die Landesuniversität in Gießen wechseln; am 31. Juli gab er seiner Braut den Abschiedskuss. Sie schenkte ihm ihr Porträt, das sie im Alter von etwa zwanzig Jahren zeigt: hübsch, aber kein *type grisette*. Das Gesicht ein eher kurzes Oval mit nur schwach angedeutetem Kinn, die Haut wie poliert, nur an Wangen und Kinnpartie etwas erhöht. Die Nase regelmäßig und fein gebogen, der Mund ruhig, in den Winkeln nach oben weisend und ohne die späteren lebensbitteren Falten. Feste, weder üppige noch schmale Lippen, zu einem vieldeutigen Lächeln geschlossen; große, dunkel glänzende, mit kühl-versonnener

Aufmerksamkeit blickende Augen, die unter den gewölbten Brauen im Schatten der Wimpern schwarz erscheinen. Ihr dunkles, vielleicht brünettes, am Hinterkopf zu einem Knoten geschlungenes Haar in der Mitte straff gespannt und so glatt anliegend, dass es Reflexe wirft und die Teilungslinie über der Stirn die weiße Kopfhaut

bloßlegt. Die Ohren unbedeckt und mit einfachem Schmuck behängt. Ihr hochgeschlossenes Kleid bis zum Brustansatz geraffter, dunkler Taft, dem Zeitgeschmack entsprechend an den Oberarmen luftig gebauscht (was die schmale Taille noch auffälliger hervortreten lässt), knapp unterhalb der Handgelenke endend. Das Oberteil über den runden Schultern bis zum Halsausschnitt aus halb durchsichtigem Schleierstoff, die Brust von einer samtenen Schleife geteilt, der Hals durch eine Krause aus Spitzenrüschen halb bedeckt. Der linke Ellbogen auf ein Rundtischchen gestützt, die kleine, kräftige Hand leicht geöffnet an der Wange. »Den halben Tag sitze ich eingeschlossen mit deinem Bild und spreche mit dir«, versicherte ihr Büchner im Frühjahr 1834.

Büchners jüngerer Bruder Ludwig urteilte 1850 aufgrund des ihm vorliegenden Briefwechsels: »Die ihm beinahe unerträglich scheinende Trennung von seiner Braut erzeugte in ihm während der ganzen Dauer seines Gießener Aufenthalts eine trübe und zerrissene Gemütsstimmung, die sich in seinen Briefen häufig ausspricht und den sonst lebensfrohen jungen Mann sagen lässt: ›Ich habe Anlagen zur Schwermut.‹« Die wenigen Auszüge aus den Briefen an Wilhelmine bestätigen Ludwigs Fazit. »Hier ist kein Berg, wo die Aussicht frei sei. Hügel hinter Hügel und breite Täler, eine hohle Mittelmäßigkeit in Allem; ich kann mich nicht an diese Natur gewöhnen, und die Stadt ist abscheulich«, hieß es in einem der ersten Briefe, die ihr Büchner aus der oberhessischen Provinzhauptstadt schrieb, in einem andern: »Wie ich hier zusammenschrumpfe, ich erliege fast unter diesem Bewußtsein; ja sonst wäre es ziemlich gleichgiltig; wie man nur einen Betäubten oder Blödsinnigen beklagen mag! Aber du, was sagst du zu dem Invaliden? Ich wenigstens kann die Leute auf halben Sold nicht ausstehen.« Und wieder in einem anderen: »Schon seit einigen Tagen nehme ich jeden Augenblick die Feder in die Hand, aber es war mir unmöglich, nur ein Wort zu schreiben. Ich studierte die Geschichte der Revolution. Ich fühlte mich wie zernichtet unter dem gräßlichen Fatalismus der Geschichte. Ich finde in der Menschennatur eine entsetzliche Gleichheit, in den menschlichen Verhältnissen eine unabwendbare Gewalt, allen und keinem verliehen. Der einzelne nur Schaum auf der Welle, die Größe ein bloßer Zufall, die Herrschaft des Genies ein Puppenspiel, ein lächerliches Ringen gegen ein ehernes Gesetz, es zu erkennen das Höchste, es zu beherrschen unmöglich. Es fällt mir nicht mehr ein, vor den Paradegäulen und Eckstehern der Geschichte mich zu bücken. Ich gewöhnte mein Auge ans Blut. Aber ich bin kein Guillotinenmesser. Das muß ist eins von den Verdammungsworten, womit der Mensch getauft worden. Der Ausspruch: es muß ja Ärgernis kommen, aber wehe dem, durch den es kommt, – ist schauderhaft. Was ist das, was in uns lügt, mordet, stiehlt? Ich mag dem Gedanken nicht weiter nachgehen. Könnte ich aber dies kalte und gemarterte Herz an deine Brust legen!«

Wieder in einem anderen Brief zitierte Büchner einige Verse aus Lenz' Gedicht ›Die Liebe auf dem Lande‹:

War nicht umsonst so still und schwach,
Verlass'ne Liebe trug sie nach.
In ihrer kleinen Kammer hoch
Sie stets an der Erinnrung sog;
An ihrem Brotschrank an der Wand
Er immer, immer vor ihr stand,
Und wenn ein Schlaf sie übernahm,
Er immer, immer wieder kam.

Und dann:

Denn immer, immer, immer doch
Schwebt ihr das Bild an Wänden hoch
Von einem Menschen, welcher kam
Und ihr als Kind das Herze nahm.
Fast ausgelöscht ist sein Gesicht,
Doch seiner Worte Kraft noch nicht,
Und jener Stunden Seligkeit,
Ach jener Träume Wirklichkeit,
Die, angeboren jedermann,
Kein Mensch sich wirklich machen kann.

Das Gedicht reflektierte die Dreiecksgeschichte Goethe – Friederike – Lenz; Letzterer hatte es sinnigerweise Goethe geschenkt,
der es wiederum Schiller zur Veröffentlichung im ›Musen-
Almanach für das Jahr 1798‹ übergab, demselben Jahrgang, zu
dem auch Wilhelmines Vater seinerzeit ein Gedicht beigesteuert
hatte und das sich Büchner aus dessen Handexemplar notiert
haben muss. Die Anfangszeilen benutzte im selben Jahr die von
Büchner gegründete »Gesellschaft der Menschenrechte« als
Codierschlüssel für Geheimbotschaften. Als Briefzitat sollte es
der Geliebten den Trost eines »alten Wiegengesangs« spenden.

Wegen eines »Anfalls von Gehirnhautentzündung« musste Büchner im November 1833 vorübergehend ins Elternhaus zurückkehren. In dieser Zeit stockte die Kommunikation zwischen den Liebenden: Ihr Geheimnis machte es ihnen unmöglich, direkt miteinander zu korrespondieren. Zwar konnten sie ihre Briefe auf dem Umweg über Dritte befördern lassen, doch war die Inanspruchnahme selbst guter Bekannter nicht unproblematisch: Ein einziges unbedachtes Wort in fremden Ohren konnte jene familiären Zwangsrituale auslösen, die sich Büchner nur mit Grausen vorstellen mochte. So scheint in Straßburg mit Ausnahme Boeckels niemand von der Liaison gewusst zu haben, und als August Stoeber, der vielleicht ein Gerücht im Freundeskreis aufgeschnappt hatte, eine entsprechende Frage an Büchners Verwandten Edouard Reuss richtete, erhielt er von diesem am 23. November 1833 nur die lakonische Antwort: »Von Jägle, Büchner weiß ich nichts.« In Gießen war August Becker »lange Zeit« der »einzige Vertraute« von Büchners »teuersten Angelegenheiten«. Dass er »weder seiner Familie, noch einem seiner anderen Freunde etwas gesagt hatte«, war für Becker ein überwältigender Freundschaftsbeweis: »Ein solches Vertrauen mußte ihm mein Herz gewinnen; seine liebenswürdige Persönlichkeit, seine ausgezeichnete Fähigkeiten […] mußten mich unbedingt für ihn einnehmen.«

Nach Ablauf der Weihnachtsferien kehrte Büchner nach Gießen zurück. Noch ehe er selbst schrieb, erhielt er dort einen mahnenden Brief Wilhelmines, die viel zu lange nichts mehr von ihrem »George« gehört hatte und ihn nun aufforderte, mit einem baldigen Brief zu beweisen, dass er sie immer noch sehr liebe. In seiner Antwort ließ Büchner keinen Zweifel daran aufkommen. Seine weiteren Nachrichten gerieten dann aber, wie er selbstkritisch einräumte, zu einem »Charivari«, zu einer Katzenmusik: »Ich verwünsche meine Gesundheit. Ich glühte, das Fieber bedeckte mich mit Küssen und umschlang mich wie der Arm der Geliebten. Die Finsternis wogte über mir, mein Herz schwoll in unendlicher Sehnsucht, es drangen Sterne durch das Dunkel, und Hände und Lippen bückten sich nieder. Und jetzt? Und sonst? Ich habe nicht einmal die Wollust des Schmerzes und des Sehnens. Seit ich über die Rheinbrücke ging, bin ich wie in mir vernichtet, ein einzelnes Gefühl taucht nicht in mir auf. Ich bin ein Automat; die Seele ist mir genommen. Ostern ist noch mein einziger Trost, ich habe Verwandte bei Landau, ihre Einladung und die Erlaubnis, sie zu besuchen. Ich habe die Reise schon tausendmal gemacht und werde nicht müde. – Du frägst mich: sehnst du dich nach mir? Nennst du's Sehnen, wenn man nur in einem Punkt leben kann und wenn man davon gerissen ist, und dann nur noch das Gefühl seines Elendes hat? Gib mir doch Antwort. Sind meine Lippen so kalt?«

In den angespannt-aufgeregten Briefen, die Büchner zwischen Mitte Januar und Mitte März 1834 an seine Straßburger Geliebte schrieb, ging es vorwiegend um gemeinsame Beziehungsnöte, um die »Wollust des Schmerzes und des Sehnens«, um »Gram« und das Gefühl des »Verlassen«-, ja des »Gestorbenseins«. An wissenschaftliches Arbeiten war unter diesen Umständen nicht zu denken: »Meine geistigen Kräfte sind gänzlich zerrüttet.« Anfang März dann erkrankte Büchner; der 9. März war ihm »der erste helle Augenblick seit acht Tagen. Unaufhörliches Kopfweh und Fieber, die Nacht kaum einige Stunden dürftiger Ruhe. Vor zwei Uhr komme ich in kein Bett, und dann ein beständiges Auffahren aus dem Schlaf und ein Meer von Gedanken, in denen mir die Sinne vergehen.« In dieser Zeit kam er nicht dazu, einen Brief an Wilhelmine zu schreiben: »Mein Schweigen quält dich wie mich, doch vermochte ich nichts über mich.« Die Wende trat Mitte März ein. Ungefähr am 17. März hieß es: »Ich schreibe jetzt täglich, schon gestern hatte ich einen Brief angefangen.«

Doch nun war es Wilhelmine, die vor Sehnsucht und Unruhe und wegen der Schuldgefühle ihrem Vater gegenüber krank zu werden drohte. Büchners Briefe aus diesen Wochen belegen, dass die Beziehung einer ersten Belastungsprobe unterworfen war, mit Missverständnissen, Ängsten und somatischen Reaktionen auf beiden Seiten. »Der Gram macht mich Dir streitig, ich lieg' ihm den ganzen Tag im Schoß, armes Herz, ich glaube, du vergiltst mit Gleichem« ... »Die Frühlingsluft löste mich aus meinem Starrkrampf. Ich erschrak vor mir selbst. Das Gefühl des Gestorbenseins war immer über mir. ... Du sitzest jetzt im dunklen Zimmer in deinen Tränen allein, bald trete ich zu dir.« ... »Nimmt dein Unwohlsein eine ernste Wendung, – ich bin dann im Augenblick da. ... Doch ich schreibe abscheulich, es greift deine Augen an, das vermehrt das Fieber. Aber nein, ich glaube nichts, es sind nur die Nachwehen des alten nagenden Schmerzes; die linde Frühlingsluft küßt alte Leute und hektische tot; dein Schmerz ist alt und abgezehrt, er stirbt, das ist alles, und du meinst, dein Leben ginge mit. Siehst du denn nicht den neuen lichten Tag? Hörst du meine Tritte nicht, die sich wieder rückwärts zu dir wenden?«

In einem Brief an den Geliebten verdeutlichte Wilhelmine, dass ihr nur eine offizielle Verlobung, mit der die Partner ihren gemeinsamen Treuewillen bekräftigten, über die Zeit der Trennung hinweghelfen könne. Sie hatte im vergangenen Herbst ihr 23. Lebensjahr vollendet und war damit im heiratsfähigen Alter, ja eigentlich sogar schon ein *spätes Mädchen*. Sicherlich hatte sie sich längst Gedanken über ihren weiteren Lebensweg gemacht, und wäre da nicht der alte Vater gewesen, der versorgt werden musste, hätte sie das Elternhaus vielleicht schon verlassen. Die Verbindung mit einem künftigen Arzt oder Naturwissenschaftler musste ihr ideal erscheinen: Mit ihrem »George« verband sie »Ansprüche auf Lebensglück, auf eine heitere Zukunft«. Dafür verlangte sie nun nach einer gewissen

Garantie. Oder dachte sie gar ebenso berechnend wie Fontanes Mutter Möhring? »Es ist doch immer besser, andre wissen es auch; dann geniert er sich mehr, wenn er sich vielleicht anders besinnt.«

Büchner sah ein, dass er sich der Öffentlichmachung der Beziehung, zunächst wenigstens Pfarrer Jaeglé gegenüber, nicht länger verweigern konnte; die beunruhigenden Nachrichten aus Straßburg veranlassten ihn dazu, das Schweigegelübde, das sich beide auferlegt hatten, abzuschwächen. »Du sprachst mir von einem Heilmittel; lieb Herz, schon lange schwebt es mir auf der Zunge. Ich liebte aber so unser stilles Geheimnis, – doch sage deinem Vater Alles, – doch zwei Bedingungen: Schweigen, selbst bei den nächsten Verwandten. Ich mag nicht hinter jedem Kusse die Kochtöpfe rasseln hören, und bei den verschiedenen Tanten das Familienvatersgesicht ziehen. Dann: nicht eher an meine Eltern zu schreiben, als bis ich selbst geschrieben. Ich überlasse dir alles, tue, was dich beruhigen kann. Was kann ich sagen, als daß ich dich liebe; was versprechen, als was in dem Worte Liebe schon liegt, Treue? Aber die sogenannte Versorgung? Student noch zwei Jahre; die gewisse Aussicht auf ein stürmisches Leben, vielleicht bald auf fremdem Boden!«

Von der Verlobten war diese Vision als berufsbedingter Umzug ins Ausland zu interpretieren; in Wirklichkeit ist sie ein Indiz für Büchners gleichzeitiges politisches Engagement: Im selben Jahr gründete er in Gießen und Darmstadt zwei Sektionen einer revolutionären Geheimgesellschaft mit strikt republikanischer und egalitärer Zielsetzung und entwarf eine Flugschrift, die in Absprache mit einem der maßgeblichen hessischen Oppositionellen entstand, dem Schulrektor und Theologen Friedrich Ludwig Weidig in Butzbach: ›Der Hessische Landbote‹. Büchners führende Mitwirkung an hochverräterischen Unternehmungen ließ, nachdem sie durch Verrat aufgedeckt worden war, aus der akademischen Normalkarriere tatsächlich nichts werden.

Kurz vor Beginn der Osterferien 1834 rang sich Büchner zu einer radikalen Lösung durch: Weil er voraussah, dass man ihm in Darmstadt den geplanten Straßburgbesuch nicht erlauben würde, entschied er sich, direkt von Gießen dorthin zu fahren, und dann seine Familie brieflich über die stattgehabte Verlobung zu informieren. Obgleich er ahnte, dass dies zu Hause zu einem Eklat führen würde, zog er es vor, die Eltern aus sicherer Entfernung vor vollendete Tatsachen zu stellen. Weil er finanziell kurzgehalten wurde, fehlte es ihm allerdings am nötigen Bewegungsgeld für die spontane Visite. So blieb ihm nichts anderes übrig, als von seiner Familie unter dem Vorwand, er bräuchte sie für die Heimreise, 22 Gulden zu erbitten. Dann schrieb er an seinen Onkel George Reuß, der ihm weitere 20 Gulden schicken sollte. Vater und Onkel hatten aber zwischenzeitlich miteinander gesprochen, sodass Letzterer glaubte, der Aufforderung seines Neffen keine Folge leisten zu müssen. Daraufhin schrieb Büchner ein zweites Mal an seinen Patenonkel und erneuerte seine Bitte. Dieser Brief traf am Morgen des 24. März in Darmstadt ein. Der nichts ahnende George Reuß, obgleich »wirklich nicht wenig erstaunt«, reagierte diesmal prompt und schickte einen Wechsel über 17 Gulden 30 Kreuzer. Obgleich ihm das Verhalten seines Neffen schleierhaft blieb, ging er davon aus, dass dieser nun unverzüglich nach Hause kommen würde. »Dies verlang ich vor allem von Dir: denn der Zustand, worin sich Dein Vater, ins besondere Deine leidende Mutter befindet, über Dein Ausbleiben, ist der Raum zu kurz es hier zu beschreiben, ich weiß nicht wie Du Dich hierüber genügend verantworten willst. Dein Vater ist so aufgeregt so wie auch Deine Mutter, daß ich Ihnen von deinem Verlangen nach Geld ohnmöglich etwas sagen konnte, sinne nun auf Deiner Reise darnach, wie wir es dem Vater beibringen wollen, und wie Du Dein Ausbleiben entschuldigen kannst. Wärest Du wie andere Menschen, das heißt gäbst Du Dir Mühe etwas Lebensklugheit Dir anzueignen, so hättest Du in Deinem ersten Brief an mich nur geschrieben, ich habe den Vater um 22 fl. gebeten, ich brauche aber außerdem noch 20 fl., so wärest Du nun schon hier, es ist recht schlimm, wenn man mit viel Kenntnissen, als ein Schussel auf der Welt herumgehet. Mündlich ein mehreres.«

Bereits die verwirrenden Bettelbriefe aus Gießen hatten die Eltern in gehörige Aufregung versetzt. Der Brief des Sohnes aus Straßburg, in dem er sein Verhalten rechtfertigte und »das bisher verheimlichte Verhältnis« offenbarte, setzte dem Ganzen noch die Krone auf. Büchners Bruder Ludwig hat 1850 den Konflikt mit dem Vater herunterzuspielen versucht und dessen Erbitterung darüber, vom eigenen Sohn hinters Licht geführt worden zu sein, unterschlagen. Der von ihm veröffentlichte kurze Briefauszug enthielt nur eine psychologisch-politische Begründung: »Ich war [...] im Äußeren ruhig, doch war ich in tiefe Schwermut verfallen; dabei engten mich die politischen Verhältnisse ein, ich schämte mich, ein Knecht mit Knechten zu sein, einem vermoderten Fürstengeschlecht und einem kriechenden Staatsdiener-Aristokratismus zu Gefallen.«

Ludwig zufolge haben die »beiderseitigen Eltern« umgehend ihre »Einwilligung« gegeben, und Büchner sei nach Darmstadt zurückgekehrt, um dort den Rest der Osterferien zu verbringen. Doch diese harmonische Lösung ist frei erfunden. Nach dem Zeugnis von Edouard Reuss muss der Vater geradezu außer sich vor Zorn gewesen sein. Während er seine spätere Frau als Fünfundzwanzigjähriger kennengelernt hatte, verlobte sich sein Sohn bereits im Alter von achtzehn Jahren. Zudem hatte er seinerzeit, indem er die Tochter seines Vorgesetzten heiratete, eine ausgesprochen gute Partie gemacht, womit auch noch eine soziale Rangerhöhung verbunden war. Sein Sohn hingegen war eine reine Liebesverbindung eingegangen, ohne sozialen Nützlichkeitseffekt. Der Vorwurf einer Mesalliance lag in der Luft. Außerdem verstand es sich für den Vater von selbst, dass man sich zuerst beruflich etablierte, ehe man sich – womöglich lebenslang – band. Diese, wie Freud sagte, »Gewohnheit der beständigen Unterdrückung natürlicher Triebe« war für das gehobene Bürgertum charakteristisch und Ernst Büchner mithin alles andere als ein außergewöhnlich bornierter Familienvorstand. Dennoch musste derlei bürgerliches Nützlichkeitsdenken seinem Sohn zuwider sein. Der Vater jedenfalls reagierte sofort auf den Brief seines Sohnes. Nachweisbar ist ein »in der äußersten Erbitterung gegen den Sohn« geschriebener Brief zu Händen von Edouard Reuss, wohl um diesen zur Intervention zu bewegen. In seiner ›Lenz‹-Erzählung scheint Büchner im (frei erfundenen) Dialog zwischen Kaufmann und Lenz die entsprechende Unterredung mit seinem Straßburger Verwandten wiederholt zu haben:

»Nach dem Essen nahm ihn Kaufmann bei Seite. Er hatte Briefe von Lenzens Vater erhalten, sein Sohn sollte zurück, ihn unterstützen. Kaufmann sagte ihm, wie er sein Leben hier verschleudre, unnütz verliere, er solle sich ein Ziel stecken und dergleichen mehr. Lenz fuhr ihn an: ›Hier weg, weg! nach Haus? Toll werden dort? Du weißt ich kann es nirgends aushalten, als da herum, in der Gegend; wenn ich nicht manchmal auf einen Berg könnte und die Gegend sehen könnte, und dann wieder herunter in's Haus, durch den Garten gehn, und zum Fenster hineinsehen, – ich würde toll! toll! Laßt mich doch in Ruhe! Nur ein bischen Ruhe, jetzt wo es mir ein wenig wohl wird! Hier weg? Ich verstehe das nicht, mit den zwei Worten ist die Welt verhunzt. Jeder hat was nötig; wenn er ruhen kann, was könnt' er mehr haben! Immer steigen, ringen und so in Ewigkeit Alles was der Augenblick gibt, wegwerfen und immer darben, um einmal zu genießen; dürsten, während einem helle Quellen über den Weg springen. Es ist mir jetzt erträglich, und da will ich bleiben; warum? warum? Eben weil es mir wohl ist; was will mein Vater? Kann er mehr geben? Unmöglich! Laßt mich in Ruhe.‹ Er wurde heftig, Kaufmann ging, Lenz war verstimmt«.

Auch die Landschaftsanspielungen in dieser Passage verweisen auf den Kontrast zwischen Straßburg und Gießen.

Rückblickend schien es Reuss verständlich, dass Büchners »Herz [...] sich in den Familienkreis zurück [sehnte] welchen er eben verlassen hatte und in welchem ein anderes ihm entgegenschlug.« Ernst Büchner sah das anders, und daher gelang es Reuss nicht, brieflich zwischen Vater und Sohn zu vermitteln. Erst die persönliche Bekanntschaft mit Wilhelmine, die im September 1834, begleitet von einer Tante, zu ihrer Antrittsvisite nach Darmstadt kam, räumte »Mißverständnisse und Mißverhältnisse« aus dem Weg und wendete alles »zur Freude und Versöhnung«.

Seit dem Herbst 1834 zog sich das Netz der juristischen Ermittlungen gegen die hessischen Republikaner immer dichter zusammen. Entscheidend dafür war der Verrat durch einen Spitzel der großherzoglichen Regierung. Nach den ersten Verhaftungen meldete sich auch ein Kronzeuge zu Wort. Insbesondere Büchner war durch eine Denunziation schwer belastet. Nur weil der Untersuchungsrichter aus ermittlungstaktischen Gründen eine Verhaftung zunächst ablehnte, konnte Büchner im Spätsommer 1834 unbehelligt ins Elternhaus zurückkehren. Im Januar und Februar 1835 schrieb er dort sein erstes Drama, ›Danton's Tod‹, ein Schauspiel von Shakespeare'schen Dimensionen über die Machtkämpfe unter den Jakobinern aus der Zeit der Großen Französischen Revolution. Anfang März floh er bei Wissembourg über die französische Grenze. Sein Ziel war

Straßburg, wo er zunächst unter der Identität eines elsässischen Weinkellners lebte. Im Pfarrhaus Jaeglé war aus sittlichen Erwägungen allerdings kein Platz mehr für den Verlobten. Als er bald nach seiner Flucht einmal zusammen mit Wilhelmine den Turm des Straßburger Münsters bestieg, soll er auf die Frage, wo jetzt sein Vaterland sei, in die Wolken gezeigt bzw., wie es in wörtlich heißt, »nach dem himmlischen Vaterlande gewiesen« haben – so der Bericht seines Darmstädter Freundes Georg Zimmermann, der Wilhelmine Jaeglé 1838 in Darmstadt begegnete.

Im Herbst 1835 erwirkte Büchner eine reguläre Aufenthaltsgenehmigung. Sein Status war damit seit Ende des Jahres 1835 legal, er lebte jetzt als geduldeter politischer Flüchtling in der Stadt und stand unter der Kontrolle des Präfekten. Dennoch wagte es sein Freund Boeckel noch am 16. Januar 1836 nicht, seinen Brief direkt an Büchners Adresse zu richten, sondern wählte den Umweg über Wilhelmine Jaeglé, »um unserm George Unannehmlichkeiten zu ersparen«.

Im französischen Exil setzte Büchner seine philosophischen und naturwissenschaftlichen Studien fort, um sich in absehbarer Zeit als Hochschuldozent eine Existenzgrundlage zu schaffen. Nebenbei arbeitete er an einer Fragment gebliebenen Novelle über den Sturm-und-Drang-Dichter Jakob Michael Reinhold Lenz, übersetzte zwei Theaterstücke Victor Hugos ins Deutsche und schrieb zwei weitere Dramen, die Komödie ›Leonce und Lena‹ und die soziale Tragödie ›Woyzeck‹, mit der Büchner, erstmals in der Geschichte der europäischen Literatur, einen sozialen Außenseiter zur dramatischen Hauptfigur machte. Sie blieb unvollendet. Seine Studien, häufig »von Morgens früh bis um Mitternacht«, führten ihn an den Rand völliger Erschöpfung. Gelegentlich musste ihm daher Wilhelmine zur Hand gehen; ein Liebesdienst, wie ihn viele Dichtergattinnen zu leisten pflegen, sie mögen Fontane heißen oder Schmidt.

Für die im Nachlass erhaltene ›Geschichte der griechischen
Philosophie‹ fertigte sie eine Synopse aus historischen und phi-
losophiegeschichtlichen Daten an, die sie exakt aus Wilhelm
Gottlieb Tennemanns Standardwerk abschrieb. Wie aber soll
man den Befund deuten, dass ein Satz im Manuskript über Spi-
noza von Büchner begonnen und von Jaeglé vollendet wurde?

Im Sommer 1836 reichte Büchner bei der Hochschule in
Zürich eine Abhandlung über das Nervensystem der Fluss-
barbe ein, die ihm wenige Wochen später den Doktortitel der
dortigen Philosophischen Fakultät verschaffte. Auch sein Brief
vom 26. September 1836, in dem er sich auf das günstige Urteil über seine »wissenschaftliche Befähigung« berief und um
Zulassung zur öffentlichen Probevorlesung bat, wurde von
Wilhelmine Jaeglé ins Reine geschrieben und von ihm mit
»G. Büchner Dr. phil« unterzeichnet.

Zusammen feierten sie noch seinen dreiundzwanzigsten
Geburtstag am 17. Oktober 1836. Tags darauf siedelte Büchner
als politischer Asylant nach Zürich über. Nach der erfolgreich
absolvierten Probevorlesung begann er im November als Privatdozent mit Vorlesungen über Vergleichende Anatomie. Der
Verlobten schrieb er am 13. Januar 1837: »Mein lieb Kind! […]
Es wird immer öder. So im Anfange ging's: neue Umgebungen,
Menschen, Verhältnisse, Beschäftigungen – aber jetzt, da ich
an alles gewöhnt bin, alles mit Regelmäßigkeit vor sich geht,
man vergißt sich nicht mehr. Das Beste ist, meine Phantasie
ist tätig, und die mechanische Beschäftigung des Präparierens
läßt ihr Raum. Ich sehe dich immer so halb durch zwischen
Fischschwänzen, Froschzehen u. s. w. Ist das nicht rührender,
als die Geschichte von Abälard, wie sich ihm Heloise immer
zwischen die Lippen und das Gebet drängt? O, ich werde jeden
Tag poetischer, alle meine Gedanken schwimmen in Spiritus.
Gott sei Dank, ich träume wieder viel Nachts, mein Schlaf ist
nicht mehr so schwer.«

Kurz darauf erkrankte Büchner und musste seine Vorlesung, die er dreimal wöchentlich auf seinem Zimmer in der Steingasse hielt, ausfallen lassen: »Ich habe mich verkältet und im Bett gelegen«, schrieb er Wilhelmine nach Straßburg. »Aber jetzt ists besser. Wenn man so ein wenig unwohl ist, hat man ein so groß Gelüsten nach Faulheit; aber das Mühlrad dreht sich als fort ohne Rast und Ruh. Heute und gestern gönne ich mir jedoch ein wenig Ruhe und lese nicht; morgen gehts wieder im alten Trab, Du glaubst nicht, wie regelmäßig und ordentlich. Ich gehe fast so richtig, wie eine Schwarzwälder Uhr.«

Diese knappe und offensichtlich harmlose Andeutung genügte, um Wilhelmine Jaeglé, die um die empfindsame Konstitution ihres »George« wusste, nachhaltig zu beunruhigen. »Voll zärtlicher Besorgnis« drohte sie nun ihrerseits »krank […] vor Angst« zu werden. Am 27. Januar konnte ihr Büchner noch scherzend versichern, er »habe keine Lust zum Sterben« und sei »gesund wie je«, wozu »die Furcht vor der Pflege hier« beigetragen habe. »In Straßburg wäre es ganz angenehm gewesen, und ich hätte mich mit dem größten Behagen in's Bett gelegt, vierzehn Tage lang, rue St. Guillaume Nro. 66, links eine Treppe hoch, in einem etwas überzwergen Zimmer, mit grüner Tapete! Hätt' ich dort umsonst geklingelt?«

Weil er eine »Vorliebe für schöne Säle, Lichter und Menschen« um sich hatte, ging Büchner abends gern für ein, zwei Stunden in das nahe gelegene Kasino der »Assemblée-Gesellschaft«. Es war zugleich die Tonhalle des alten Zürich, hier fanden Konzerte statt, die freilich nicht nach Büchners Geschmack waren, wie er der Freundin am 20. Januar schrieb: »Du weißt, wie ich die Frauenzimmer lieb habe, die in einer Soiree oder einem Konzerte einige Töne totschreien oder winseln.« Er hoffte deshalb, dass sie bis zu ihrem Wiedersehen in Zürich an Ostern noch einige Volkslieder lernen werde, sofern sie das Singen nicht angreife. »Man hört hier keine Stimme; das Volk singt nicht, [...] gelt, du singst die Lieder? Ich bekomme halb das Heimweh, wenn ich mir eine Melodie summe.«

Anfang 1837 plante Büchner trotz seines schmalen Budgets einen Umzug und durchforstete die Tageszeitungen nach Wohnungsangeboten. Im ›Zürcherischen Wochenblatt‹ vom 23. Januar 1837 wurde er fündig: »Man wünscht einem oder 2 Herren oder Frauenzimmern ein frohmütiges geheiztes Zimmer samt Kost à 3 fl. 20 pr. Woche, zu übergeben, ganz nahe an der Stadt in Hottingen No. 158, in der Nähe vom Kaffeehaus.« Diese Adresse, »N. 158. Hottingen«, notierte er sich auf einer überzähligen »Inscriptions-Liste«, wie sie den Dozenten der Zürcher Hochschule zur Registrierung ihrer Hörer und Vorbereitung der Abrechnung durch die Universitätskasse ausgehändigt wurden. Innerhalb der nächsten Tage kam es zu einer Besichtigung des Zimmers, das Büchner auf Anhieb gefiel. Auch über den Bezugstermin wurde er mit dem Vermieter einig, der ihm außerordentlich sympathisch erschien, sodass er sich vorkam wie ein erfolgreicher Diogenes, der mit seiner Laterne ostentativ nach einem »Menschen« Ausschau gehalten hatte. Am 27. Januar berichtete er seiner Verlobten: »Es ist mir heut einigermaßen innerlich wohl, ich zehre noch von gestern, die Sonne war groß und warm im reinsten Himmel – und dazu hab ich meine Laterne gelöscht und einen edlen Menschen an die Brust gedrückt, nämlich einen kleinen Wirt, der aussieht wie ein betrunkenes Kaninchen und mir in seinem prächtigen Hause vor der Stadt ein großes elegantes Zimmer vermietet hat. Edler Mensch! Das Haus steht nicht weit vom See, vor meinen Fenstern die Wasserfläche und von allen Seiten die Alpen, wie sonnenglänzendes Gewölk. – Du kommst bald? mit dem Jugendmut ist's fort, ich bekomme sonst graue Haare, ich muß mich bald wieder an Deiner inneren Glückseligkeit stärken und Deiner göttlichen Unbefangenheit und Deinem lieben

Leichtsinn und all Deinen bösen Eigenschaften, böses Mädchen. Adio piccola mia! –«

Schon wenige Tage später klagte er erneut über »Unwohlsein«. Möglicherweise beim Hantieren mit einem unsauberen Skalpell zog er sich eine Typhus-Infektion zu, die zu spät als solche erkannt wurde. Als am Nachmittag des 2. Februar der Student Johann Jakob Tschudi zur gewohnten Stunde auf das Zimmer seines akademischen Lehrers kam, fand er Büchner »sehr aufgeregt in seinen Schlafrock gehüllt, mit einem dicken wollenen Schal um den Hals auf und ab gehend. Er entschuldigte sich, heute das Collegium nicht lesen zu können, denn er fühle sich sehr unwohl, er leide an einem heftigen Schnupfen« und Kopfweh. Trotzdem bat er Tschudi, ihm die Stunde über Gesellschaft zu leisten und am nächsten Tag wiederzukommen, was dieser auch tat.

Am 8. Februar erhielt Büchner Briefe von Wilhelmine, die aber so fein geschrieben waren, dass er sie nicht zu Ende lesen konnte. Das Angebot von Caroline Schulz, sie an seiner Stelle zu beantworten, lehnte er ab. Am Nachmittag des 10. Februar ging Büchner hinüber zu den Schulzens, wo er sich daranmachte, die Briefe seiner Verlobten zu beantworten. Doch kaum hatte er die Feder ergriffen, erklärte er, nicht schreiben zu können. Als Caroline ihm abermals anbot, es in seinem Namen zu tun, willigte er ein. »Damit er seinen Geist nicht anstrengen sollte«, schrieb sie den Brief nach ihrer »Idee« und ließ sich dann von ihm sagen, was sie »daran ändern solle«. In diesem Brief wurde Wilhelmine darüber informiert, dass Büchner an einem »gastrischen Fieber« erkrankt sei, sich aber bereits »wieder auf dem Wege der Besserung« befinde. Büchner setzte noch die Worte »Adieu mein Kind« und seinen Namen darunter, ließ Caroline »eine seiner Locken hineinlegen und eilte schnell zu Bett nach welchem er sehr verlangte«.

Um den 11. Februar erhielt Wilhelmine Jaeglé in Straßburg

Carolines Brief, der sie Schlimmes befürchten ließ. Ohne die fünf von eigener Hand geschriebenen Worte hätte sie gezweifelt, dass ihr Verlobter überhaupt noch am Leben sei. Auf der Stelle wollte sie nach Zürich fahren und seine Pflege übernehmen. Weil sich aber zunächst keine weibliche Begleitung fand und Krankenbesuche zwischen bloß Verlobten als unschicklich galten, ließ ihre Familie sie vorerst nicht gehen. Doch nach zwei Tagen ohne weitere Nachricht aus Zürich packte sie kurzerhand ihre Koffer und erklärte, dass sie sich »jetzt nicht mehr halten ließe«. Weil man ihren »Bruder, der sich losgemacht hätte, nicht für hinreichend fand«, sie »zu beschützen«, »mußte man sich nach einer Begleiterin umsehen«. Am Abend des 15. Februar trat sie zusammen mit der Pfarrerswitwe Schmidt von Kehl aus per Eilpostwagen ihre Reise nach Zürich an, wo sie am Vormittag des 17. Februar zwischen zehn und elf Uhr eintraf. Nachdem sie sich sich provisorisch in einem Gasthof einquartiert hatte, informierte sie durch ihre Begleiterin die Schulzens von ihrer Ankunft. Mittags holte Caroline die beiden Frauen zu sich und überließ ihnen ein Zimmer ihrer Wohnung. Die Ärzte hatten Wilhelmine erlaubt, den Kranken zu sehen. Büchners Vermieter, Dr. Zehnder, führte sie in das Krankenzimmer; »noch vor der Türe« sagte er zu ihr: »Fassen Sie sich, er wird Sie nicht kennen.« Den weiteren Verlauf schilderte sie in einem Brief an ihren Vater, der am 20. in Straßburg eintraf und dessen Inhalt auch Büchners Straßburger Freund Wilhelm Baum bekannt wurde, der daraufhin den gemeinsamen Freund Boeckel informierte: »Nach langem Anstarren, da mildert sich sein großer verwirrter Blick und die krampfhaft verzogene Miene gestaltet sich zu einem leisen Lächeln – er erkennt sie – einen Augenblick und sinkt wieder in das gräßlichste Delirium zurück. Darauf in dem Wahnsinn der Krankheit dichtet er, stößt einen begeisterten religiösen Gesang heraus, der mit den Worten schloß: ›Ja durch Schmerzen dringt man zu Gott!‹ und dann wieder Geistesnacht und Delirium und Raserei.«

Auch die Nacht auf den 18. Februar »delirierte« Büchner »fortwährend«. Am frühen Morgen besuchte Wilhelmine den Kranken erneut, und es schien tatsächlich, als würde die Nähe seiner Geliebten »Ruhe über ihn« bringen: Deutlicher als am Vortag erkannte er sie, »sprach zu ihr, auch von ihrem Vater«, obgleich man »nicht alles verstehen [konnte], denn seine Stimme war jetzt schwächer«. Insgesamt schien sich sein Zustand leicht gebessert zu haben. »Er ließ sich den Mund reinigen«, nahm aus Wilhelmines Händen »ein wenig Wein und Confitür, aß Mittags etwas Suppe, nannte mehrere seiner Freunde mit Namen, auch der Puls hob sich ein wenig; alles dieses war ein Hoffnungsstrahl für uns«, schilderte Caroline, obgleich die Ärzte versichert hatten, es bestehe kein Grund zur Hoffnung. Und tatsächlich war es »nur ein kurzes Aufflackern des verglimmenden Lebens«. Am Abend traten denn auch, bei zunehmender Schwäche und fortgesetzten Delirien, »von neuem üble Symptome ein«.

19. Februar. »Der Atem wurde schwerer, die Schwäche größer, der Tod mußte nahe sein.« Wilhelmine, die immer nur für kurze Zeit im Krankenzimmer verweilen durfte, wartete zusammen mit Caroline in deren »traulichen Stübchen«. Wilhelm Schulz sollte sie »rufen, wenn der verhängnisvolle Augenblick käme«. Es war Sonntag, »Stille im Hause und Stille auf der Straße. Die Glocken läuteten.« Die beiden Frauen lasen Gedichte und sprachen von dem Sterbenden, bis am Nachmittag Schulz »eintrat Minna zu rufen, damit sie dem Geliebten den letzten Liebesdienst erzeige«. »Er ist sanft eingeschlummert«, schrieb Wilhelmine später an Eugène Boeckel, »ich habe ihm die Augen zugeküßt, Sonntag, den 19. Februar, um halb 4.« »Sie tat es mit starker Ruhe«, bestätigte Caroline Schulz, »aber dann brach ihr Schmerz laut aus. Ich nahm sie

in meine Arme und weinte mit ihr.« In einem Brief an die Familie in Darmstadt schrieb Wilhelmine: »Mein Leben gleicht einem schwülen Sommertage! Morgens heitere angenehme Luft – in etlichen Stunden Sturm und Gewitter, zerknickte Blumen, zerschlagene Pflanzen. Meine Ansprüche auf Lebensglück, auf eine heitere Zukunft zu Grabe getragen, Alles, Alles verloren – –«

Am 20. Februar sichtete man gemeinsam Büchners Nachlass. Dabei wurde ein literarisches Notizbuch mit »reichen Geistesschätzen« entdeckt, das Wilhelmine Jaeglé an sich nahm, zusammen mit Büchners wissenschaftlichem und literarischem Nachlass und seinen wenigen Habseligkeiten. Offenbar überließen es ihr die Eltern, sich darum zu kümmern. Eine Ausnahme bildete der präparierte Barbenschädel, der Büchner »für seine Abhandlung und seine Demonstration gedient hatte«: Ihn erhielt sein Student Tschudi als Geschenk.

Am selben Tag erfuhr man durch einen Brief Wilhelmines auch in Straßburg von Büchners Tod. Pfarrer Jaeglé war darüber so »ergriffen und niedergeschlagen«, dass er Baum bitten ließ, an seiner Stelle den Abendgottesdienst an Sankt Wilhelm zu halten. »Denkt an das unglückliche arme Mädchen, denkt daß sie dieser Schlag zur Verzweiflung bringen, ihren Vater in das Grab führen kann«, schrieb Wilhelm Hoffmann, ein gemeinsamer Freund aus Büchners Straßburger Zeit, an die Brüder Stoeber, »o man möchte zaubern.«

Der 21. Februar war der Tag, an dem Büchners »irdische Hülle der Erde wiedergegeben werden sollte«. Caroline und Wilhelmine »wanden am Morgen einen großen Kranz von lebendigem Grün, Lorbeer und Myrten und weißen Blüten, der nach hiesiger Sitte den ganzen Sarg umgeben sollte«. In Wilhelmines Auftrag legte Wilhelm Schulz »dem Dichter und Bräutigam [...] einen Lorbeer- und Myrtenkranz auf die hohe blasse Stirne [...]. Ein Strauß von lebendigen Blumen, den einige Freundinnen schickten, ruhte in seinen Händen.« Die Beerdigung am Nachmittag um vier Uhr auf dem »Krautgarten«-Friedhof der Großmünstergemeinde, wenige hundert Meter vom Sterbehaus entfernt, wurde von der Hochschule als offizieller Trauerakt zelebriert. Wilhelmine Jaeglé war nicht dabei, sie hatte schon mittags, »gleich nach Tisch«, mit Caroline Schulz das Haus verlassen, um erst am Abend heimzukehren. Es war wohl nicht nur der Schmerz eines »zerrissenen Herzens«, der sie bewog, dem Begräbnis fernzubleiben: Die gesellschaftliche Etikette verwehrte es der Verlobten, als Quasiwitwe öffentlich in Erscheinung zu treten.

Am 28. Februar erschien im ›Schweizerischen Republikaner‹, Zürichs liberaler Tageszeitung, Wilhelm Schulz' anonym veröffentlichter ›Nekrolog‹ auf seinen Freund. Er war zwar nur einer von insgesamt drei ausführlichen Nachrufen auf den Dichter, Revolutionär und Wissenschaftler, aber immerhin der erste und bestinformierte. Als besonders faktenreiches Zeugnis wurde er in Deutschland, wenngleich aus politischen Rücksichten nur in Auszügen, mehrfach nachgedruckt und zitiert. Der Text kam in Verbindung mit Wilhelmine Jaeglé zustande, und auf ihrer Zustimmung und Bereitschaft gründete auch Schulz' Ankündigung, wonach Büchners nachgelassene Schriften »demnächst im Druck erscheinen« würden.

Als Jaeglé nach Straßburg zurückgekehrt war, gab sie dort eine auf den 27. Februar datierte Todesanzeige in Auftrag, die sie, zusammen mit dem ›Nekrolog‹, an Büchners dortige Bekannte und Freunde versandte. Gegenüber Eugène Boeckel bekannte sie am 5. März: »Über meine übrigen Lebenstage ist ein schwarzer Schleier geworfen. Der Himmel möge sich meiner erbarmen und mich nur noch so lange leben lassen als meinen alten Vater.« Für Pfarrer Jaeglé war Büchners Tod tatsächlich jener schwere Schlag, der ihn, wie Wilhelm Hoffmann gemutmaßt hatte, »in das Grab führen« konnte: Er starb wenige

Monate später, am 21. Oktober 1837. Wilhelmine jedoch lebte noch über vier Jahrzehnte lang.

Sie war nun im Besitz des gesamten Nachlasses, der Schriften und des Briefwechsels. Weil ihr Büchner aus Zürich, »kurz vor Beginn der tödlichen Krankheit«, also vermutlich Ende Januar 1837, geschrieben hatte, er werde »in längstens acht Tagen ›Leonce und Lena‹ mit noch zwei anderen Dramen erscheinen lassen«, erwartete sie, die Manuskripte dreier Dramen vorzufinden – eine Auffassung, der sich Wilhelm Schulz anschloss, als er noch Jahre später in seiner Rezension der ›Nachgelassenen Schriften‹ erwähnte, dass in den anderthalb Jahren von Büchners Straßburger Exil nicht nur zwei, sondern »wahrscheinlich drei dramatische Schöpfungen« entstanden seien. Welche »zwei anderen« Dramen damit gemeint gewesen sein könnten, ist bis heute unklar. Dachte Büchner daran, aus dem ›Woyzeck‹-Konvolut zwei verschiedene Stücke zu generieren, ein Drama über den Leipziger Woyzeck und ein anderes über einen hessischen Eifersuchtsmord? Die Sachlage spricht nicht dafür.

Aufgrund »mündlicher Mitteilungen« Büchners rechnete Wilhelmine Jaeglé mit einem Stück über den Renaissance-Schriftsteller Pietro Aretino als (neben ›Leonce und Lena‹ und den ›Woyzeck‹-Fragmenten) drittem, mysteriösem Drama. Dass Büchner ihr gegenüber Interesse an der schillernden Persönlichkeit Aretinos und sogar seine Absicht bekundet hatte, über den Zeitgenossen Tizians (der ihn mehrfach porträtierte) und Leonardo da Vincis ein Stück zu verfassen, ist plausibel und kann als sicher angenommen werden: Zweifellos hatte er den langen Artikel von Philarète Chasles über Pietro Aretino, ›sa vie et ses œuvres‹, gelesen, der Ende 1834 in der ›Revue des Deux Mondes‹ erschienen war, denn im selben Jahrgang, im Heft vom 30. Juni, war Alfred de Mussets Komödie ›On ne badine pas avec l'amour‹ (›Man spielt nicht mit der Liebe‹) abgedruckt, die als eines der Vorbilder für ›Leonce und Lena‹ gilt, und in der folgenden Lieferung vom 15. Juli 1834 hatte Büchner in George Sands ›Lettres d'un voyageur‹, einem Bericht über ihre Italienreise, zwei Sätze gefunden, die er später, wenig verändert, als Motto für sein Lustspiel verwendete: »*e la fama? e la fame?*«

Aretino war der einflussreichste italienische Publizist seiner Epoche und eine äußerst umstrittene Gestalt der Literaturgeschichte. Der drastische, prärealistische und volksnahe Ton von Aretinos Komödien sowie seiner ›Kurtisanengespräche‹ (›Ragionamenti‹, 1534/36) wird Büchner ebenso fasziniert haben wie sein programmatisches Bekenntnis zur Naturwahrheit der Kunst, sein politischer Anspruch ebenso wie seine korrupte Ehrlichkeit. Und dass er auch in Zürich literarisch keineswegs untätig gewesen war, ging aus seinem Brief vom 20. Januar 1837 hervor, in dem er »Freude am Schaffen« seiner »poetischen Produkte« bekundete: »Der arme Shakespeare war Schreiber den Tag über und mußte nachts dichten, und ich, der ich nicht wert bin, ihm die Schuhriemen zu lösen, hab's weit besser.«

Dass Büchner aber ein solches Drama bereits vollendet, wie Wilhelmine Jaeglé glaubte, oder auch nur angefangen hätte, ist nicht zu belegen. Ein Festhalten an der Existenz eines abgeschlossenen Dramas, eines »Gangsterstücks«, wie Peter Hacks mutmaßte, würde voraussetzen, dass Büchner sein Manuskript kurz vor dem Tod in die Hand eines Verlegers, Journalisten oder schriftstellernden Freundes gegeben und sämtliche Vorarbeiten vernichtet hat, und dass sich in seinem Nachlass keinerlei Spuren fanden, die auf einen entsprechenden Kontakt schließen ließen. Das aber ist sehr unwahrscheinlich. Es hätte sich dann schon um eine Zürcher Persönlichkeit handeln müssen, mit der Büchner, unbemerkt von seinen Freunden, direkt, das heißt ohne Briefwechsel, eine enge Verbindung unterhalten konnte. In Frage kommen etwa der umtriebige Verleger Franz

Hoffmann, der 1835 am Limmatufer eine Verlagsbuchhandlung eröffnet hatte, und der englische Arzt und Schriftsteller Thomas Lovell Beddoes, die beide dem Kreis von Büchners hessischen Landsleuten fernstanden. Beddoes wohnte 1836/37 in Büchners Nachbarschaft und teilte mit ihm die Herkunft aus einer Arztfamilie, das absolvierte Medizinstudium, die Spezialisierung auf Vergleichende Anatomie, den gleichzeitigen Aufenthalt in Straßburg 1832/33, die Begeisterung für Tieck und Shakespeare, ein eminentes politisches Interesse und die schriftstellerischen Ambitionen. Dass Büchner Hoffmann oder Beddoes kennengelernt hat, ist jedoch nicht nachzuweisen.

Die Schulzens, von Jaeglé auf das Fehlen eines ›Aretino‹-Dramas im Nachlass angesprochen, konnten das Dilemma zwar nicht lösen; sie erinnerten sich aber daran, »daß Büchner während der Fieberdelirien seiner Krankheit sich vergebens« angestrengt hatte, »von etwas Mitteilung zu machen, das ihm Sorge« zu bereiten schien. Weil sie es für möglich hielten, dass sich »jene Anstrengung zu reden« auf das ›Aretino‹-Manuskript »bezogen haben möchte«, ließen sie daraufhin Büchners Zimmer »nochmals genau durchsuchen« – doch wieder ohne Erfolg. Auf diesen Versuch einer letzten, wichtigen »Mitteilung« des sterbenden Dichters nahm 1841 Georg Herwegh in seinem Büchner-Gedicht Bezug, als er fabulierte: »Noch ein Geheimniß möcht' er uns entdecken, / Den letzten, größten Traum in's Dasein wecken. – / O Herr des Himmels, sei ihm jetzt nicht taub! / Noch eine Stunde gönn' ihm, o Geschick! / Verlösche uns nicht des Propheten Blick! / Umsonst – es bricht die müde Brust in Staub […].«

Am Plan, Büchners nachgelassene Werke herauszugeben, hielt Wilhelmine Jaeglé weiterhin fest. Ob sie – vielleicht mithilfe der Schulzens – konkrete Anstrengungen unternahm, ist unbekannt. Im Juli 1837 wurde sie auf den Nachruf aufmerksam, den Karl Gutzkow vier Monate nach Büchners Tod im ›Frankfurter Telegraphen‹ veröffentlicht hatte. Nicht bloß, weil Gutzkow sich erneut sehr günstig über seinen ehemaligen Schützling geäußert hatte, auch aufgrund seiner literarischen Verbindungen war er – wenngleich sein Aufsatz von mancher Unkenntnis zeugte – natürlich der Geeignetste, um einen Band Nachlassschriften herauszugeben. Ende August 1837 schrieb sie ihm einen sondierenden Brief, in dem sie einerseits Vertrauen seiner Person gegenüber bekundete und »fertige Produktionen« und »Fragmente« in Aussicht stellte, andererseits ihrer Befürchtung Ausdruck verlieh, das Projekt könne an den Zensurverhältnissen scheitern.

In seinem Antwortbrief vom 30. August zeigte sich Gutzkow von dem Vorschlag begeistert und bat sie, ihm alles anzuvertrauen, was sie von Büchner habe, Werke und Briefe und sogar seine Straßburger Dissertation. Er bedauerte, dass ihm von Büchners Privatleben nur wenig bekannt geworden sei; insbesondere habe »jener Teil seines Lebens« gefehlt, dessen »Mittelpunkt« sie als seine Braut gewesen sei. »Vertrauen Sie mir alles an, was Sie von Büchner haben! Ich bin gewiß, daß ich das kleine Denkmal, was ich ihm schon zu setzen versuchte, damit noch zu einem größern, seines Namens würdigeren ausbauen kann. Sind wirklich noch Produktionen, fertige und Fragmente, vorhanden, haben Sie Briefe, die Sie einer fremden Diskretion (aber der meinigen, der Diskretion eines Freundes!) anvertrauen könnten, Briefe, aus denen sich Gemütszustände und Ideen entnehmen ließen; so geben Sie mir dies Material; ich will es sichten, ordnen, und in die literarische Welt als ein Ganzes einführen!« Dem Zensurproblem glaubte er sich durch den Umfang des Bandes entledigen zu können, denn Bücher über 320 Seiten unterlagen nicht der Vorzensur.

Was Gutzkow daraufhin bekommen hat, wissen wir aus seinem Antwortbrief und seinem späteren Bericht in der Essaysammlung ›Götter, Helden, Don Quixote‹: »die saubern

Abschriften des poetischen Nachlasses Büchners von der Hand seiner Geliebten«, im Einzelnen »ein vollendetes Lustspiel ›Leonce und Lena‹«, das »Fragment des ›Lenz‹ und ein Heft von Briefen«, genauer: »Briefexzerpten«, denen Ort und Datum fehlte. Offenbar hatte sie die in das Exzerptheft eingetragenen Briefauszüge so gewählt, dass sie als fortlaufende Geschichte des Liebesverhältnisses gelesen werden konnten, eines Geheimnisses, das zwar im Zuge der förmlichen Verlobung im Kreis der beteiligten Familien offenbar wurde, aber nach dem unausgesprochenen Willen der hinterbliebenen Braut nicht öffentlich ausgebreitet werden sollte. Außerdem erwähnte Jaeglé noch »Fragmente eines Drama[s]« (›Woyzeck‹), und sie stellte eine Fortsetzung der Auszüge aus Büchners Briefen in Aussicht.

Etwa eine Woche nachdem Gutzkows Brief eingetroffen war, ging das Konvolut als Paket an ihn ab, wofür er sich am 14. September 1837 bedankte. Sein Plan war, dem Verstorbenen ein »Denkmal« zu setzen, das ihn als »einen Repräsentanten der modernen Bildung und der Jugend Deutschlands« erscheinen lassen und zugleich einen »denkwürdigen Beitrag zur Kulturgeschichte unserer Zeit« darstellen sollte. Für seine biographische Darstellung wollte er auch bei Büchners Freunden und seinen Eltern in Darmstadt Erkundigungen einziehen, und er hoffte auf Jaeglés weitere Unterstützung, ohne deren Hilfe er »natürlich zu keinem Ziele« komme. Für die angekündigten weiteren Briefauszüge erbat er sich künftig Angaben zu Ort und Datum der Briefe und den näheren Umständen, unter denen sie geschrieben worden waren: »Überaus wichtig aber ist, daß Sie mir an der Spitze der Briefexzerpte immer angeben, wann und wo sie geschrieben sind, wo möglich auch, in welcher Stimmung, unter welcher Konstellation von Hoffnungen, Schwierigkeiten und dergl.«

Schenkt man den Beteuerungen in seinem nächsten Brief Glauben, ging Gutzkow umgehend und mit Eifer ans Werk: Er schrieb Büchners Eltern und bat um ein Treffen, bei dem man Näheres verabreden könne, ließ in der Augsburger ›Allgemeinen Zeitung‹ eine öffentliche Aufforderung an »die Freunde des in Zürich verstorbenen Dr. Georg Büchner« ergehen, ihn mit Material von und über Büchner zu unterstützen, und sondierte bei Johann David Sauerländer in Frankfurt am Main, dem Verleger von ›Danton's Tod‹, ob er bereit sei, ihm für den Nachlassband die Rechte an diesem Werk abzutreten.

Alle diese Pläne scheiterten. Von Darmstadt kam keine Antwort, auf sein Zeitungsinserat erhielt er nicht eine einzige Zuschrift, und Sauerländer forderte für den ›Danton‹ so viel Geld, dass Gutzkow die Lust an diesem Geschäft verlor. Dazu kam noch, dass die von Jaeglé erhoffte weitere Zusendung ausblieb. Infolgedessen musste er den ursprünglichen ehrgeizigen Plan aufgeben.

Dass Wilhelmine ihre Kooperationsbereitschaft zurückziehen musste, hatte jedoch zwei gänzlich außerhalb ihrer Verantwortung liegende Ursachen: zunächst den Tod ihres Vaters im Oktober 1837 und die daraus resultierenden Verpflichtungen, unter anderem die Auflistung und Versteigerung seiner Nachlassbibliothek, und dann die Einmischung von Büchners Vater, dem es ganz sicher nicht recht war, dass sich ein Sensationsschriftsteller wie Gutzkow für seinen Sohn starkmachte. Stattdessen brachte er einen anderen Herausgeber ins Spiel, den Darmstädter Georg Zimmermann, einen braven Jugendfreund seines Sohnes. Luise Büchner erinnerte sich 1877, Gutzkows Plan habe sich »an der Dazwischenkunft von G. Zimmermann« zerschlagen, »der als intimer Freund von Georg sich zum Biographen für geeigneter hielt«.

Wilhelmine Jaeglé waren dadurch die Hände gebunden. Im Juni 1838 kam sie nach Darmstadt, um mit Büchners Eltern das Projekt zu besprechen. Zuvor machte sie sogar noch den Versuch, sich in Frankfurt mit Gutzkow abzustimmen, doch traf sie ihn dort nicht an, weil er schon Ende 1837 nach Hamburg umgezogen war. So blieb ihr nichts anderes übrig, als den Dingen ihren Lauf zu lassen. Georg Zimmermann blieb – sicher nicht gerade zum Leidwesen des Vaters – die versprochene Büchner-Biographie schuldig; Gutzkow publizierte 1838 Auszüge aus ›Leonce und Lena‹ und 1839 das ›Lenz‹-Fragment. Die von Wilhelmine angefertigten Briefauszüge behielt er, machte davon aber keinen Gebrauch.

Vermutlich durch Vermittlung ihrer militärischen Verwandtschaft (Ulrich Pultz von Carlsen war seit 1837 Stadtkommandant von Darmstadt) fand Wilhelmine Jaeglé 1840 eine Gouvernantenstelle bei der Familie des Generals von Müffling, dem militärischen Befehlshaber der preußischen Festung Koblenz und Ehrenbreitstein, der seit 1830 in dritter Ehe mit Auguste Friederike Therese Ferdinande Leopoldine Freiin von Nordeck zur Rabenau verheiratet war; die 1833 geborene Tochter des Ehepaars, Pauline, war ihr Zögling. Vor seiner Versetzung nach Koblenz war Wilhelm von Müffling von 1829 bis 1834 Kommandant (Leiter des Truppendienstes) und von 1834 bis 1839 Vizegouverneur (stellvertretender Befehlshaber) der Bundesfestung Mainz gewesen und als dieser, zusätzlich zu seinen militärischen Funktionen, eng in die Aufklärungsarbeit des Mainzer Zentralinformationsbüros einbezogen, einer von Preußen und Österreich befehligten Behörde, deren Mitarbeiter die Ermittlungen der politischen Polizei und der Geheimagenten in Sachen Staatssicherheit koordinierten und auswerteten. Der Münchner Historiker Wolfram Siemann konnte zeigen, dass von Müffling »seine Tätigkeit nicht nur passiv verwaltend nebenher, sondern aktiv beeinflussend und ihren Ertrag verstärkend«, mit »Leidenschaft und Intensität« betrieb. Dass Wilhelmine von seinem früheren geheimpolizeilichen »Zusatzgeschäft« gewusst hat, ist jedoch noch unwahrscheinlicher als die Annahme, dem General sei ihre Brautschaft mit einem Hochverräter bekannt gewesen.

Vier Jahre lang zur Entourage der Müfflings gehörend, verbrachte sie den Sommer 1843 mit ihnen an der belgischen Nordseeküste. »W[ilhelmine] Jaegle, die Braut Büchners, ist in Ostende, sucht sie ja auf. Sie ist mein Ideal«, schrieb Caroline Schulz damals beiläufig an das befreundete Ehepaar Emma und Georg Herwegh, und das war bestimmt nicht nur so dahingesagt. In einem missmutig gestimmten, schrulligen Fräulein hätte die allem Anschein nach glücklich verheiratete, lebensfrohe Caroline wohl kaum ihr Vorbild erblickt. Als selbstständige, berufstätige Frau, die ihr Schicksal mit Ergebenheit, aber ohne Resignation trug, war sie Carolines »Freundin« und ihr »Ideal«.

Ende 1844 kehrte Wilhelmine Jaeglé nach Straßburg zurück, wo sie am 7. März 1845 das Abschlusszeugnis einer Mittelschule erwarb. Damit besaß sie die Lehrbefähigung für die École primaire und konnte anschließend in ihrer Wohnung eine Mädchenschule einrichten; als während der Zweiten Republik ein neues Unterrichtsgesetz in Kraft trat, musste sie ihre Zulassung als Elementarschullehrerin erneuern lassen. Das Haus rue des Cordonniers Nr. 8 (heute Nr. 1) gehörte dem Theologieprofessor Charles Schmidt, dem Mann ihrer Cousine Julie Pauline. Es wurde 1965 abgerissen, an seiner Stelle befindet sich heute das Foyer Jean Sturm. Unter den Nachfahren der Familie Schmidt hat sich die Erinnerung erhalten, dass es in »Mimi Jaeglés« Wohnung für jedes Kind ein potchambre, ein Nachttöpfchen mit eigenem Blumennamen, gab.

Wilhelmines Freundschaft mit der Familie Büchner war bis dahin ungetrübt, und vermutlich weilte sie regelmäßig im Frühjahr in Darmstadt zu Besuch, wo sie anscheinend wie eine Tochter aufgenommen wurde. Mathilde, die älteste und einzige nichtliterarische unter den Geschwistern, war offenbar ihr häufigster Korrespondenzpartner. Auch von Ludwig kam 1844 ein Brief, in dem er sie als sein »liebes Schwesterchen« begrüßte

und »in unverbrüchlicher Treue« als »Dein Bruder Louis« un-
terzeichnete. 1845 erinnerte er sie an einen Maskenball, an dem
sie »vor zwei Jahren« in Darmstadt teilgenommen habe, und
im selben Brief hoffte er auf ihren Besuch zu Ostern. Umge-
kehrt war es Ludwig, der, in den Fußstapfen Georgs wandelnd,
im Wintersemester 1844/45 in Straßburg Medizin studierte.
Als ihn bereits nach zwei Monaten das Heimweh zurücktrieb,
bekam er von ihr zum Abschied am 4. Dezember 1844 das
Spinoza-Manuskript seines Bruders Georg geschenkt. In einem
Brief vom Februar 1845 erinnerte er sich an ihre Wohnung in
der »engen Schustergasse«, an »ein Haus mit einer Schelle mit
einem Portier«, an die »Wendeltreppe«, die in ihre »behagliche
Wohnung« führte und an die »Stühlchen« ihrer Schülerinnen.
Ein Jahr später war Wilhelmine Taufpatin bei Wilhelm Büch-
ners am 22. März geborener Tochter Lina; bei der Zeremonie in
Darmstadt wurde sie von Mathilde vertreten.

Zu dieser Zeit dachte niemand mehr an eine Publikation
von Büchners Nachlass. Erst im Sturmjahr 1848 besannen sich
die Geschwister in Darmstadt auf das revolutionäre Erbe des
großen Bruders. Federführend bei der Edition war Ludwig;
als Verleger konnte er wiederum Sauerländer in Frankfurt
gewinnen. Als besonders verkaufsträchtig erschien der Neu-
abdruck von ›Danton's Tod‹, diesmal ohne Rücksicht auf die
Zensurverhältnisse, die 1835 nach Gutzkows Worten aus dem
Drama eine »Ruine der Verwüstung« gemacht hatten. Bei der
Beschaffung des Originalmanuskripts, wonach man den au-
thentischen Wortlaut wiederherstellen wollte, ergaben sich jedoch Schwierigkeiten: Der Verlag besaß es nicht, und auch von
Gutzkow, an den sich Ludwig Büchner persönlich wandte, kam
eine abschlägige Antwort. Schließlich erklärte sich Wilhelmine
Jaeglé bereit, aus ihrem Besitz Büchners Arbeitsmanuskript
zur Verfügung zu stellen. Dem Verleger war das sogar eine besondere Annonce wert: »Durch gütige Vermittlung der Braut

des großen Toten ist die Verlagshandlung in den Besitz des ursprünglichen, von der Zensur noch unverstümmelten, Manuskriptes von ›Danton's Tod‹ gelangt, wodurch diese Ausgabe einen erhöhten Wert erhalten wird.«

Das kleine Bändchen ›Nachgelassene Schriften‹, das Ende 1850 erschien, enthielt außer einer ausführlichen Biographie, ›Danton's Tod‹, ›Leonce und Lena‹, ›Lenz‹ und anderem eine Auswahl aus Büchners Briefen, darunter einen siebenseitigen Abschnitt unter der Überschrift »Briefe an die Braut, aus Gießen, 1833 und 1834«. Auszüge aus vier weiteren Briefen an Wilhelmine aus Zürich wurden in der biographischen Einleitung zitiert. Beides waren unfreiwillige Beiträge Jaeglés. Bei den Zürcher Briefen handelte es sich vermutlich um Auszüge, die sie selbst nach Büchners Tod für die Eltern angefertigt hatte; die auszugsweisen Abschriften aus den Gießener Briefen hatte sie seinerzeit Gutzkow als Arbeitsmaterial für seine geplante Büchner-Biographie zur Verfügung gestellt. Von einem wörtlichen Abdruck war zwischen beiden nie die Rede gewesen; vielmehr hatte Gutzkow damals zugesichert, »davon öffentlich nur das benutzen« zu wollen, »was auf seine Person geht. Für Sonstiges, was sie enthalten, ist die Zeit noch zu jung und frisch.«

Wie sich aus einem Bericht Luise Büchners ergibt, aufgezeichnet im Frühjahr 1877, wenige Monate vor ihrem Tod, war das Material mehr oder weniger zufällig in Ludwig Büchners Hände gelangt: Luise, eine Freundin von Gutzkows erster Frau Amalie, war zufällig zugegen gewesen, als man nach dem Umzug Gutzkows von Hamburg nach Frankfurt im Sommer 1842 gerade dabei war, dessen Bücherkisten auszupacken, und dabei fielen ihr die Nummern des ›Telegraphen für Deutschland‹ mit den Erstdrucken von ›Leonce und Lena‹ und ›Lenz‹ »in die Hände, sowie auch Gutzkow selbst unter Manuskripten mehrere Blätter fand, die von Minna herrührten und [...] Auszüge aus ihren Briefen enthielten. [...] Ich legte diese Papiere zu Hause zu den Briefen und Schriftstücken Georgs, und dabei fand sie Louis, als er den Nachlaß herausgab. Da sich Minna damals schon sehr sonderbar benahm, widersetzte ich mich der Benutzung der mir gegebenen Auszüge, jedoch vergebens, obgleich ich einsah, daß sie eine große Lücke ausfüllten. Diese Veröffentlichung aber, hat sie uns am übelsten genommen.« In einer privaten Aufzeichnung des Verwandten Edouard Reuss heißt es:»Seine jüngeren Brüder […] gaben einen Band nach- gelassener Papiere von ihm heraus, […] auch eine Sammlung vertrauter Briefe, wodurch das heilige Geheimniß eines zarten, frommen Verhältnisses auf unverantwortliche Weise der Welt preisgegeben wurde, und um welche die verwaiste Freundin bittere Tränen vergossen hat.« Aus einer weiteren Notiz von Reuss geht hervor, dass sich Jaeglés Hauptvorwurf tatsächlich an die Schwester richtete:»Die exzentrische Luise, die Schrift- stellerin, hatte in unzarter Überschätzung, das Heiligtum der Liebe ihres längst verstorbenen Bruders Georg der Öffentlich- keit Preis gegeben und Unfriede gestiftet.«

Heutzutage regeln archivalische Schutzfristen den Umgang mit personenbezogenen Dokumenten; in der Regel ist eine Veröffentlichung erst 30 Jahre nach dem Tod der betreffenden Person möglich. Wer heute über Wilhelmine Jaeglés Reaktion den Stab bricht, setzt sich nicht nur über allgemein anerkannte Gepflogenheiten hinweg, sondern übersieht auch, dass sie bis zu diesem Eklat alle Bemühungen um eine Edition von Büch- ners literarischem Nachlass tatkräftig unterstützt hat, indem sie zwischen 1837 und 1850 zunächst Gutzkow, dann den Ge- schwistern in Darmstadt nahezu alle Werke Büchners aushän- digte: das Arbeitsmanuskript von ›Danton's Tod‹ im Original, Abschriften von ›Lenz‹ und ›Leonce und Lena‹ (von Letzterem auch Originalhandschriften), die ›Woyzeck‹-Fragmente, alle drei philosophische Skripten, das Manuskript der Zürcher ›Probevorlesung‹ und anderes mehr.

Bleibt die Frage, was an den besagten Brautbriefen so brisant erscheinen konnte, dass Wilhelmine sich, ihrer Veröffentlichung wegen, mit der Familie Büchner tödlich verfeindete. Einen – wenngleich parteiischen – Fingerzeig gab Luise selbst Ende 1865 in einem Brief an den befreundeten österreichischen Schriftsteller Moritz Hartmann, der sie um eine Biographie ihres Bruders gebeten hatte. Ihm antwortete sie: »Ihnen etwas über meinen Bruder Georg zu schreiben, ist eine mißliche Sache, um so mißlicher, als bei einer biographischen Skizze seine Braut nicht unerwähnt bleiben könnte, diese aber vor der Welt durchaus nicht mehr wissen will, daß sie einst förmlich mit ihm verlobt war. Wie ich nun auch persönlich über eine falsche Wandlung denken mag, so widerstrebt es doch dem Gefühl der Pietät jemanden zu verletzen dem man einst so nahe gestanden.«

Eine persönliche Stellungnahme Jaeglés zur »Brautbriefe-Affäre« ist nicht überliefert, doch gibt es einen scharfen Kommentar von Edouard Reuss in einem Brief an Karl Emil Franzos aus dem Jahr 1878. Ihm zufolge hatte man damals in Straßburg »allgemein die unverantwortliche Indiskretion bedauert und mißbilligt«, durch die Büchners »stille und heilige Herzensangelegenheiten vor das Publikum gebracht worden« seien, »ohne daß man zuvor die zunächst (und wahrhaftig allein) beteiligte Person um Erlaubnis gefragt hätte«. Dass man Büchner »im guten Andenken behalte«, sei »nur billig. Aber ein Wiederabdruck der Briefe die er an seine noch lebende, unverheiratet gebliebene Braut geschrieben hat, und wozu sie nie ihr Imprimatur gegeben hat, ist eine Industrie, für die ich keinen Namen habe.«

Entscheidend ist, dass man Jaeglés Zustimmung nicht einholte und sie damit entmündigte, ausnutzte, ja strategisch missbrauchte und nicht einmal ihre Anonymität wahrte. Denn es wäre ein Leichtes gewesen, in der Schilderung von Büchners kurzem Leben ihren Namen fortzulassen: Gutzkow hatte es in seinen Veröffentlichungen zwischen 1837 und 1839 so gehalten, und auch Wilhelm Schulz in seinem großen Essay aus dem Jahr 1851 nannte Büchners »an Geist und Herz gleich ausgezeichnete Braut« nicht beim Namen. Ihre Nennung im Zusammenhang mit einem revolutionären, gelegentlich rücksichtslosen Dichter, vor allem aber die Publikation von Büchners Liebesbriefen dürfte ihrer moralischen Integrität und damit dem Ruf ihrer Elementarschule nicht gerade förderlich gewesen sein.

Niemand kann ernstlich bestreiten, dass die unbefugte Veröffentlichung von Privatbriefen immer eine missliche Sache ist, zumal wenn die Betroffenen noch leben und nicht den Schutz der Anonymität genießen, und insbesondere dann, wenn der Inhalt einer gewissen Pikanterie nicht entbehrt. Und daher sind es auch keineswegs ausschließlich biedere Kleingeister, engstirnige Langweiler und borniere Apostel der Sittsamkeit, die sich dagegen aussprechen, ihr Innerstes vor einer großen Öffentlichkeit ausgebreitet zu sehen. Der große Spötter Heinrich Heine beispielsweise bezeichnete es, ausnahmsweise einmal ganz ohne Ironie, als »unerlaubte und unsittliche Handlung auch nur eine Zeile von einem Schriftsteller zu veröffentlichen, die er nicht selber für das große Publikum bestimmt hat. Dieses gilt ganz besonders von Briefen, die an Privatpersonen gerichtet sind. Wer sie drucken läßt oder verlegt, macht sich einer Felonie schuldig, die Verachtung verdient.«

Über die nächsten fünfundzwanzig Jahre im Leben der Louise Wilhelmine Jaeglé fehlt uns jedes Zeugnis. Ein Vierteljahrhundert ging vorüber, und sie hinterließ darin scheinbar keine Spur. Und was waren das für Zeiten! Ein Epochenumbruch vollzog sich; Westeuropa überschritt die Schwelle zum Industriezeitalter. Als Französin erlebte sie den Staatsstreich Louis Napoleons, der sich selbst zum Kaiser machte und fortan den Namen Napoleon III. trug. In die einundzwanzig Jahre seiner Regierung fielen die Weltwirtschaftskrise von 1857 und die Entwicklung moderner Industrieverfahren, der Fotografie, des Telefons, des Fahrrads und der Dampfturbine. Darwin und Marx veröffentlichten ihre Hauptwerke, der Suezkanal wurde eröffnet, die Impressionisten stellten zum ersten Mal ihre Bilder aus, die Arbeiterschaft formierte sich in geschichtsmächtigen Organisationen. Und wäre dies ein Text von Johann Peter Hebel, würde nun unvermeidlich folgen: »und die Ackerleute säeten und schnitten, der Müller mahlte, die Schmiede hämmerten, und die Bergleute gruben nach den Metalladern in ihrer unterirdischen Werkstatt.« Was wir wissen, ist, dass am 6. Februar 1856 Wilhelmines Bruder Louis-Théodore starb, nur 43 Jahre alt und ledig. Er hatte sich als Chemiker in London selbstständig gemacht; möglicherweise war er schwerkrank zu seiner Schwester zurückgekehrt, denn er starb in ihrer Wohnung. Und aus den Straßburger Bevölkerungsregistern wissen wir, dass sie nicht nur eine Kleinkinderschule leitete, sondern auch untervermietete; 1856 an eine neunzehnjährige Pensionistin namens Louise Martzloff. Während Henri Poschmann sie als Trauerkloß und »Gefangene der in sich geschlossenen pietistischen Pastorenwelt im Elsaß« sah, teilte sie jedenfalls ihren Straßburger Haushalt mit der Familie ihrer Cousine, einer laut Karl Emil Franzos »höchst gebildeten Familie voll lebendigen Anteils an der Literatur«, und genoss tagsüber das Gewimmel der ihr anvertrauten Kinderschar.

Als Sechzigjährige musste sie erleben, wie die machtlüsterne französische und preußischen Bourgeoisie den Deutsch-Französischen Krieg entfesselten, der mit der Niederlage der französischen Truppen bei Sedan nur ein vorläufiges Ende fand. Sie musste mitansehen, wie der deutsche Militärstaat nach dem Sturz Napoleons III. und dem Ende des Zweiten Kaiserreichs den Krieg als Eroberungsfeldzug gegen das französische Volk fortsetzte. Die Französische Republik musste fünf Milliarden

Francs Kriegsentschädigung zahlen und Elsass-Lothringen an das Deutsche Reich abtreten; Straßburg wurde deutsch. 1835 hatte Büchner gemeint, »es wäre traurig, wenn das Münster einmal ganz auf französischen Boden stände«. Jetzt stand es ganz auf deutschem Boden. Aber während man in Deutschland der Vorstellung anhing, »daß der Ausgang des Kriegs die Elsässer mit Jubel erfüllen müsse und daß sie nichts eiligeres zu tun haben als sich den deutschen Brüdern in die Arme zu stürzen«, war »alles anders«. Eine »barbarische Kriegsführung welche ganze Quartiere unserer Stadt in Asche gelegt, und tausende von Menschen (wenige Soldaten aber meist) Greisen und Weibern und Kindern das Leben gekostet« habe – so der Verwandte Edouard Reuss in einem Brief vom 10. Mai 1871 an Luise Büchner in Darmstadt – nahm den deutschen Besatzern alle Sympathien der Straßburger Bevölkerung.

Als zu Beginn der 1870er Jahre bekannt wurde, dass Büchners Ruhestätte, der alte Krautgarten-Friedhof in Zürich, eingeebnet werden sollte, veranlassten die Geschwister, dass Büchners Grab an einen andern Ort verlegt wurde. Der Tag der festlichen Einweihung, der 4. Juli 1875, begann mit einem feierlichen Zug von der Universität zum Begräbnisplatz auf dem Germaniahügel. Der schwarz-rot-goldenen Fahne der deutschen Burschenschaft folgten etwa 150 Teilnehmer, vorwiegend Studenten der Universität, auch einige Professoren, und nur wenige deutsche Bürger Zürichs, denen die Sympathie für einen Demokraten vom Schlage Büchners wohl fernlag. Wilhelmine Jaeglé war nicht unter den Gästen.

Zur selben Zeit unternahm in Wien ein junger Journalist namens Karl Emil Franzos den entscheidenden Versuch, das literarische Erbe Büchners, den er als konsequenten Realisten feierte, wiederzuentdecken. Im Sommer 1875 nahm er Kontakt zur Familie in Darmstadt auf und erhielt aus der Hand Ludwig Büchners den literarischen Nachlass des Bruders zur Bearbeitung. Weiteres, so bemerkte dieser in seinem Begleitbrief, habe vermutlich die Braut des Dichters, Fräulein Jaeglé. Die Informationen in Ludwigs Einleitung zu den ›Nachgelassenen Schriften‹ ließen Franzos auf Büchners Tagebuch und das legendäre ›Aretino‹-Drama hoffen; zugleich war er darauf vorbereitet, dass er es mit einer halsstarrigen, wenig kooperativen Matrone zu tun bekommen würde. Im handschriftlichen Entwurf eines Aufsatzes für die Wiener Tageszeitung ›Neue Freie Presse‹ schrieb er im Oktober 1875 zum ersten Mal über die ›Aretino‹-Legende, wie sie sich aufgrund von Ludwig Büchners Informationen für ihn darstellte:

»Wir wissen aus seinem Briefwechsel, daß er große Hoffnungen darauf gesetzt und daß er mit glühendstem Eifer daran gearbeitet. Er wollte es nicht zu rasch aus den Händen geben … ›ich bin noch mit Manchem unzufrieden und will nicht, daß es mir geht, wie das erste Mal. Das sind Arbeiten, mit denen man nicht zu einer bestimmten Zeit fertig werden kann, wie der Schneider mit seinem Kleid.‹ Endlich war die Arbeit vollendet und das Manuscript kam in die Hände einer Persönlichkeit, welche dem Dichter sehr teuer war. Wenige Wochen darauf erkrankte er tödlich. In seinen letzten Minuten stammelte er von diesem Drama, er wollte hierüber eine Anordnung treffen, er rang nach Worten und als ihm die Zunge nicht mehr gehorchte, versuchte er sich noch durch Zeichen verständlich zu machen […]. Georg Büchner hat nicht zu sagen vermocht, wo sein liebstes, bestes Werk geblieben. Auch sein Nachlaß gab keine Andeutung darüber. Alles Fragen, Suchen und Forschen blieb vergeblich. Es läßt sich nicht ganz genau eruieren, ob das Manuscript in den Händen jener Persönlichkeit geblieben, ob es vielleicht anderwärts in Verlust geraten. Es ist wahrlich keine Anstrengung gescheut worden, der deutschen Literatur ein Werk zu erretten, welches, aller Voraussicht nach, ein kostbares Juwel im Schatz deutschen Geisteslebens gewesen wäre. Die Verwandten des Dichters, welche in rührender, aufopfernder, tatfreudigster Pietät das Angedenken des Dichters hegen und pflegen, insbesondere seine Geschwister, Dr. Ludwig und Luise Büchner, haben rastlos alle Möglichkeiten verfolgt und erschöpft – und Alles umsonst! In neuester Zeit habe ich die Nachforschungen wieder aufgenommen und darf mir selbst das Zeugnis nicht versagen, Alles getan zu haben, was in meinen Kräften stand. Das Fazit ist die traurige Gewißheit, daß ›Pietro Aretino‹ nie erscheinen wird, gleichviel ob das Manuskript noch existiert oder nicht mehr. Ich vermute das Erstere. Diese Andeutungen mögen rätselhaft erscheinen, doch schließt mir die Pietät den Mund – die Pietät für eine Persönlichkeit, die dem Dichter nahe gestanden.«

Aber selbst diese verschwommenen Formulierungen schienen ihm noch zu scharf, zu indiskret zu sein. Noch machte er sich Hoffnungen, Wilhelmine Jaeglé zur Herausgabe überreden zu können. Im Druck seines Artikels war stattdessen von der »geringen Hoffnung« die Rede, dass es ihm eines Tages doch gelingen möge, ein günstiges Resultat zu erzielen. Daran schlossen sich Bemerkungen über den Verbleib von Büchners Tagebuch an, das Franzos ebenfalls bei Wilhelmine Jaeglé vermutete:

»Hier weiß ich wenigstens mit Bestimmtheit, welche Hand es samt zahlreichen Skizzen, wertvollen Briefen und dem Original-Manuskript der Novelle ›Lenz‹ bewahrt. Es ist dieselbe Hand, die dem Dichter lichte Blüten in das drangvolle Leben gestreut, die ihm das brechende Auge geschlossen. Dieselbe Hand, welche sich in keines Andern Hand mehr legen wollte, nachdem der Tod jene Georg Büchner's kalt und starr gemacht.«

Und dann folgt, mit deutlichem Seitenblick:

»Wer das Andenken des Toten so treu gewahrt, wird gern sein
Scherflein dazu beitragen, es in Anderen zu wecken und zu
ehren. Hier lebt mir vorläufig die Hoffnung unverkümmert.«

Franzos' direkter Kontakt zu Wilhelmine scheint, obgleich er
in einem späteren Brief behauptete, im Sommer 1876 habe sie
ihm gegenüber für den Verkauf 200 Taler verlangt, unergiebig
gewesen zu sein. Nachdem er Ende 1876 mit dem Sauerländer-
Verlag, der sich damit in zweiter Generation und zum insgesamt dritten Mal für Büchner engagierte, einen Vertrag über
die Herausgabe von Büchners Werken und Nachlassschriften
abschließen konnte, gelang es ihm Anfang 1877, den Verleger
dafür zu gewinnen, vermittelt durch Charles Schmidt, Professor für Evangelische Theologie an der Straßburger Universität
und Ehemann von Wilhelmines 1859 verstorbener Cousine
Julie Pauline, geb. Strohl, mit dem Sauerländer persönlich bekannt war, Wilhelmine Jaeglé ein Kaufangebot zu unterbreiten,
wodurch »ein großer buchhändlerischer Erfolg der Ausgabe«
wahrscheinlich werde.

Aber auch dem Verleger gelang es nicht, mit Wilhelmine
ins Gespräch zu kommen. Auf sein diesbezügliches Schreiben
antwortete Franzos am 11. Februar 1877: »Mit aufrichtigem Be-
dauern habe ich aus Ihrem werten Schreiben das Ende unserer
Straßburger Hoffnungen ersehen. In der Seele dieser alten Dame
scheinen sich zwei Teufel wechselweise den Sieg streitig zu machen, der Teufel der Frömmelei und des Geizes.« Ob mit dieser
Einschätzung der Kern des Konflikts getroffen worden war, ist
sehr zu bezweifeln. Bereits die ›Aretino‹-Geschichte als solche
ist hoch spekulativ, nicht minder Franzos' Idee, das Stück habe
atheistische Stellen enthalten. Gleiches gilt für die Jaeglé unter-
stellten Motive. Dass Wilhelmine gläubige Protestantin war,

können wir voraussetzen. Dies hinderte sie jedoch nicht daran, die ›Danton‹-Handschrift und die ›Woyzeck‹-Manuskripte aus der Hand zu geben, was bei echten »sittlichen« oder religiösen Bedenken wohl kaum geschehen wäre. Inwieweit sich ihre religiöse Einstellung später radikalisierte, wird kaum zu klären sein. Und schließlich passten ihre seinerzeitigen Anstrengungen, das Manuskript aufzufinden, nicht zu der Annahme, sie habe es verschwinden lassen. Möglicherweise war dies Franzos alles bewusst und er benutzte die ›Aretino‹-Legende nur, um damit eine Tür zum Tagebuch und Büchners Briefen zu öffnen, für deren Erwerb sich der Verleger wohl kaum eingesetzt hätte, weil sie weniger attraktiv waren als eine abgeschlossene Dichtung.

Keine acht Tage später unternahm Franzos einen letzten Versuch. Wie es schon 1876 in seinem Aufsatz in der ›Neuen Freien Presse‹ angeklungen war, appellierte er an die moralische Verpflichtung Wilhelmine Jaeglés, die sie als Eigentümerin von unveröffentlichten Büchner-Manuskripten der Öffentlichkeit gegenüber habe. Hier könne kein privater Anspruch geltend gemacht werden; die Werke Büchners gehörten dem Publikum, und er erwarte von ihr, dass sie ihn bei seiner Büchner-Ausgabe unterstütze. Wilhelmine Jaeglé antwortete am 2. April 1877 mit einem kurzen, verbindlichen Brief:

»Geehrtester Herr! In Ihrem geehrten Schreiben vom 17. Februar reden Sie von der moralischen Verpflichtung, die ich habe, durch Mitteilung derjenigen Papiere G. Büchner's, die in meinen Händen sind, die Herausgabe seiner Werke zu befördern. Hierauf habe ich die Ehre, Ihnen zu antworten, daß ich durchaus keine moralische Verpflichtung fühle, die besagten Papiere zur Öffentlichkeit zu bringen, teils sind es solche, die nur mich persönlich angehen, und die es eine Indiskretion wäre drucken zu lassen, teils sind es unvollständige Auszüge und unvollendete Notizen. Das Andenken an G. Büchner ist

mir zu teuer, als daß ich wünschen könnte, etwas Unferti-
ges von ihm der Kritik der Rezensenten auszusetzen. Durch
schwere Krankheit verhindert, Ihnen früher zu antworten,
mußte ich es bis heute aufschieben. Sie werden mich, geehrter
Herr, verpflichten, wenn Sie sich für die Zukunft mit dieser
Erklärung genügen lassen wollten. Hochachtungsvoll zeichnet
L. W. Jaeglé.«

Als die Witwe von Karl Emil Franzos fünf Jahrzehnte später
diesen Brief veröffentlichte, kommentierte sie Jaeglés Absage
mit den Worten, Büchners Braut habe »in beschränkter, alt-
jüngferlicher Anschauung jegliche Beisteuer« verweigert. Davon allerdings kann nicht die Rede sein, da es sich nach der
zwischen 1837 und 1850 erfolgten Herausgabe der wesentlichen
Nachlassteile mit an Sicherheit grenzender Wahrscheinlichkeit
um Briefwechsel, »unvollständige Auszüge und unvollendete
Notizen« handelte. Die alte Dame hatte lediglich Angst, dem
Nimbus des Schriftstellers durch Preisgabe von »Unfertigem«
zu schaden. Allenfalls diese Befürchtung ist es, die wir ihr übel
nehmen können, aber noch mehr denjenigen, denen es nicht
gelang, sie vom Gegenteil zu überzeugen.

Und dieser Vorwurf gilt vor allem Franzos, der ihr, im
Bewusstsein, dass es »nichts nutzen« werde, »halb im Guten,
halb im Bösen«, umgehend einen weiteren, »dringlichen Brief«
schrieb. Haupthinderungsgrund schien ihm »ihre Frömmelei«
zu sein, doch auch »ihr so überaus gespanntes Verhältnis zur
Familie Büchner« habe wohl »auf ihre Haltung eingewirkt«.
Zugleich hoffte er weiter auf die Vermittlung von Charles
Schmidt, den er am 9. April 1877 anschrieb, um doch noch eine
Übereinkunft zu erzielen. Schmidt jedoch hielt sich selbst, wie
es in seiner Antwort vom 19. Mai 1877 hieß, »aus verschiedenen Gründen« für ungeeignet, um sich »in diese Sache zu mi-
schen«, außerdem sei »Mademoiselle Jaeglé seit einigen Tagen

so schwer erkrankt, daß der Arzt nur wenig Hoffnung mehr hat; dies ist nicht der Moment, sie zu drängen«.

Woraufhin Ludwig Büchner, nachdem er von Franzos darüber unterrichtet worden war, nichts Besseres zu tun hatte, als am 24. Mai 1877 Sauerländer zu ermuntern, seine »persönliche Bekanntschaft mit Herrn Schmidt benutzend, nochmals persönlich oder brieflich« ihn zu überreden, nach dem Tod Jaeglés »das, was unter ihrem Nachlaß mit meinem Bruder Bezug« habe, der Edition zur Verfügung zu stellen. Und in der Tat schrieb Sauerländer in diesem Sinne noch am selben Tag an Schmidt und bat »um Nachricht des Todes des Fräulein Jäcklé«. Am Bett der anscheinend Todkranken wurde schon für den Fall ihres Ablebens und über das Schicksal ihres Nachlasses spekuliert.

Das letzte Dokument, das wir von Wilhelmine Jaeglé besitzen, ist ihr Testament. Sie hatte es am 9. Mai 1877 aufsetzen lassen, nur wenige Wochen, nachdem sie Franzos ihre unwiderrufliche Entscheidung mitgeteilt hatte. Manuskripte oder Papiere Georg Büchners werden im Testament mit keinem Wort erwähnt. Ihr materieller Besitzstand war klein: an barem Geld ganze 28 Mark, Möbel und Kleider im Wert von etwa 650 Mark, drei Eisenbahnaktien zum Kurswert von insgesamt 1422 Mark und zwei Schuldverschreibungen, die sich auf 1840 Mark beliefen. Sie hatte das Geld vor über vier Jahrzehnten einem Weber in Olwisheim und Bauersleuten in Eckwersheim geliehen, elsässische Dörfer nördlich von Straßburg. Als Universalerbin benannte sie, »unter Ausschluß jedes anderen Mitglieds der Familien Jaeglé oder Strohl«, ihre Großnichte Marguerite Schmidt, die als verheiratete Frau Picard in Neuilly bei Paris lebte. Allerdings sollte diese das Erbe mit Wilhelmines Cousin Christian Emil Eduard Strohl teilen, Professor der Medizin an der Universität Straßburg, der sich während der letzten Jahre um seine mehr und mehr hinfällige Verwandte gekümmert hatte. In späteren Kodizillen bedachte sie auch noch ihre Cousine Julie, Internatsleiterin in St. Dié, ihre Köchin und zwei weitere Frauen, die sie umsorgt hatten, mit Legaten.

Wilhelmine Jaeglé lebte noch drei Jahre. Obwohl sie sich nach dem Tod ihres Bräutigams ein rasches Ende gewünscht hatte, war sie im 71. Lebensjahr, als sie am 14. Dezember 1880 starb. Die einstmals in ihrem Besitz befindlichen Papiere Georg Büchners sind seitdem verschollen, und es kann als sicher angenommen werden, dass sie, auf dem Krankenbett von Editoren bedrängt, von Nachlassmardern belagert, Skizzen und Entwürfe zu ›Lenz‹, Büchners Briefe an sie und das von Wilhelm Schulz erwähnte poetische ›Tagebuch‹ vernichtet hat. Thomas Michael Mayer hat im Überschwang eines ritterlichen Gefühls darauf hingewiesen, dass dies »gar nicht nachgewiesen« sei, sondern »nur vermutet« werde; »das ihr ›teure Andenken‹ Büchners spräche eigentlich gerade gegen eine solche Aktion«. In der Tat, vor den Augen eines Pressevertreters fand keine öffentliche Verbrennung statt. Und doch ist davon auszugehen.

Franzos hatte damals noch nicht aufgegeben. Im Jahr 1881 wurde einer seiner ehemaligen Grazer Kommilitonen, der Kunsthistoriker Hubert Janitschek, als Professor an die mittlerweile reichsdeutsche Universität Straßburg berufen. Mit dessen Hilfe unternahm er sieben Jahre nach Wilhelmine Jaeglés Tod noch einmal einen Versuch, der gesuchten Manuskripte habhaft zu werden: Dazu setzte er seinen Duzfreund Janitschek zunächst auf die Spur der beiden ihm als Jaeglés Verwandte bekannten Straßburger Theologen Schmidt und Reuss, mit denen er seinerzeit – wenngleich erfolglos – korrespondiert hatte. Obgleich Franzos zuvor und auch noch auf Jahre die Legende pflegte, Jaeglé sei bis zuletzt im Besitz des ›Aretino‹-Manuskripts und von Büchners Tagebuch gewesen, richtete sich sein Interesse allein auf eine mysteriöse erste Fassung von

›Danton's Tod‹, also auf einen älteren Entwurf des im Februar 1835 ins Reine geschriebenen Dramas.

Janitschek sondierte mit bewusster »Sammetpfötchen-politik«, denn Professor Schmidt, teilte er Franzos mit, sei »ein alter sonderbarer Kauz und vor allem ein sehr verstockter Alt-Elsässer«; mit Reuss »stehe« er zwar »gut«, doch »die Tho-mas-Stiftler«, die Professoren der Straßburger Theologischen Fakultät, seien »alle dem Büchner nicht grün«. Von Schmidt erfuhr er, dass weder Schmidt noch Reuss Teile des Nachlas-ses besaßen, sondern dass alle Papiere und Dokumente Jaeglés nach ihrem Tod an ihren Cousin, Prof. Eduard Strohl, gegan-gen seien. Zu ihm begab sich Janitschek; sein Bericht, den er am 12. August 1887 Franzos übermittelte, lautet:

»Prof. Strohl, der sehr liebenswürdigen Naturells ist und als sehr aufrichtig gilt, sagte mir nun: daß der ganze Nachlaß, den er erhalten habe, aus nichts weiter als aus einigen sehr in-timen Briefen bestände, die eine Publikation nicht vertragen. Auf meine ganz direkte Frage: ob tatsächlich nichts von jener ersten Redaktion von Danton's Tod vorhanden wäre, antwor-tete er entschieden mit nein – nochmals betonend daß er aus dem Nachlasse seiner Nichte [recte: Cousine, J.-C. H.] nichts als einige intime Briefe erhalten habe. Ich bedaure sehr, daß ich Dir kein besseres Ergebnis mitzuteilen habe – aber es ist damit dennoch reine Tafel gemacht.«

Tabula rasa also? Noch nicht ganz. Die »intimen« Briefe, von denen da die Rede war, sind nicht viel später doch noch aufge-taucht: ein Konvolut von 16 Stücken aus der Zeit zwischen Fe-bruar 1835 und Juni 1838, doch darunter nicht ein einziger von der Hand Georg Büchners oder seiner Verlobten. Es sind die Briefe, die Karl Gutzkow an Büchner und nach seinem Tod an Wilhelmine Jaeglé schrieb. Sie besitzen durchaus einen vertraulichen Charakter, kamen darin doch Details zur Sprache, denen man aus verschiedenen Rücksichten und Empfindlichkeiten keine Publizität wünschen konnte: Büchners Flucht, Gutzkows Gefängnishaft, und vor allem die vielen Metaphern, mit denen Gutzkow auf die Lektüre von ›Danton's Tod‹ reagiert hatte (»Quecksilberblumen«, »Veneria« u. a.); auch »Ferkeldramen« waren erwähnt. Nicht Franzos zog sie ans Licht, sondern der in Straßburg geborene Historiker, Publizist und spätere Professor am Collège de France, Charles Andler, der durch Heirat ebenfalls zur weitläufigen Verwandtschaft der Jaeglés zählte: seine Frau Elisabeth war Enkelin von Charles Schmidt. Elisabeth Andler hatte ihre Großtante noch persönlich, und wie es heißt, sehr gut gekannt. Die Papiere und der literarische Nachlass aus Jaeglés Besitz sollen nach dem Tod von Eduard Strohl (1894) in den Besitz der Schmidts gelangt sein; Andler bekam die Briefe vom damaligen Besitzer zur Verfügung gestellt. Abschriften sandte er an den Germanisten Erich Schmidt, der sie August Sauer zur Veröffentlichung in dessen Zeitschrift ›Euphorion‹ weitergab. Die Originale tauchten erst 1957 im Autographenhandel auf; dass sie aus Frankreich stammten, ist sicher, aber es ließ sich nicht feststellen, aus wessen Besitz. Dass Nachfahren der Schmidts noch heute im Besitz von Dokumenten Wilhelmines sind, darunter auch ein Fotoporträt des Straßburger Fotografen Charles Winter vom Anfang der 1860er Jahre, hat mir vor Jahren einer von ihnen bestätigt. Er könne sich nicht vorstellen, dass die Wissenschaft an ihnen Interesse habe, sagte er mir, und vielleicht hat er ja recht.

Ludwig Büchner überlebte Wilhelmine Jaeglé um fast zwanzig Jahre. Wenige Wochen vor seinem Tod gab er einem jungen Literaturwissenschaftler, der über ›Danton's Tod‹ promovieren wollte und sich beiläufig auch nach dem Schicksal des ›Aretino‹-Dramas erkundigt hatte, die gehässige, und darum schier unglaubliche Auskunft:

»Das Manuskript von ›Pietro Aretino‹ ist im Nachlaß vergeblich gesucht worden. Man glaubt, daß es die seiner ganz unwürdige Braut zurückbehalten habe. Sie war eines Pfarrers Tochter, pietistisch erzogen, nicht schön, weit älter als Georg und nach seinem Tode sehr unzufrieden mit den ihn betreffenden Veröffentlichungen. Sie ist längst tot. Es scheint auch, daß sie seine an sie gerichteten Briefe vernichtet hat, obgleich dieselben wohl das Wertvollste des ganzen Nachlasses gewesen sein mögen.«

Ob in Ludwig Büchners Hand noch Aufzeichnungen oder Manuskripte waren, von denen weder Franzos noch die Büchner-Forscher des 20. Jahrhunderts etwas ahnten, kann man nur vermuten. Das Büchner'sche Wohnhaus in der Hölgesstraße, das Ludwig für seine Nachkommen gekauft hatte, brannte in der Nacht des 11. September 1944, in der Darmstadt durch einen Fliegerangriff großflächig zerstört wurde, bis auf die Grundmauern ab, ein Teil der Familie fand den Tod, und angesichts dieser Tragödie ist nur noch der Vollständigkeit halber zu vermerken, dass dabei auch sämtliche Papiere der Büchners in Flammen aufgingen. Das Bild Wilhelmine Jaeglés war auch darunter.

THERESE PECHE

1806–1882

Während Büchner mit einer anatomisch-physiologischen Untersuchung über die niederen Wirbeltiere beschäftigt war, die ihn – häufig bis tief in die Nacht – so in Anspruch nahm, dass er »einen vollen Winter und ein halbes Frühjahr nicht aus seinen 4 Wänden« kam, konnte sich sein finanziell weit besser ausgestatteter Straßburger Freund Eugène Boeckel Anfang 1836 wieder einmal auf eine längere Studienreise begeben, die ihn unter anderem nach Berlin, Wien, Prag und Venedig führte. Am 15. Mai berichtete er in einem Brief an den Freund in Straßburg über seine Besuche der Theater in Prag und Wien – kulturelles Kontrastprogramm zu den Klinikbesuchen, die er als frisch gebackener Doktor der Medizin absolvierte. Auf seiner Reise sei er zum »Liebhaber vom Theater« geworden, schrieb er. In Wien gebe es fünf davon; drei seien »ziemlich schlecht«, die beiden andern, das ganz der Oper und dem Ballett gewidmete Theater am Kärntnertor und das Hof-Burgtheater, »vorzüglich gut«. Das Burgtheater sei von allen Schauspielhäusern »wohl das beste«, er »gehe wöchentlich 2–4mal hinein«. Von den Ensemblemitgliedern galten ihm namentlich Heinrich und Eduard Anschütz, Karl Ludwig Costenoble, Karl La Roche, Ludwig Löwe, Karoline

Müller, Therese Peche sowie die »anmuthige« Julie Rettich als »ausgezeichnet«.

In seinem Antwortbrief vom 1. Juni bekundete Büchner kein besonderes Interesse an Boeckels Theaterexpeditionen und ging lediglich im letzten Satz ironisch-anerkennend auf den Bericht des Freundes ein: »à propos, du machst ja ganz ästhetische Studien, Dem[oiselle] Peche ist eine alte Bekanntin von mir.«

Es ist Büchners einzige Erwähnung der Schauspielerin Therese Peche. Seine Bekanntschaft mit ihr kann nur in die Zeit ihrer Darmstädter Auftritte 1828/29 fallen; eine andere Möglichkeit ist auszuschließen. Zwar lässt der Begriff der »alten Bekanntin« an eine persönliche Beziehung denken; wahrscheinlicher ist aber, dass Büchner sie allenfalls einige Male auf der Bühne gesehen hat und seinen zum passionierten Theatergänger avancierten Freund durch die bewusst vage gehaltene Formulierung beeindrucken, dessen wenig gehaltvolle Ausführungen durch die Andeutung der Möglichkeit intimerer Kenntnisse witzig überbieten wollte. Dichterische Phantasien, die sie zur Liebhaberin des Fünfzehnjährigen machten, haben sich bisher nicht an Therese geknüpft und sind wohl auch nicht zu befürchten.

Therese Peche wurde am 12. Oktober 1806 in Prag als Tochter eines österreichischen Offiziers und einer Französin geboren. Schon als Kind trat sie zusammen mit ihrer jüngeren Schwester Toni als Choristin auf, doch »widrige Lebensverhältnisse« entfremdeten sie vorübergehend der Bühne. Johann Conrad Friederich, unter dem Pseudonym Carl Strahlheim Herausgeber des Sammelwerks ›Unsere Zeit‹, eine der Hauptquellen für Büchners ›Danton's Tod‹, behauptete, 1822 in Frankfurt auf sie aufmerksam geworden zu sein, als sie, schon damals eine »vollendete Schönheit«, als angebliche tscherkessische Schlangenbändigerin im Programm einer Wandermenagerie auftrat. Er sei es gewesen, der bei ihr »eine nicht unbedeutende Anlage zur Schauspielkunst« erkannt und diese nach Kräften gefördert habe.

Im Winter 1826/27 wurde Therese Mitglied der vereinigten Theater von Köln und Bonn, wo sie mit ihrer Darstellung der Julia den sechzigjährigen August Wilhelm Schlegel begeisterte, der Shakespeares Liebestragödie mit seiner Übersetzung zum Durchbruch auf der deutschen Bühne verholfen hatte. Mit untrüglichem Blick sagte ihr der große Kenner und Kritiker der Schauspielkunst »eine glänzende Laufbahn« voraus. Sie besitze »alles Wesentliche«, dessen eine Darstellerin bedürfe, und sei »berufen,  die Werke wahrhaft großer Dichter durch ihre Darstellung zur Erscheinung zu bringen«.

Anschließend wurde Therese Peche vom Stadttheater Hamburg als »erste tragische Liebhaberin« engagiert. Als Estrella in Lope de Vegas ›Der Stern von Sevilla‹ sah sie hier Heinrich Heine am 6. Oktober 1827, der sie im April 1828 in einer Theaterrezension den bedeutendsten deutschen Schauspielerinnen – er nannte die Namen Amalie Wolff, Auguste Stich, Sophie Schröder und Sophie Müller – an die Seite stellte, obgleich sie erst am Beginn ihrer Bühnenkarriere stand. Er reagierte damit auf abfällige Bemerkungen eines Kritikers, der Therese im ›Morgenblatt für gebildete Stände‹, so Heine, »schändlich malträtiert« hatte, indem er in ihr »nichts als eine hoffnungsvolle Anfängerin« sehen wollte, »aus der mit der Zeit vielleicht etwas werden« könne, »wenn sie sich nicht jetzt schon für vollendet hielte«. Einige Rollen seien ihr »sehr gut« gelungen, »aber bei weitem noch nicht der größte Teil derselben«; mehrere habe sie gänzlich »verfehlt«. Ihre »Deklamation« sei »hohl, ihr Organ nichts weniger als ansprechend«.

Der Grund für Heines ritterliches Eintreten für die Schauspielerin, überhaupt der Charakter seiner Beziehung zu ihr, konnte bis heute nicht geklärt werden. In einem Brief an einen Freund bestritt er, »in die Schauspielerin Peche verliebt, sterbensverliebt« zu sein, wie man ihm in Hamburg nachsage. Gleichwohl war sie der Anlass, weshalb er Hamburg im November 1827 eilig verließ, sich »plötzlich losreißend aus spaßhaften Verhältnissen«. In einem weiteren Brief hieß es dazu lakonisch: »Der Stern von Sevilla hätte mein Unstern werden können.«

Aber auch Therese hielt es nicht länger in Hamburg. Im Frühsommer 1828 traf sie gemeinsam mit dem Schauspieler Carl Seydelmann in Darmstadt ein, wo sie am 17. Juni, wiederum in der Rolle der Julia, ein erfolgreiches Debüt feierte. Noch dreimal trat die Peche in der zweiten Junihälfte in Gastrollen auf, jedes Mal spielte sie sich in die Herzen des Publikums: als Mirindola (Mirandolina) in einer Bearbeitung von Goldonis ›La locandiera‹, als Käthchen von Heilbronn und als Kunigunde in Deinhardsteins ›Hans Sachs‹.

Am 29. Juni nahm sie ein Angebot des Großherzogs Ludewig I. an und wurde mit Wirkung vom 1. Juli als erste Liebhaberin am Darmstädter Hoftheater fest engagiert. Mit Carl Seydelmann (Antonio) stand sie als Porzia im ›Kaufmann von Venedig‹ auf der Bühne. Vielleicht ist es dem Einfluss der beiden Bühnenstars zuzuschreiben, dass danach auch Schillers antifeudale Freiheitsdramen ›Wilhelm Tell‹ und ›Fiesco‹ zur Aufführung gelangten, ebenfalls ›Kabale und Liebe‹, und zwar »zum Erstaunen des Personals und des ganzen Publikums«, das solche Freisinnigkeit nicht gewohnt war.

Die Peche war inzwischen zum »Liebling« des Großherzogs avanciert, der keinen ihrer Auftritte versäumte und der »jungen schönen Schauspielerin«, wie ihr Biograph berichtet, »in auffallender Weise sein Wohlgefallen« bezeugte. Neben einer fürstlichen Gage von 3000 (später 4000) Gulden erhielt sie noch eine Reihe von Vergünstigungen, und in seinem Auftrag fertigte der Darmstädter Maler Wilhelm von Harnier ein Porträt von ihr für die großherzogliche Miniaturen-Sammlung an.

Doch dann kam es zum Bruch mit Ludewig I., der zuletzt im November bei der Aufführung von Pius Alexander Wolffs ›Preciosa‹ (Bühnenmusik: Carl Maria von Weber) das Bühnenorchester dirigierte. Therese Peche spielte und sang die Titelrolle, stieß dabei aber offenbar an ihre stimmlichen Grenzen. Mit Beginn des Jahres 1829 ging die Zahl ihrer Einsätze rapide zurück. Nachdem sie, offenbar wegen Krankheit, im Januar und Februar nur einmal, im April zweimal und im Juni einmal in kleinen Unterhaltungsstücken aufgetreten war, erhielt sie plötzlich die Anweisung, im Juli sechs Rollen zu übernehmen. Zwar berief sie sich auf ein ärztliches Attest über eine noch nicht ganz ausgeheilte chronische Halsentzündung, doch gab man ihr zu verstehen, dass die Rollenzuteilung auf »allerhöchsten Befehl« erfolgt sei. Im Hintergrund standen angeblich »Intrigen aller Art«.

Nach einer Reihe von Schikanen, die offenbar nur das Ziel verfolgten, sie aus Darmstadt zu vertreiben, reichte Therese am 10. Juli 1829 ihre Entlassung ein, die der Großherzog sofort bewilligte. Weil ihr ärztlich bescheinigt worden war, dass sie sich aufgrund der sie »betreffenden traurigen Ereignisse in einem [...] nervös gereizten Zustand« befinde, brauchte sie die geplanten Auftritte nicht mehr zu absolvieren und konnte »ihr lebenslängliches Engagement gegen eine mäßige Entschädigungssumme« auflösen (dass Büchners Vater ihr behandelnder Arzt gewesen sein könnte, lässt sich durch die von Erich Zimmermann ausgewerteten Akten ausschließen). Sie wechselte zunächst an das Hoftheater in Stuttgart, wo König Wilhelm I. ebenfalls ein Faible für schöne Schauspielerinnen hatte, und ging von dort 1830 zum Burgtheater nach Wien, wo sie bis zu ihrer Pensionierung Ende Mai 1867 ununterbrochen wirkte und wo Eugène Boeckel sie 1836 auf der Bühne sah. Sie starb am 16. März 1882 in Wien.

Wahrscheinlich haben die genannten Shakespeare-Rollen Therese Peches das Interesse Büchners für den englischen Dramatiker verstärkt, vielleicht sogar überhaupt erst geweckt, denn dass Büchner schon als Schüler häufiger Aufführungen am Hof-Operntheater besuchte, kann als sicher gelten. Davon zeugen nicht nur zahlreiche Shakespeare-, Goethe- und Schillerreminiszenzen in seinen Dramen, sondern auch musikalisch-szenische Einfälle: etwa das Lied, mit dem Rosetta in ›Leonce und Lena‹, nachdem Leonce sich von ihr getrennt hat, ihrer Verzweiflung Ausdruck gibt. Und die Suizidmonologe, mit denen Julie und Lucile in ›Danton's Tod‹ ihrem Tod entgegengehen, sind gleichsam Todesarien ohne Musik.

Eben in die Zeit von Therese Peches Darmstädter Engagement fällt die Konstituierung eines Zirkels shakespearebegeisterter Oberstufenschüler des Darmstädter Gymnasiums, dessen Unterricht fast ganz auf das klassische Altertum fixiert war. Ihm gehörte, wie der ehemalige Mitschüler Ludwig Wilhelm Luck in einem Brief an Karl Emil Franzos berichtete, als der »vielleicht bedeutendste, selbständigste und tatkräftigste«, auch Büchner an, obgleich die Anregung dazu von den Brüdern Friedrich und Georg Zimmermann gekommen sei: »Ich glaube, es ist von den erwähnten beiden Brüdern, die uns andere mit ihrer Begeisterung für Shakespeare ansteckten, ausgegangen, daß wir uns verabredeten, in dem schönen Buchwald [am Herrgottsberg] bei Darmstadt an Sonntagnachmittagen im Sommer die Dramen des großen Briten zu lesen, die uns die anregendsten und teuersten waren, als den ›Kaufmann von Venedig‹, ›Othello‹, ›Romeo und Julia‹, ›Hamlet‹, ›König Richard III.‹ usw. Wir hatten Momente innigster und wahrster Hingerissenheit und Erhebung, z. B. beim Lesen der Stelle: ›Wie süß das Mondlicht auf dem Hügel schläft …‹ und ›Der Mann, der nicht Musik hat in sich selbst – trau keinem solchen.‹« »Jugendliche Schwärmerei für einen Bühnen-Star der damaligen Zeit«, wie Erich Zimmermann meinte, wird auf jeden Fall »mit im Spiel gewesen sein«, und möglicherweise ist etwas von der vielfach bezeugten zarten Jugendlichkeit und dem natürlichen Charme der Peche in zwei von Büchners Frauengestalten eingegangen, in Lucile und in Lena.

AMALIE WEIDIG

1796–1839

Durch Vermittlung August Beckers, seines engsten Freundes in Gießen, lernte Büchner im Januar 1834 den Butzbacher Schulrektor Friedrich Ludwig Weidig kennen. Weidig, noch keine vierzig Jahre alt, war einer der entschiedensten Befürworter eines gewaltsamen Umsturzes im Großherzogtum Hessen. Angesichts der Zwangsverhältnisse hielt er ihn für ein legitimes Mittel zur Herbeiführung einer gerechten gesellschaftlichen Ordnung. Bemüht, »auch den kleinsten revolutionären Funken zu sammeln, wenn es dereinst brennen solle«, schloss er mit verschiedenen republikanischen Geheimverbindungen Zweckbündnisse, darunter auch mit Georg Büchners »Gesellschaft der Menschenrechte«.

Allerdings stimmten Büchners politische Ansichten mit denen von Weidig nur in den Grundzügen überein. Während Büchner das landlose Agrarproletariat durch die Revolution befreien wollte, war Weidigs Idealstaat die vereinigte deutsche Republik mit einem gewählten Oberhaupt an der Spitze, in der eine Harmonie der Stände herrscht und die Eigentümer Entscheidungen zum Wohle aller treffen, auch der unterbürgerlichen Schichten, denen Weidig keine politische Mitbestimmung einräumen mochte. Über diese Frage kam es, wie August Becker berichtete, eines Tages zu einer Auseinandersetzung zwischen Büchner und Weidig: »Büchner meinte, in einer gerechten Republik, wie in den meisten nordamerikanischen Staaten, müsse jeder ohne Rücksicht auf Vermögensverhältnisse eine Stimme haben, und behauptete, daß Weidig, welcher glaubte, daß dann eine Pöbelherrschaft, wie in Frankreich, entstehen werde, die Verhältnisse des deutschen Volks und unserer Zeit verkenne.«

Auch ihre Zusammenarbeit beim Druck und der Verbreitung des ›Hessischen Landboten‹ führte laut Becker zu einem heftigen Streit zwischen beiden, nachdem Weidig Büchners Flugschriftenentwurf tendenziös überarbeitet hatte: »Büchner war über die Veränderungen, welche Weidig mit der Schrift vorgenommen hatte, außerordentlich aufgebracht, er wollte sie nicht mehr als die seinige anerkennen und sagte, daß er ihm gerade das, worauf er das meiste Gewicht gelegt habe und wodurch alles andere gleichsam legitimiert werde, durchgestrichen habe.« In einem Brief an Karl Gutzkow schrieb August Becker, etwa 1840: »Ich habe den Büchner bei Weidig eingeführt. Er vertrug sich nicht gut mit ihm *in politicis*. Desto mehr enchantiert war er von seiner Frau, einem überaus herrlichen Geschöpf. Er verlor sein natürliches Ungestüm, wenn sie dazu kam, und ward zahm, wie ein Hirsch, wenn er Musik hört.«

Das »herrliche Geschöpf«, Weidigs Frau Amalie, war zu diesem Zeitpunkt bereits tot. Sie überlebte ihren Mann, der 1837 unter ungeklärten Umständen im Zuchthaus in Darmstadt starb, um wenig mehr als zwei Jahre.

Amalie Weidig wurde am 11. Oktober 1796 in Hungen als Tochter des fürstlich solms-braunfelsischen Regierungsrates Johann Ludwig Hofmann und seiner Frau Helene Caroline, geb. Liebknecht, geboren. »Genügsam und aufopfernd« sei sie gewesen, heißt es in den Berichten ihrer Freunde, »mildtätig« und »liebevoll«, in allem »Gott vertrauend«; »geistreich«, »tugendhaft und bescheiden«. Mit ihrem Cousin Weidig war sie,

nach langer Verlobungszeit, seit dem 1. Januar 1827 verheiratet;
am 21. August 1828 wurde der Sohn Wilhelm geboren.

Die Familie wohnte in der Langgasse 20 in Butzbach, in einem Haus, das durch Erbschaft den Müttern beider Eheleute
zugefallen war, den Schwestern Liebknecht. Weidigs Jahres-
gehalt als Rektor, das sich anfangs auf rund 600 Gulden be-
lief, sowie kleine Erbschaften sicherten den Eheleuten einen
bescheidenen bürgerlichen Wohlstand und erlaubten ihnen
die Führung eines gastfreien Hauses. An sich selbst dachte
das Ehepaar dabei zuletzt. Diese »Hingebung für Andere« bei
gleichzeitiger »äußerster Einschränkung ihres Haushalts« wurde sogar Gegenstand amtlicher Nachforschungen, führte aber
nur zu der Erkenntnis, »daß diese Familie ein eigenes Bedürfnis erst dann anerkenne, wenn sie keine Not mehr um sich her
sehe«.

Zusammen mit ihrem Mann richtete Amalie in Butzbach
ein privates Weiterbildungsinstitut für schulentlassene Mädchen ein. Weil vor Ort bereits eine Mädchenschule existierte,
betonte sie gegenüber der zuständigen Aufsichtsbehörde, dem
Kirchen- und Schulrat zu Gießen, als dessen besondere Zielsetzung die »Erziehung zur Hausfrau«. Den Schülern ihres Mannes erteilte sie unentgeltlich Klavierunterricht, wofür im Haus
ein Flügel und ein Klavier zur Verfügung standen.

Zwischen Januar 1832 und April 1833 engagierte sich Amalie
Weidig im Vorstand des »Wetterauer Frauen-Vereins für gastli-
che Pflege polnischer Patrioten«. Das halb autonome, de facto
aber von Russland aus regierte Polen hatte im Winter 1830/31 die
russische Besatzung vertrieben und sich für unabhängig erklärt.
Die militärische Intervention des Zaren und die Solidarität der
Heiligen Allianz bereiteten dem Aufstand im Herbst 1831 jedoch
ein Ende. Reste der geschlagenen polnischen Armee retteten
sich auf preußisches und österreichisches Territorium. Einzeln
oder in kleinen Trupps waren damals Tausende unterwegs

nach Frankreich, wo sie auf Asyl hofften; viele Zivilflüchtlinge schlossen sich ihnen an. Das freiheitlich gesinnte Deutschland verfolgte den Kampf gegen den russischen Hegemon mit Anteilnahme, vielerorts kam es zu Sympathiekundgebungen und Solidaritätsbezeugungen, deutschsprachige Dichter feierten Polens Schicksal in zahllosen Gedichten, Liedern und Balladen. Auch praktische Unterstützung der durchziehenden Polen in Form von Geld- und Sachspenden wurde angeboten, in Butzbach auf Initiative des Ehepaars Weidig. Landesweit führten die gemeinsamen Hilfsaktionen politisch Gleichgesinnte aller Stände auf unverfängliche Weise zusammen.

Schon mehrfach war gegen Weidig aus politischen Gründen strafrechtlich ermittelt worden; im Mai 1833 wurde er erstmals inhaftiert. Amalie reagierte umgehend mit einer Petition an die Zweite Kammer des Landtags, gegen die »rechtswidrige Verhaftung ihres Ehegatten« vorzugehen. Daraufhin stellten vier Abgeordnete einen Antrag auf »Beschwerdeführung wegen Mißbrauchs der Amtsgewalt und Verletzung des Artik. 33 der Verfassungsurkunde«. Bereits im Juli kam Weidig wieder frei. Angesichts dieser Tatsachen erscheint der Einfall des Dramatikers Franz Theodor Csokor, Amalie in seinem Theaterstück ›Gesellschaft der Menschenrechte‹ ausgerechnet zur heimlichen Geliebten jenes Konrad Kuhl zu machen, der als bezahlter Spitzel in Diensten der großherzoglichen Regierung stand und dessen Berichte Grundlage für zahlreiche Verhaftungen waren, nicht nur abwegig, sondern auch geschmacklos.

Weil er sich vom geistlichen Amt größeren Rückhalt bei seiner Gemeinde und damit eine Stärkung seiner Position gegenüber den Behörden versprach, bewarb sich Weidig im Frühjahr 1834 auf eine Pfarrstelle. Zum 7. September wurde er nach Obergleen und damit von der westlichen in die nördliche Grenzregion Oberhessens versetzt; seine Organisationsarbeit litt dadurch jedoch keine Unterbrechung. Wie schon in Butzbach erteilte Amalie auch in Obergleen den Mädchen des Dorfes kostenlos Unterricht.

Aufgrund von Geständnissen eines Mitverschworenen, der sich der Regierung als Kronzeuge zur Verfügung gestellt hatte, wurde am 22. April 1835 durch das großherzogliche Ministerium des Innern und der Justiz Haftbefehl gegen Weidig erlassen. Die Verhaftung erfolgte im Obergleener Pfarrhaus zwischen vier und fünf Uhr morgens; wegen der minutiösen Haussuchung verzögerte sich der Abtransport bis gegen 7 Uhr. Dem Wunsch Amalie Weidigs, ihren Mann begleiten zu dürfen, wurde nicht stattgegeben. Beim Abschied hatte Weidig seinem kleinen Sohn noch eine Notiz zustecken können: »Mache Deiner Mutter Freude, tröste sie, wenn sie weint, und behalte lieb Deinen treuen Vater.«

Nach zweimonatiger Haft in Friedberg wurde Weidig im Juni 1835 mit anderen politischen Häftlingen in das neuerbaute Arresthaus nach Darmstadt überführt. Seine Gefängniszelle maß fünf Schritte in der Breite und acht Schritte in der Länge, mit einem kleinen, hoch liegenden Fenster, ohne Tisch, Stuhl oder Pritsche. Als mutmaßlicher Kopf der Verschwörung erfuhr er von allen politischen Gefangenen, insgesamt an die zwanzig Personen, die schonungsloseste Behandlung. Fast zwei Jahre lang war er hier, meist in Dunkelheit oder Dämmerlicht, ohne Rechtsbeistand und bei unzureichender medizinischer Versorgung, den zermürbenden Verhören und Disziplinarstrafen des Untersuchungsrichters Konrad Georgi ausgesetzt, eines notorischen Alkoholikers und Erzreaktionärs. Selten wurde Weidig Lektüre oder eine andere Beschäftigung erlaubt; öfter war er in Ketten an die Wand gefesselt, zuletzt erhielt er offenbar sogar Schläge. Seine Anträge, Georgi wegen Parteilichkeit abzuberufen, wurden sämtlich abgelehnt.

Amalie, die seit der Verhaftung ihres Mannes überwiegend bei ihren Brüdern in Friedberg und Hungen und bei Freunden in Lich lebte, durfte ihn, selbst im Beisein von Justizangestellten, im Gefängnis nicht besuchen. Auch die Tochter, die Amalie am 31. Juli 1835 bei ihrem Bruder, dem Landrichter Gustav Hofmann in Friedberg, zur Welt brachte, konnte dem Vater ein Jahr später nur auf den Armen einer Amme und in Begleitung von Weidigs Sohn präsentiert werden. »Ebenso wurde der mit Einsicht der Untersuchungsrichter geführte briefliche Verkehr zwischen beiden Gatten immer mehr beschränkt, und endlich im letzten halben Jahre vor Weidig's Tod gänzlich unterbrochen.« Amalie trug ihr Schicksal in »christlicher Ergebung«; zwar auch »mit viel Schmerz«, doch ebenso »in nie rastender Tätigkeit für den Gefangenen«: Mit zahlreichen Eingaben bei den Gerichten unterstützte sie die Bemühungen um seine Freilassung.

Die fast vollständige Isolierung und die demütigende Behandlung führte nicht wenige Darmstädter Gefangene an den Rand des psychischen Zusammenbruchs. Weidig widerstand bis zuletzt allen Versuchen Georgis, Geständnisse von ihm zu erzwingen. Am 21. Februar 1837 beschloss das Gießener Hofgericht die Entsendung eines Referenten, der sich vor Ort in Darmstadt einen Eindruck von der körperlichen und geistigen Verfassung des Häftlings verschaffen sollte. Weidigs Leben konnte er nicht mehr retten. Am Morgen des 23. Februar, vier Tage nachdem Georg Büchner in Zürich an Typhus gestorben war, fand ihn der Gefangenenwärter »in seinem Blute schwimmend und in den letzten Zügen liegend«. Der von Georgis Schikanen zermürbte Häftling hatte sich, wie es in der Meldung der regierungsnahen ›Großherzoglich Hessischen Zeitung‹ weiter hieß, »vermittelst der Scherben einer zerschlagenen Wasserflasche an beiden Füßen über den Knöcheln, an beiden Armen über dem Handgelenke die Arterien und über dem Kehlkopfe die Gurgel durchschnitten und sich auf diese Weise selbst entleibt«. Seinen Abschiedsbrief hatte er, weil sein Schreibzeug aus

disziplinarischen Gründen beschlagnahmt worden war, mit
Blut an die Zellenwand geschrieben: »Da mir der Feind jede
Verteidigung versagt, so wähle ich einen schimpflichen Tod
von freien Stücken.« Die Kosten für die Reinigung der Sterbe-
zelle wurden seiner Witwe aufgebürdet.

Nach dem Gefängnistod ihres Mannes zog Amalie nach
Hungen. Mit der Sammlung der hinterlassenen Schriften ihres Mannes beschäftigt, kämpfte sie zwei Jahre lang um die
Herausgabe seiner Habseligkeiten, seiner Kleider, Bücher und
Schriftstücke. 1838 gab der Darmstädter Advokat Karl Buchner
im Namen einiger Freunde »zum Besten der Witwe Weidig's«
im Verlag von Heinrich Hoff in Mannheim ein Bändchen ›Reliquien D. Friedrich Ludwig Weidig's, gewesenen Pfarrers in
Obergleen im Großherzogtume Hessen‹ heraus. Der Band, der
Gedichte und Predigten enthält, hatte ursprünglich in Friedberg erscheinen sollen; weil die Druckvorlage dort konfisziert
worden war, musste sie nach Abschriften erneut erstellt werden.

Anfang Mai 1839 zog Amalie, der besseren Bildungsmög-
lichkeiten ihres Sohnes wegen, nach Gießen. Kurz darauf
erkrankte sie. »Bald entwickelte sich ihr Zustand zu einem
Nervenfieber. In ihren fast anhaltenden Delirien waren Kerker,
Ketten etc. und ihr Mann die Ideen, welche sie beherrschten.«
Sie starb am 28. Juni 1839 in Gießen. Ihre beiden Kinder blieben
unverheiratet; Wilhelm starb 1884, Amalie 1906.

LUCILE

›Danton's Tod‹

Ach, Lucile! Wenn es darum ginge, unter Büchners Frauengestalten eine Favoritin zu küren, auf dich würden gewiss die meisten Stimmen entfallen; Leser, Theaterzuschauer, Schriftsteller,
Literaturwissenschaftler würden dich mehrheitlich zu ihrer
Lieblingsfigur erklären. Für Karl Gutzkow, deinen ersten Leser,
warst Du ein »Frühlingsgedanke, der Camille Desmoulins' von
weltstürmenden Gedanken gerunzelte Stirn umfächelt: Lucile,
eine Ophelia der Revolution.« Dein trillernder Wahnsinn entzückt bis heute. Für den Dichter Martin Mosebach, der 2007
sogar den Büchnerpreis erhalten hat und es also wissen muss,
bist du die »liebenswürdigste Figur« des Stückes, eine »Frau
zum Verlieben«, so rein, so zart, so verliebt, so treu, so traurig,
nicht im Geringsten *angekränkelt von des Gedankens Blässe.*
Du denkst nicht, du fühlst, wie es sich für eine Frau gehört.
Wie imponierend dein selbstmörderischer Widerstand gegen
den linken Terror, der dich deinem Mann in den Tod folgen
lässt. Und kann es denn ein schöneres Frauenschicksal geben
als einen Tod aus lauter Liebe?

Und dabei bist du doch eigentlich, seien wir ehrlich, ein kleines Dummchen, das vor lauter Bewunderung für seinen Mann
schon mal vergisst, das Gehirn in Betrieb zu nehmen – ohne

jede intellektuelle Substanz. Wir sagen das so deutlich, weil wir uns keinesfalls zu den Büchner-Forschern zählen lassen wollen, die, sofern sie männlich sind, laut Dorothy James dazu tendieren, Lucile (und auch Dantons Gattin Julie) zu idealisieren. Literaturwissenschaftlerinnen haben immer wieder auf dieses Manko hingewiesen: Anna Jaspers etwa, die vor fast einhundert Jahren bei Karl Viëtor über ›Danton's Tod‹ promovierte, hat es schon 1921 auf den Punkt gebracht: »Lucile ist eine weiche, unselbständige Natur, die nichts kennt, als ihre Liebe zu Camille. Wenn es Camille gilt, wird sie hellhörig und klug. Sonst ist sie töricht.«

Voilà, ›Danton's Tod‹, zweiter Akt, dritte Szene. Eben haben Camille Desmoulins und sein Freund Georges Danton über Kunst und Kunstkritik diskutiert – ach was, diskutiert, schwadroniert haben sie, jeder für sich. Erst hat Camille einen feurigen Kurzvortrag über sterile klassizistische Ästhetik und falsch verstandenen Idealismus gehalten, danach hat sein Freund ihm durch Erzählung einer Künstleranekdote beigepflichtet. Als Danton dann hinausgerufen wird, wendet sich dein Mann an dich – im Glauben, du wolltest auch etwas zur Unterhaltung beitragen. Du aber räumst freimütig-fröhlich ein, von dem intellektuellen Diskurs nicht das Geringste mitbekommen zu haben. O edle Einfalt!

> CAMILLE. Was sagst du Lucile?
> LUCILE. Nichts, ich seh dich so gern sprechen.
> CAMILLE. Hörst mich auch?
> LUCILE. Ei freilich.
> CAMILLE. Hab ich recht, weißt du auch, was ich gesagt habe?
> LUCILE. Nein wahrhaftig nicht.

Ach, Lucile … Dass du bald darauf vor lauter Liebesschmerz den Verstand verlierst, ist ja nicht ungewöhnlich, zumal für einen Bühnencharakter. Aber viel zu verlieren hast du ohnehin nicht. Schon dein Dialog mit Camille in dieser Szene hat Passagen, in denen du in ein säuselndes Selbstgespräch rutschst:

LUCILE. Ach Camille!

CAMILLE. Sei ruhig, lieb Kind.

LUCILE. Wenn ich denke, daß sie dies Haupt –! Mein Camille! das ist Unsinn, gelt, ich bin wahnsinnig?

CAMILLE. Sei ruhig, Danton und ich sind nicht eins.

LUCILE. Die Erde ist weit und es sind viel Dinge drauf, warum denn gerade das eine? Wer sollte mir's nehmen? Das wäre arg. Was wollten sie auch damit anfangen?

CAMILLE. Ich wiederhole dir, du kannst ruhig sein. Gestern sprach ich mit Robespierre, er war freundlich. Wir sind ein wenig gespannt, das ist wahr, verschiedne Ansichten, sonst nichts!

LUCILE. Such' ihn auf.

CAMILLE. Wir saßen auf *einer* Schulbank. Er war immer finster und einsam. Ich allein suchte ihn auf und machte ihn zuweilen lachen. Er hat mir immer große Anhänglichkeit gezeigt. Ich gehe.

LUCILE. So schnell, mein Freund? Geh! Komm! Nur das *(sie küßt ihn)* und das! Geh! Geh!

(Camille ab.) Das ist eine böse Zeit. Es geht einmal so. Wer kann da drüber hinaus? Man muß sich fassen. *(singt.)*

Ach Scheiden, ach Scheiden, ach Scheiden
Wer hat sich das Scheiden erdacht?

Wie kommt mir grad das in Kopf? Das ist nicht gut, daß es den Weg so von selbst findet. Wie er hinaus ist, war mir's, als könnte er nicht mehr umkehren und müsse immer weiter weg von mir, immer weiter. Wie das Zimmer so leer ist, die Fenster stehn offen, als hätte ein Toter drin gelegen. Ich halt' es da oben nicht aus. *(Sie geht.)*

Die Nachricht von der Verhaftung und Verurteilung ihres Mannes bringt Lucile um den Rest ihres dürftigen Verstandes. Dass sie selbst höchst gefährdet ist, ahnt sie nicht. Ihr Mann zeigt sich hier wieder einmal intelligenter: Als der Nationalkonvent das Revolutionstribunal ermächtigt, die Angeklagten aus Sicherheitsgründen von der Verhandlung »auszuschließen«, und dies unter anderem damit begründet, »daß Dantons und Camilles Weiber Geld unter das Volk werfen«, weiß er sofort, worauf das hinauslaufen wird: »Die Elenden, sie wollen meine Lucile morden!« (III/9) Seine unmittelbare Reaktion auf die Vorstellung ihres Todes nimmt die Luciles zwei Szenen später vorweg: »Unmöglich! Sieh die Erde würde nicht wagen sie zu verschütten, sie würde sich um sie wölben.« (IV/3)

Vierter Akt, vierte Szene. Lucile begibt sich zur Conciergerie, wo Danton und seine Spießgesellen einsitzen, und nimmt unter den Zellenfenstern Platz. Auf ihr Rufen erscheint ihr Mann am Gitter. Aber was sie ihm zu sagen hat, klingt wirr und irr:

> Höre Camille, du machst mich lachen mit dem langen Steinrock und der eisernen Maske vor dem Gesicht, kannst du dich nicht bücken? Wo sind deine Arme? Ich will dich locken, lieber Vogel *(singt:)*
>
> > Es stehn zwei Sternlein an dem Himmel
> > Scheinen heller als der Mond,
> > Der ein' scheint vor Feinsliebchens Fenster
> > Der andre vor die Kammertür.
>
> Komm, komm, mein Freund! Leise die Treppe herauf, sie schlafen alle. Der Mond hilft mir schon lange warten. Aber du kannst ja nicht zum Tor herein, das ist eine unleidliche Tracht. Das ist zu arg für den Spaß, mach ein Ende. Du rührst dich auch gar nicht, warum sprichst du nicht? Du machst mir Angst. Höre! die Leute sagen, du müßtest sterben, und machen dazu so ernsthafte Gesichter. »Sterben!« ich muß lachen über die Gesichter. »Ster-

ben!« Was ist das für ein Wort? Sag mirs Camille. »Sterben!« Ich
will nachdenken. Da, da ists. Ich will ihm nachlaufen, komm,
süßer Freund, hilf mir fangen, komm! komm! *(Sie läuft weg.)*

Camille hat also ganz recht, als er feststellt: »Der Wahnsinn
saß hinter ihren Augen.« Sein Fazit klingt allerdings erstaun-
lich kühl:

> Es sind schon mehr Leute wahnsinnig geworden, das ist der
> Lauf der Welt. Was können wir dazu? Wir waschen unsere Hän-
> de. Es ist auch besser so.

Etwas mehr Mitgefühl hätte man wohl erwarten dürfen. Stattdessen ein wenig frommer Wunsch, ein sarkastischer Einfall:

> Der Himmel verhelf ihr zu einer behaglichen fixen Idee. Die all-
> gemeinen fixen Ideen, welche man die gesunde Vernunft tauft,
> sind unerträglich langweilig.

Langeweile aufgrund »gesunder Vernunft« steht für Lucile
nicht zu befürchten. Von Behaglichkeit ist sie allerdings gleich
weit entfernt. Sie ist – wie könnte es anders sein – völlig durch-
einander. Und mehr und mehr verzweifelt. Irgendwie, sie weiß
selbst nicht wie, gelangt sie auf eine Straße in der Nähe des
Hinrichtungsplatzes. Achte Szene:

> Es ist doch was wie Ernst darin. Ich will einmal nachdenken.
> Ich fange an so was zu begreifen.
> Sterben – Sterben – Es darf ja alles leben, alles, die kleine Mücke
> da, der Vogel. Warum denn er nicht? Der Strom des Lebens
> müßte stocken, wenn nur der eine Tropfen verschüttet würde.
> Die Erde müßte eine Wunde bekommen von dem Streich. Es
> regt sich alles, die Uhren gehen, die Glocken schlagen, die Leute

laufen, das Wasser rinnt und so so alles weiter bis da, dahin – nein! es darf nicht geschehen, nein – ich will mich auf den Boden setzen und schreien, daß erschrocken alles stehn bleibt, alles stockt, sich nichts mehr regt. *(Sie setzt sich nieder, verhüllt sich die Augen und stößt einen Schrei aus. Nach einer Pause erhebt sie sich.)* Das hilft nichts, da ist noch alles wie sonst, die Häuser, die Gasse, der Wind geht, die Wolken ziehen. – Wir müssens wohl leiden.

Dass inzwischen die Hinrichtung der Danton-Fraktion und also auch die ihres Mannes stattgefunden hat, erfährt sie aus dem Gespräch »einiger Weiber«, die die Gasse herunterkommen. Grausam muss ihr der Sarkasmus der Vetteln ins Herz schneiden:

ERSTES WEIB. Ein hübscher Mann, der Hérault.
ZWEITES WEIB. Wie er beim Konstitutionsfest so am Triumphbogen stand da dacht ich so, der muß sich gut auf der Guillotine ausnehmen, dacht ich. Das war so ne Ahnung.
DRITTES WEIB. Ja man muß die Leute in allen Verhältnissen sehen, es ist recht gut, daß das Sterben so öffentlich wird. *(Sie gehen vorbei.)*
LUCILE. Mein Camille! Wo soll ich dich jetzt suchen?

Neunte Szene: Schließlich landet Lucile auf dem Hinrichtungsplatz, wo zwei Henker bereits mit dem Abbau der Guillotine beschäftigt sind. Deren plebejisch grober Umgangston kontrastiert aufs Beste mit Luciles grenzenloser Trauer. Als sie fort sind, setzt sie sich »auf die Stufen der Guillotine« und stimmt wehmutsvolle Verse aus ›Des Knaben Wunderhorn‹ an:

LUCILE. Ich setze mich auf deinen Schoß, du stiller Todesengel. *(Sie singt:)*

Es ist ein Schnitter, der heißt Tod,
Hat Gewalt vom höchsten Gott.
Du liebe Wiege, die du meinen Camille in Schlaf gelullt, ihn
unter deinen Rosen erstickt hast. Du Totenglocke, die du ihn
mit deiner süßen Zunge zu Grabe sangst. *(Sie singt:)*
Viel hunderttausend ungezählt,
Was nur unter die Sichel fällt.
(Eine Patrouille tritt auf.)
EIN BÜRGER. He wer da?
LUCILE *(sinnend und wie einen Entschluß fassend, plötzlich).* Es
lebe der König!
BÜRGER. Im Namen der Republik.
(Sie wird von der Wache umringt und weggeführt.)

Indem sie den toten König hochleben lässt (in manchen Insze-
nierungen mit einem markerschütternden Schrei, in anderen
mit einer sanft-säuselnden Endlosschleife) liefert sie sich selbst
dem Henker aus. Nicht aus rebellischer Liebe zur absoluten
Monarchie; einen solchen männlich-heroischen Tod im öffentlichen Raum versagt ihr der Dichter. Stattdessen lässt er sie
einen ganz privaten bürgerlichen Liebes- und weiblichen Mär-
tyrertod wählen: Jetzt, wo ihr angebeteter Camille tot ist, erscheint ihr das Leben nicht mehr lebenswert (Büchners Bemerkung in einem Brief an Gutzkow von Mitte März 1835, wonach
es eine seiner Optionen für die »Zukunft« sei, zusammen mit
seiner »Geliebten« zu sterben, verrät, dass ihn die Idee des gemeinsamen Liebestodes faszinierte oder er zumindest mit der
Faszination kokettierte). Lucile stirbt in *geistiger Umnachtung*,
wie man früher gesagt hätte. Was ja nicht weiter schlimm ist:
Für Martin Mosebach zeigt sich in »solchem Wahnsinnigwer-
den das Eintreten in eine Sphäre höherer Klarheit«. Sehr mutig,
sehr melodramatisch.

Ein wenig zu melodramatisch vielleicht. In ›Danton's Tod‹

wird überhaupt viel gesungen, ein bisschen arg viel – besonders von Lucile. Nicht aus Sangeslust, sondern aus Verzweiflung, aus einer gewissen Verlegenheit, die es ihr unmöglich macht, einen klaren, vernünftigen Gedanken zu fassen. In einem Opernfinale wäre ihr Sterbewunsch daher besser aufgehoben. »Es bleiben eigenartige Widersprüche in dieser Figur, Ungereimtheiten«, konstatierte die Romanistin Ilona Broch 1987, die Büchner eine »eklatante Verharmlosung« der historischen Persönlichkeit vorwarf. Sagen wir es so: Was mit ihr passiert, ist – denn eine Frau, die liebt, ist immer im Recht – eine Bestechung des Zuschauergemüts durch den Autor. Mit der von Büchner beanspruchten Nähe seines Dramas zu den historischen Begebenheiten, wie es sein Brief vom 28. Juli 1835 an die Familie erwarten ließe, lässt sich das ganz und gar nicht vereinbaren: »Der dramatische Dichter ist in meinen Augen nichts, als ein Geschichtschreiber, steht aber über letzterem dadurch, daß er uns die Geschichte zum zweiten Mal erschafft und uns gleich unmittelbar, statt eine trockne Erzählung zu geben, in das Leben einer Zeit hinein versetzt, uns statt Charakteristiken Charaktere, und statt Beschreibungen Gestalten gibt. Seine höchste Aufgabe ist, der Geschichte, wie sie sich wirklich begeben, so nahe als möglich zu kommen.« Nahe kommt Büchner vor allem der »Gefühlsatmosphäre des bürgerlichen Trauerspiels« (Anja Schonlau) und dem Rührstück. Wirklich begeben hat sich anderes.

Dies wusste auch Büchner, zu dessen weit gefächerter Lektüre die zehnbändige ›Histoire de la Révolution française‹ von Adolphe Thiers (Paris 1823–1827), die populäre ›Histoire de la Révolution française depuis 1789 jusqu'en 1814‹ von François-Auguste Mignet (Paris 1824) und ›Le nouveau Paris‹ von Louis-Sébastien Mercier (Paris 1799) gehörten. Spezielle Auskünfte über Lucile Desmoulins hat er dem von Johann Conrad Friederich herausgegebenen sechsunddreißigbändigen Sammelwerk ›Unsere Zeit oder geschichtliche Übersicht der merkwürdig-

sten Ereignisse von 1789–1830‹ (Stuttgart 1826–1831), der ›Ga-
lerie historique des Contemporains, ou nouvelle Biographie‹
(Brüssel 1818–1826) und Camille Desmoulins' vielerorts abge-
drucktem Abschiedsbrief an seine Frau entnehmen können.
Dass Frauen mit dem »Aufruhr provozierenden Ruf« »Es lebe
der König!« ihre Verhaftung und Aburteilung herbeigeführt
haben, ist in ›Unsere Zeit‹ mehrfach belegt: »Ich sah«, heißt es
im 5. Supplementheft, »mehr denn zehn Frauenzimmer; die,
weil sie das Herz nicht hatten, Gift zu nehmen, schrien: ›Es lebe
der König!‹ und durch dieses abscheuliche Mittel dem Tribunal
die Sorge, ihrem Leben ein Ende zu machen, übertrugen: – die
einen, um einen Gatten, die andern, um einen Geliebten nicht
zu überleben, andere wieder aus Lebensüberdruß, keine aus
schwärmerischer Liebe zum Königtum.« Ein besonders spek-
takulärer Fall wird in Band 12 geschildert: »Das schreckliche
Tribunal hatte einen gewissen Delavergne, vormals Kommandant von Longwy, zum Tode verurteilt; seine Frau hatte alle
mögliche Mittel, aber vergeblich, versucht, ihren Gatten zu
retten; als dessen Urteil gesprochen war, rief sie, um mit ihm
zu sterben, mit starker Stimme: ›Es lebe der König!‹ Jedermann
schien vor Unwillen zu schaudern, und da man nicht recht zu
wissen schien, aus welchem Munde dieser verhaßte Ruf gegangen war, so schreitet die junge und schöne Frau vorwärts, und
wiederholt noch einmal laut dieselben Worte, indem sie sich
den Satelliten des Gerichts überliefert, um mit ihrem Gatten
vereinigt zu werden.«
Für die historische Anne-Lucile-Philippe Desmoulins, geborene Laridon Duplessis, Tochter eines hohen Finanzbeamten,
die Ende 1790, im Alter von zwanzig Jahren, den Journalisten
und Agitator Camille Desmoulins geheiratet hatte, war der
provozierende Toast bisher nicht nachzuweisen. Wohl war ver-
schiedentlich über sie zu lesen, dass sie »schön«, »mutig« und
»geistreich« gewesen sei und verlangt habe, das »Schicksal« ih-

res Mannes »zu teilen«; ein Wunsch, den ihr Robespierre zehn Tage später erfüllte. Jüngst hat Ariane Martin im Jahrgang 1826 des Stuttgarter ›Morgenblatts für gebildete Stände‹ den Artikel ›Die Hinrichtungen während der Revolution in Paris‹ aufgefunden, in dem es heißt, »unmittelbar« nach Camilles Tod habe sich Lucile, eine »aufrichtige Republikanerin«, mit dem Wunsch zu sterben »in's versammelte Revolutionstribunal« begeben und »in Gegenwart des öffentlichen Anklägers und vor allen Blutrichtern ›Es lebe der König!‹« gerufen, woraufhin ihr sofort der »Prozeß gemacht« und sie zum Tode verurteilt worden sei. Büchner hat also für Luciles suizidale Selbstbezichtigung aus einer literarischen Tradition schöpfen können, die er möglicherweise für die geschichtliche Wahrheit hielt.

Gleichwohl muss ihm aus seinen Quellen bekannt gewesen sein, dass Madame Desmoulins gerade nicht zu den todessehnsüchtigen Frauen gehörte, die sich öffentlich des Royalismus bezichtigten, sondern im Gegenteil erhebliche Anstrengungen unternahm, um Camille freizubekommen: Nach der Verhaftung ihres Mannes setzte sie sich energisch für seine Freilassung ein und intervenierte deswegen sogar bei Robespierre, einem ihrer Trauzeugen. Sie starb nicht wegen einer selbstmörderischen Provokation, sondern aufgrund der Aussagen Alexandre de Laflottes über die sogenannte Gefängnisverschwörung, »deren Endzweck kein anderer gewesen wäre, […] als Danton, Camille Desmoulins u. s. w. dem Arm der Nationalgerechtigkeit zu entreißen«. Infolgedessen wurde sie am 4. April 1794, also noch vor der Guillotinierung ihres Mannes, inhaftiert und am 13. April, acht Tage nach ihm, hingerichtet. In der ›Allgemeinen Encyklopädie der Wissenschaften und Künste‹, herausgegeben von Johann Samuel Ersch und Johann Gottfried Gruber, einem verbreiteten Nachschlagewerk, war am Ende des Artikels über Camille Desmoulins beispielsweise zu lesen: »Seine Gattin, welche einige vergebliche Versuche, ihn zu befreien, gemacht hatte, wurde als in die sogenannte Kerkerverschwörung eingeweiht, verhaftet und wenige Tage nach ihm durch das nämliche Fallbeil hingerichtet.« Büchner musste sich also zwischen zwei Versionen entscheiden und wählte, gegen die historische Wahrheit, die melodramatische – offenbar deshalb, weil sein Stück dadurch an Tragik gewann, die ihm sonst nicht so einfach zugekommen wäre. Denn dass »Danton und die Banditen der Revolution« am Ende sterben, war zumindest für den Autor keineswegs tragisch: Absichtsvoll hat er sein Stück nicht als Trauerspiel, sondern als »Drama« bezeichnet. Gattungspoetologisch aber impliziert das Drama, im Unterschied zum Trauerspiel, die »glückliche Katastrophe«, den erfreulichen »Vollendungspunkt«. Wir mögen dies heute anders sehen; an Büchners Einschätzung ändert das nichts.

JULIE

›Danton's Tod‹

Wäre Büchner der revolutionäre Erotiker gewesen, für den viele ihn halten, so hätte er dies an der Figur von Dantons Gattin trefflich unter Beweis stellen können; zumal mit einem Blick auf die Lebensdaten der historischen Person. Ausgerechnet über sie aber wussten seine geschichtlichen Quellen nichts zu berichten. Der Revolutionshistoriker Adolphe Thiers hatte lediglich in Erfahrung gebracht, dass sie bei der Heirat jung und Danton »heftig« in sie verliebt gewesen sei; sein Brautgeschenk habe, seinen Feinden zufolge, aus »belgischem Gelde« bestanden, während seine Freunde versicherten, es habe sich dabei um den »wiedererstatteten Kaufpreis seiner Stelle als Advokat des Conseils« gehandelt. Ihr Name und ihr weiteres Schicksal waren unbekannt.

Hätte Büchner gewusst, dass Sebastienne-Louise Gély, verheiratete Danton, aus einer royalistisch gesinnten Bürgerfamilie stammte und drei Jahre nach dem Tod ihres Gatten ein zweites Mal heiratete, auch diesen Mann überlebte, sogar ihren ältesten Sohn und ihre beiden Stiefsöhne aus Dantons erster Ehe überlebte – vielleicht wäre er dann nicht auf den seltsamen Gedanken verfallen, Madame Danton sich nach bloß zehnmonatiger Ehe, unmittelbar vor der Hinrichtung ihres Gatten, umbringen zu lassen, sondern hätte der Konstellation unter Umständen – Louise war sechzehn, als sie Danton heiratete – etwas Pikantes oder auch Intrigantes abgewonnen, was dem Drama zusätzliche dramatische Schubkraft verliehen haben würde: Dantons Seitensprünge könnte seine junge Frau ihrerseits mit einer heimlichen Liebschaft beantwortet und aus Eifersucht heimlich gegen ihn intrigiert haben ... Wenn er nur gewollt hätte.

Aber Büchner wollte keine *offene Zweierbeziehung*, er wollte etwas anderes. Darum geriet ihm Louise zu einem häuslichen Eheweib; obendrein gab er ihr mit »Julie« einen Namen, der deutlich auf Shakespeare verweist, womit sich eine Parallele zu Lucile ergibt, hinter der das Vorbild Ophelia sichtbar wird. Diese Julie stilisierte er sodann zu einer bis in den Tod treuen Partnerin, die – in deutlichem Kontrast zu Lucile, die ganz in ihrer Liebe zu Camille aufgeht – mit ihrem Gatten politische Diskussionen führt, ihn auch schon mal kameradschaftlich statt mit »Georg« mit »Danton« anredet, wie es im Drama dessen Freunde zu tun pflegen. Unter Eheleuten klingt dergleichen eher ungewöhnlich.

> JULIE *(ruft von innen)*. Danton! Danton!
> DANTON. He?
> JULIE *(tritt ein)*. Was rufst du?
> DANTON. Rief ich?
> JULIE. Du sprachst von garstigen Sünden und dann stöhntest du: »September!«
> DANTON. Ich, ich? Nein, ich sprach nicht, das dacht' ich kaum, das waren nur ganz leise heimliche Gedanken.
> JULIE. Du zitterst Danton.
> DANTON. Und soll ich nicht zittern, wenn so die Wände plaudern? Wenn mein Leib so zerschellt ist, dass meine Gedanken unstet, umirrend mit den Lippen der Steine reden? das ist seltsam.
> JULIE. Georg, mein Georg!

> (II/5)

Treu sorgend ist diese Julie bei Büchner, stets um das Wohl ihres Gatten besorgt, stets darauf aus, ihn zu bestärken und zu beruhigen. »Sie spricht so lind und mild, ihr Atem umweht ihn hold und Friede kommt in die zerrissene Brust«, schwärmte Karl Gutzkow 1835, die spießbürgerliche Idylle noch übersteigernd. Da wundert man sich denn auch nicht, dass der frei flottierende Freier seine Eheliebste wie ein braver Bürgersmann auffordert, »zu Bette« zu gehen; dort ruht er bald schon, um Heine zu zitieren, »warm / In seiner treuen Gattin Arm«:

DANTON. Wie ich ans Fenster kam – durch alle Gassen schrie und zetert' es: »September!«

JULIE. Du träumtest Danton. Faß dich.

DANTON. [...] Ich trat ans Fenster – und da hört' ich's, Julie. Was das Wort nur will? Warum gerade das, was hab' ich damit zu schaffen. Was streckt es nach mir die blutigen Hände? Ich hab' es nicht geschlagen. O hilf mir Julie, mein Sinn ist stumpf. War's nicht im September Julie?

JULIE. Die Könige waren noch vierzig Stunden von Paris ...

DANTON. Die Festungen gefallen, die Aristokraten in der Stadt ...

JULIE. Die Republik war verloren.

DANTON. Ja verloren. Wir konnten den Feind nicht im Rücken lassen, wir wären Narren gewesen, zwei Feinde auf einem Brett, wir oder sie, der Stärkere stößt den Schwächeren hinunter, ist das nicht billig?

JULIE. Ja, ja.

DANTON. Wir schlugen sie, das war kein Mord, das war Krieg nach innen.

JULIE. Du hast das Vaterland gerettet.

DANTON. Ja das hab' ich, das war Notwehr, wir mußten. [...] Jetzt bin ich ruhig.

JULIE. Ganz ruhig, lieb Herz?
DANTON. Ja Julie, komm, zu Bette!

(II/5)

Dies alles erfahren wir aus der einzigen Szene, die Büchner dem
Ehepaar gemeinsam gewährt; in zwei weiteren kurzen Auftritten kündigt Julie ihren Selbstmord an bzw. führt ihn aus.

Den Antagonisten Danton/Robespierre, den Freunden Danton/Camille und Robespierre/St. Just hat Büchner mit den Gattinnen Julie/Lucile ein viertes Paar zur Seite gestellt. Wie Lucile
wählt auch Julie den Freitod, wie bei Lucile es ist ein rein privater Vorgang, ohne politische Dimension. Ganz im Unterschied
zu ihren Gatten, deren Tod als Konsequenz ihres Handelns
erscheint, als politischer Tod. Henry J. Schmidt hat es so formuliert: »Ein guter Mann stirbt für seine Ideale, was tragisch ist,
eine gute Frau hingegen stirbt für ihren Mann, was schön ist.«

Aber ein bisschen anders als bei Lucile liegt der Fall doch:
Während Lucile heillos entsetzt reagiert, bleibt Julie kühl und
überlegt. Sie stirbt nicht aus Verzweiflung, sondern aus Solidarität, bewusst noch Stunden vor ihrem Gatten; die Nachricht
von ihrem Tod soll ihm sein Sterben erleichtern:

Julie, ein Knabe.
JULIE. Es ist aus. Sie zitterten vor ihm. Sie töten ihn aus Furcht.
Geh! ich habe ihn zum letzten Mal gesehen, sag' ihm, ich könne ihn nicht so sehen. (Sie gibt ihm eine Locke.) Da, bring' ihm
das und sag' ihm, er würde nicht allein gehn. Er versteht mich
schon, und dann schnell zurück, ich will seine Blicke aus deinen
Augen lesen.

(IV/1)

Und das tut es: »Ich werde nicht allein gehn, ich danke dir
Julie.« Ihre letzten Worte sind ein großer Suizidmonolog (in

der Oper wäre es eine Sterbearie). »Sie zieht eine Phiole hervor«, »sie tritt ans Fenster«, »sie trinkt«, »sie stirbt«, und zwar einen veritablen Operntod:

Ein Zimmer

JULIE. Das Volk lief in den Gassen, jetzt ist alles still. Keinen Augenblick möchte ich ihn warten lassen. *(Sie zieht eine Phiole hervor.)*

Komm liebster Priester, dessen Amen uns zu Bette gehn macht. *(Sie tritt ans Fenster.)* Es ist so hübsch Abschied zu nehmen, ich habe die Türe nur noch hinter mir zuzuziehen. *(Sie trinkt.)* Man möchte immer so stehn. Die Sonne ist hinunter. Der Erde Züge waren so scharf in ihrem Licht, doch jetzt ist ihr Gesicht so still und ernst wie einer Sterbenden. Wie schön das Abendlicht ihr um Stirn und Wangen spielt. Stets bleicher und bleicher wird sie, wie eine Leiche treibt sie abwärts in der Flut des Äthers; will denn kein Arm sie bei den goldnen Locken fassen und aus dem Strom sie ziehen und sie begraben? Ich gehe leise. Ich küsse sie nicht, dass kein Hauch, kein Seufzer sie aus dem Schlummer wecke. Schlafe, schlafe. *(Sie stirbt.)*

(IV/6)

Die historische Witwe, wir erwähnten es schon, dachte gar nicht daran, ihrem Gatten im Tod voranzugehen. Sebastienne-Louise Gély starb 1858 im Alter von 81 Jahren. Sogar den Dichter von ›Danton's Tod‹ überlebte sie um mehr als zwei Jahrzehnte.

MARION

›Danton's Tod‹

Ihre Einführung als Kurtisane geht auf Victor Hugos seinerzeit skandalöses historisches Versdrama ›Marion de Lorme‹ (1829) zurück; durch die Namensgebung stellte Büchner eine Nähe zu Hugos Drama her. Und so ist es gewiss kein Zufall, dass bei Hugo die Kurtisane Marion von ihrem Liebhaber Didier aufgefordert wird, sich seine Lebensbeichte anzuhören, und er, als er neben ihr Platz nehmen soll, darauf besteht, sich zu ihren Füßen zu lagern. Es sind die äußeren Hauptelemente auch der Marion-Erzählung, der nach den Reden Robespierres und St. Justs längsten gesprochenen Passage in ›Danton's Tod‹; modernes Erzähltheater; sie bilden gewissermaßen die Regieanweisung dafür. Erster Akt, fünfte Szene. Ein Zimmer.

> MARION. Nein, laß mich! So zu deinen Füßen. Ich will dir erzählen.
> DANTON. Du könntest deine Lippen besser gebrauchen.
> MARION. Nein, laß mich einmal so. Meine Mutter war eine kluge Frau, sie sagte mir immer, die Keuschheit sei eine schöne Tugend, wenn Leute ins Haus kamen und von manchen Dingen zu sprechen anfingen, hieß sie mich aus dem Zimmer gehn; frug ich, was die Leute gewollt hätten, so sagte sie mir, ich solle mich

schämen; gab sie mir ein Buch zu lesen, so mußt ich fast immer einige Seiten überschlagen. Aber die Bibel las ich nach Belieben, da war alles heilig, aber es war etwas darin, was ich nicht begriff, ich mochte auch niemand fragen; ich brütete über mir selbst. Da kam der Frühling, es ging überall etwas um mich vor, woran ich keinen Teil hatte. Ich geriet in eine eigne Atmosphäre, sie erstickte mich fast, ich betrachtete meine Glieder, es war mir manchmal, als wäre ich doppelt und verschmölze dann wieder in eins. Ein junger Mensch kam zu der Zeit ins Haus, er war hübsch und sprach oft tolles Zeug, ich wußte nicht recht, was er wollte, aber ich mußte lachen. Meine Mutter hieß ihn öfters kommen, das war uns beiden recht. Endlich sahen wir nicht ein, warum wir nicht ebenso gut zwischen zwei Bettüchern beieinander liegen, als auf zwei Stühlen nebeneinander sitzen durften. Ich fand dabei mehr Vergnügen als bei seiner Unterhaltung und sah nicht ab, warum man mir das geringere gewähren und das größere entziehen wollte. Wir tatens heimlich. Das ging so fort. Aber ich wurde wie ein Meer, was alles verschlang und sich tiefer und tiefer wühlte. Es war für mich nur ein Gegensatz da, alle Männer verschmolzen in einen Leib. Meine Natur war einmal so, wer kann da drüber hinaus? Endlich merkt' ers. Er kam eines Morgens und küßte mich, als wollte er mich ersticken, seine Arme schnürten sich um meinen Hals, ich war in unsäglicher Angst. Da ließ er mich los und lachte und sagte: er hätte fast einen dummen Streich gemacht, ich solle mein Kleid nur behalten und es brauchen, es würde sich schon von selbst abtragen, er wolle mir den Spaß nicht vor der Zeit verderben, es wäre doch das Einzige, was ich hätte. Dann ging er, ich wußte wieder nicht, was er wollte. Den Abend saß ich am Fenster, ich bin sehr reizbar und hänge mit allem um mich nur durch eine Empfindung zusammen, ich versank in die Wellen der Abendröte. Da kam ein Haufe die Straße herab, die Kinder liefen voraus, die Weiber sahen aus den Fenstern. Ich sah hinunter, sie trugen ihn in einem Korb vorbei, der Mond schien auf seine bleiche Stirn, seine Locken waren feucht, er hatte sich ersäuft. Ich mußte weinen. Das war der einzige Bruch in meinem Wesen. Die andern Leute haben Sonn- und Werktage, sie arbeiten sechs Tage und beten am siebenten, sie sind jedes Jahr auf ihren Geburtstag einmal gerührt und denken jedes Jahr auf Neujahr einmal nach. Ich begreife nichts davon. Ich kenne keinen Absatz, keine Veränderung. Ich bin immer nur eins. Ein ununterbrochnes Sehnen und Fassen, eine Glut, ein Strom. Meine Mutter ist vor Gram gestorben, die Leute weisen mit Fingern auf mich. Das ist dumm. Es läuft auf eins hinaus, an was man seine Freude hat, an Leibern, Christusbildern, Blumen oder Kinderspielsachen, es ist das nämliche Gefühl, wer am meisten genießt, betet am meisten.

Marion ist keine reuige Sünderin, auch keine ehrbare Dirne, sondern eine fleißige Professionalistin der Liebe, deren Sinnlichkeit ihren Lebensinhalt darstellt. Danton ist einer ihrer Kunden, und das Palais Royal ist ihr Arbeitsplatz. In den Alleen des Palastgartens und den Häusern rund um das Palais konzentrierte sich vor und nach der Revolution das Nachtleben der Hauptstadt, auf der »Allée des Soupirs« (Seufzerallee) promenierten und prostituierten sich Mädchen und Frauen aller Stände. Danton ist zwar verheiratet (im Drama mit Julie, im wirklichen Leben seit einigen Monaten in zweiter Ehe mit Sebastienne-Louise Gély), vergnügt sich aber auch gern mal auswärts. Marion repräsentiert und besetzt die sinnliche Seite Dantons, wie Julie die geistige.

Dantons Sexualtrieb ist kaum zu stillen: »Ich wittre was in der Atmosphäre«, sagt er während eines Promenadenspaziergangs zu Camille, »es ist als brüte die Sonne Unzucht aus. Möchte man nicht drunter springen, sich die Hosen vom Leibe reißen und sich über den Hintern begatten wie die Hunde auf der Gasse?« Danton sucht den Seitensprung, »sucht die mediceische Venus stückweise bei allen Grisetten des Palais Royal zusammen«, wie sein Freund Lacroix sagt, der selbst ein alter Hurenbock ist – jedenfalls bei Büchner. Während Danton mit Marion beschäftigt ist, tritt er unvermittelt ins Zimmer, im Arm Adelaide und Rosalie. Als Lacroix dann auch noch die Situation respektlos mit einer Beobachtung auf der Gasse vergleicht (»Auf der Gasse waren Hunde, eine Dogge und ein Bologneser Schoßhündlein, die quälten sich«), reagiert Danton verstimmt, denn in diesem Zerrspiegel möchte er sich nicht abkonterfeit sehen. Aber das wird dann bald überlagert durch die Begegnung mit den beiden Grisetten, die Dantons Wohlgefallen erregen, Rosalie und Adelaide. Als wenig später Paris dazustößt, versuchen er und Lacroix ein ernsthaftes politisches Gespräch anzuzetteln. Aber Danton gibt nichts auf die Warnungen und anzüglichen Bemerkungen seiner Freunde, hält sich für unantastbar (»Sie werden's nicht wagen«; »Sie hatten nie Mut ohne mich, sie werden keinen gegen mich haben«). Und außerdem ist er träge:

> LACROIX. Wir müssen handeln.
> DANTON. Das wird sich finden.
> LACROIX. Es wird sich finden, wenn wir verloren sind.

(I/5)

Als es Marion zu bunt wird, genügt eine vorwurfsvolle Bemerkung von ihr, um Danton wieder für sich einzunehmen: »Deine Lippen sind kalt geworden, deine Worte haben deine Küsse erstickt.« Das Einzige, was ihm Lacroix danach abringen kann, ist das Versprechen, »morgen« zu Robespierre gehen zu wollen: »Ich werde ihn ärgern, da kann er nicht schweigen. Morgen also! Gute Nacht meine Freunde, gute Nacht, ich danke euch.« Mit diesen Worten verabschiedet er seine beiden Kampfgefährten, um sich nun wieder Marion zuzuwenden. La-

croix aber hat sehr wohl den Subtext verstanden, der da lautet:
»Packt euch, meine guten Freunde, packt euch!« Er muss ein-
sehen, dass Danton, den er in Lebensgefahr weiß, an sexueller
Befriedigung augenblicklich mehr interessiert ist als an seinem
politischen Schicksal. Das lässt ihn abschließend prophezeien:
»Die Schenkel der Demoiselle guillotinieren dich, der Mons
Veneris wird dein tarpejischer Fels.« Und im metaphorischen
Sinn sind es – zumindest bei Büchner – tatsächlich die Schen-
kel Marions (und der vielen andern), die Danton guillotinieren,
ist es ihr Venushügel, der zu seinem Tarpejischen Felsen, dem
Hinrichtungsort im antiken Rom, wird. Zumindest bei Büch-
ner ist Dantons politischer Sturz eine Folge seines lasterhaften
Lebenswandels.

In der Darstellung dessen, was Danton und seine Spießgesellen als korrupt und insbesondere unsittlich zeichnen sollte,
ging Büchner sehr weit. In derselben Sprache, zum Teil mit
denselben Ausdrücken, schildert Büchner im ›Hessischen
Landboten‹ den Luxus und die Verkommenheit der Feudalgesellschaft. Daher erscheint ihr Leben dem der verjagten oder
liquidierten Aristokraten nicht unähnlich. Um sie als »Marquis
und Grafen der Revolution« zu charakterisieren, hat er kaum
etwas unterlassen: Die Vorwürfe, die allein in zwei Szenen des
Stücks gegen sie erhoben werden, lauten, dass sie huren, »seidne
Kleider tragen«, »in Kutschen fahren«, »in den Logen im Theater sitzen und nach dem Dictionnär der Academie sprechen«,
»reiche Weiber heiraten, üppige Gastmähler geben, spielen,
Diner halten«, kurz: »mit allen Lastern und allem Luxus der
ehemaligen Höflinge Parade machen«. Und was sie selbst tun
oder einräumen, bestätigt, dass sie »Spitzbuben« sind, deren
Schuftigkeit, »Liederlichkeit«, »Gottlosigkeit« und Egoismus
das abzuschüttelnde Erbe der alten Gesellschaft darstellt. Die
historischen Quellen bestätigen diese Lesart nicht, was schon
1837 der Darmstädter Advokat, Publizist und Weidig-Freund

Karl Buchner kritisch anmerkte: »Die Dantonisten waren lasziv, sie waren liederlich, aber sie waren, besonders Damen gegenüber, keine gemeine Zotenreißer.«

Es ist bemerkenswert, dass Büchners ergebnisoffener Forschungs- und Untersuchungsdrang auch vor der Prostitution nicht haltmacht und dem Zuschauer am Marion-Modell vor Augen führt, dass nicht nur der »Hunger hurt und bettelt«, sondern dass es dafür auch Entscheidungsgründe gibt, die der freien Selbstbestimmung unterliegen. Die Erzählung einschließlich ihrer einzelnen Elemente – Marions behütetes Aufwachsen in einer gut situierten Familie, ihre pubertäre, durch Gespräche, Lektüre und Beobachtungen angeregte Neugier, ihre sexuelle Initiation, schließlich das Bekenntnis zu ihrer sinnlichen »Natur«, sexuellen Unersättlichkeit – entspricht, wie Thomas Michael Mayer gezeigt hat, dem in der erotischen Literatur des 18. und frühen 19. Jahrhunderts verbreiteten Genre des Prostituiertenromans. Vielleicht spielte auch noch eine persönliche Erfahrung mit hinein: Der Straßburger Kommilitone Alexis Muston, der Büchner im Spätsommer 1833 in Darmstadt besuchte, notierte damals in seinem Tagebuch, dass Büchner von einer Art mystischer Anbetung »für ein gefallenes Mädchen«, *une fille perdue*, ergriffen gewesen sei. Berücksichtigen wir noch die literarischen Einflüsse (Shakespeare, Goethe, Tieck, Brentano, Musset), erweist sich Marions großes Geständnis, wie so häufig bei Büchner, als dicht gewebte Collage.

Mit ihr ist Büchner – er war da schon tot – selbst Opfer eines Plagiats geworden, und zwar gleich zweimal durch denselben Autor. Weil es sich aber um Literatur handelt und nicht um eine wissenschaftliche Abhandlung und der Plagiator kein Autor von Rang, schon gar nicht von Ministerrang war, ist das Plagiat mehr als hundert Jahre unentdeckt geblieben. Ernst Dronke (1822–1891), promovierter Jurist, Schriftsteller und Sozialist, hat 1846 Passagen aus Marions Monolog in zwei Erzählungen seiner Sammelbände ›Polizei-Geschichten‹ und ›Aus dem Volk‹ eingeflochten, in denen er die zerstörenden Auswirkungen der gesellschaftlichen Verhältnisse schildert und zugleich auf die Wurzeln unmoralischen Verhaltens hinweist, die die »Sünderin« eindeutig als Opfer des Sozialsystems erkennen lassen. Dass der Erzähler Dronke dabei ästhetisch dem Dramatiker Büchner unterlegen bleibt, ist eine andere Sache: Friedrich Engels merkte dazu bereits 1847 süffisant an, dass Dronke, indem er in seinen ›Polizei-Geschichten‹ die deutsche Polizeigesetzgebung zu einer Reihe »weinerlicher Schilderungen aus der deutschen Spießbürgermisere« verarbeitete, zum Erfinder einer »neuen Dichtungsart« geworden sei; die Novellen der Sammlung ›Aus dem Volke‹ seien »mit einem gänzlichen Mangel an Phantasie und ziemlicher Unkenntnis des wirklichen Lebens zusammengestoppelt«. Wie am Marion-Beispiel gezeigt werden kann, hat Dronke aber nicht nur zusammengestoppelt, er hat den Text auch zerlegt bzw., wie man heute sagt, dekonstruiert.

›Die Sünderin‹ aus den ›Polizei-Geschichten‹ erzählt vom tragischen Schicksal der sechzehnjährigen Kellnerin Mathilde, die aus der preußischen Provinzstadt nach Berlin kommt und von einem scheinbar treuherzigen jungen Mann geschwängert und verlassen wird. Die nötigen Pubertätsgefühle und -phantasien hat Dronke kurzerhand bei Büchner abgeschrieben, zum Teil wortwörtlich:

> Da kam der Frühling. Die Lüfte wurden wollüstig warm, die Bäume schlugen aus, die ganze Natur war in einer weichen, wallenden Gährung. Das sechzehnjährige Mädchen gerieth jetzt zum erstenmal in eine seltsame Atmosphäre. Es ging etwas in ihr vor, und sie wußte nicht, was. Sie hatte ein Sehnen, einen unbewußten Drang, den sie nicht zu stillen wußte, ihre Glieder dehnten sich, ihre Augen sahen mit staunendem Begehren hinaus, es war ihr, als wäre Alles anders, verändert, doppelt ge-

worden, gegen früher. An einem Sonntage, wo sie die Erlaubniß auszugehen bekommen hatte, begleitete sie ihr Freund hinaus ins Freie. Sie hörte ihm heute mit andern Empfindungen zu, wie sonst. Ihr Herz war erfüllt von einem unerklärlichen Gefühl, es war ihr so eng und so weit, sie meinte fast zu ersticken, und sie schloß sich fester an ihren Begleiter an. [...] Sie war gefallen, eine Sünderin, – und aus Liebe? Nein. Sie liebte ihn gar nicht. Es lag einmal in ihrer Natur, wer kann was dafür?

Im dritten Kapitel der Erzählung ›Reich und Arm‹ aus dem Band ›Aus dem Volke‹, überschrieben »Das Gastmahl der Rabenväter«, worunter eine regelmäßige Versammlung der Reichen und der Vornehmen Berlins in einem Luxushotel Unter den Linden zu verstehen ist, die nicht selten in eine wilde Orgie auszuarten pflegt, erzählt die Tänzerin Alwine vom Schicksal ihres ersten Liebhabers – quasi Marions Monolog, Teil 2:

Da kam ein junger Mensch in unser Haus, der mich ein paar Mal schon im Theater aufgesucht hatte. Er unterhielt mich auf eine gefällige Weise und machte mich immer mit seinen Späßen lachen; endlich als er mit der Sprache herausrückte, sah ich nicht ein, weshalb ich meiner Neigung nicht frei folgen sollte. [...] Zwei Tage, nachdem ich ihn verlassen hatte, sah ich ihn mit nassen Locken an meinem Fenster vorbeitragen. Er hatte sich ersäuft.

ADELAIDE UND ROSALIE

›*Danton's Tod*‹

Adelaide und Rosalie sind, wie auch Marion, Grisetten. Jedenfalls gibt Büchner sie im Personenverzeichnis seines Dramas dafür aus. Uns scheinen sie eher Prostituierte zu sein. Und das ist nicht dasselbe. Unter einer Grisette verstand man im 19. Jahrhundert für gewöhnlich eine junge, unverheiratate Frau aus dem Proletariat, die sich mit ihrer Hände Arbeit ihren Lebensunterhalt verdiente, entweder selbstständig als Putzmacherin, Blumenverkäuferin, Nähmamsell, Wäscherin, Ladenmädchen usw. oder als Arbeiterin in einer Manufaktur oder Fabrik. Der Name leitet sich von dem gleichnamigen grauen, strapazierfähigen Wollstoff ab, den diese Frauen häufig als Arbeitskleid trugen.

In Paris wurde darunter eine junge unverheiratete Frau verstanden, die temporär mit einem Liebhaber zusammenlebte, ihm – neben ihrem eigentlichen Beruf – so lange den Haushalt führte, bis sich beide einvernehmlich trennten und neue Beziehungen eingingen. Abgesehen von ihrem als nicht ganz ehrbar empfundenen Lebenswandel wusste sich die Grisette in der öffentlichen Meinung – im Unterschied zur gesellschaftlich geächteten berufsmäßigen Prostituierten – durch gefällige Kleidung, Sauberkeit und Anstand, vor allem aber durch ihre

Unabhängigkeit den Ruf einer gewissen Ehrbarkeit zu verschaffen.

Weit entfernt von soziologischer Genauigkeit, dafür um so mehr mit Empathie und Ironie hat Éléonore Tenaille de Vaulabelle (1801–1859) unter ihrem Pseudonym Ernest Desprez 1832 Lebensstil, Mentalität und soziales Milieu der Pariser Grisette geschildert:

Vorzeiten nannte man Grisette das einfache Kleid von grauem Stoffe, das die Weiber aus der untern Volksklasse trugen. Bald mischte sich die Rhetorik in die Sache und man nannte die Weiber wie ihr Kleid […]. Die Grisettes lassen sich wahrscheinlich wenig davon träumen, daß ihr Name eine Metonymie ist. Doch was wird nicht mit der Zeit aus Metonymien und Grisettes! Die Grisette trägt sich nicht mehr grau. Ihr Kleid ist im Sommer rosenfarb, im Winter blau, im Sommer Perkaline, im Winter Merinos. Die Grisette ist nicht mehr ausschließlich ein Weib aus der Volksklasse. Es gibt Grisettes, die von guter Familie sind. Wenigstens versichern sie es so, ohne daß man zu sagen weiß, was der Grund davon ist: vielleicht die Romanenlektüre. Soviel ist gewiß, daß die Grisette, wenn sie aus der Provinz gebürtig ist, dort den Sohn des Unterpräfekten ihrer kleinen Stadt heiraten sollte, manchmal sogar den Maire. War Paris ihre Wiege, so hatte sie einen alten Kapitän auf halbem Sold zum Vater; sie war bereits auf der Mairie des zwölften Arrondissements ausgerufen; ihr Zukünftiger war Unterlieutenant oder Verfasser von Melodramen; ein Quidproquo machte die Heirat rückgängig. Kurz die Grisette hatte Unglück über Unglück; Familienunglück, meist aber Unglück in der Liebe.

Man erkennt eine Grisette am Gange, an ihrem Geschäfte, an ihren Liebschaften, an ihrem Alter und endlich an ihrer Art sich zu kleiden. Ich spreche zuerst von ihrem Gange. Die Grisette geht auf den Zehen, sie wiegt sich in der Hüfte, zieht den

Unterleib ein, senkt die Augen, schwankt sanft mit dem Köpf-
chen und geht nur des Abends aus, um ihre schönen weißen
Strümpfe zu beschmutzen. Die Grisette ist Poliererin, Stricke-
rin, Journalfalzerin, Näherin, Büglerin, Stickerin, Wäscherin,
Handschuhmacherin, Posamentiererin, Schönfärberin, Tape-
ziererin, Kleinhändlerin, Spielzeugverfertigerin, Westennähe-
rin, Leinwandhändlerin, Blumenmädchen; sie näht Häubchen,
schneidet Hutfutter, färbt Oblaten, koloriert die Etiketten der
Kölnischwasserverkäufer, stickt in Gold, in Silber, in Seide,
besäumt Schuhe, knöppelt Hosenträger, reinigt Schals, spult
Baumwolle, knault sie auf, zackt Bänder aus, macht Blumen aus
Wachs oder Fischbein, fädelt Strickperlen auf, reinigt Silber-
stoffe, putzt Flecken aus den Kleidern; sie führt die Nadel, die
Schere, das Stickerhäckchen, die Glättfeile, den Waschbläuel,
das Falzbein, den Pinsel, den Blutstein, kurz die arme Grisette
verblüht unter einer Unzahl kaum dem Namen nach bekannter Arbeiten, und verdient sich ungefähr dreißig Sous des Tags
[...]. Gesamtausgaben 752 Fr. 50 Cent. Einnahmen 547 Francs
50 Centimes. Defizit 205 Francs.

Im möglichen Falle, wenn die Grisette nicht ein Muster von
Ordnung und Sparsamkeit ist, kann sich das Defizit auf das
Zwei- und Dreifache der 205 Franken erheben, aber zum Glück
für sie fällt das Defizit, wie hoch es sich auch belaufen möge,
auf den Freund, den ich den Vernunftfreund heißen möchte.
Es ist der »Monsieur«, der die Schulden bezahlt. Sie achtet ihn
wegen seines Alters und wegen seines Benehmens. Der Vernunftfreund hat fünfzig Jahre auf dem Rücken und ist nicht
eifersüchtig. Er war Spezereihändler oder auch Tuchhändler
en Gros. Ich muß noch Jemand nennen, der für die Grisette
zahlt; er bestreitet ihren Luxus, es ist der Sonntagsfreund, der
»Jeune homme«. Die Grisette betet mit Recht alle Wochen
einmal an. Seine Funktionen, die sich bisweilen bis Montag in
der Frühe erstrecken, lassen sich in zwei Worte fassen: er muß

für das Vergnügen der Grisette sorgen. Ihm ist es vorbehalten, sie zum Diner über Land zu führen, oder zum Tanz nach der Chaumière und auf den Ball von Saumon, er sorgt auch für das Theaterbillet. Der Sonntagsfreund zählt achtzehn bis dreißig Jahre. Er ist Porträt-, oder Zimmermaler, Student der Rechte, der Arzneikunde, der Pharmazie oder Musiklehrling, Statist im Vaudeville, Kommis oder Schreiber bei einem Advokaten, blond oder braun, vorzugsweise braun; denn die Grisette ist häufig blond. Sie liebt die Kontraste oder betet (adore) sie an, um uns ihres eigenen Ausdruckes zu bedienen.

Ich weiß nicht, ist es in Folge dieser Liebe zu den Gegensätzen, daß ihr dritter Freund eben so tölpisch an Händen und Füßen wie am Kopf ist. Es ist dies niemand anders als der Herzensfreund, oder sagen wir vielmehr der Alltagsfreund mit Ausnahme des Sonntags und jener Stunden, welche die Grisette dem Vernunftfreund geweiht hat. Übrigens genießt der Herzensfreund das seltene Vorrecht, sie von dem Laden oder Magazine, in dem sie beschäftigt ist, nach Haus begleiten zu dürfen. Er ist Ouvrier wie sie, hat wenige Fehler, legt einen Notpfenning in der Sparkasse an und erlaubt sich nicht die geringste Vertraulichkeit; höchstens darf er ihr zum Abschied die Wange küssen; das ist alles. Der Herzensfreund hat ein blindes Vertrauen auf sie und zwar aus keinem andern Grund, als weil er sie von Zeit zu Zeit Abends bis an ihre Türe begleiten darf. Endlich am Sonntag in der Frühe sagt sie zu ihm, mit einem tiefen Seufzer: »Guguste, sey nicht böse, ich muß heute bei meiner todkranken Tante zubringen.« Nun ist aber wohl zu merken, daß diese Tante alle Sonntage auf dem Tode liegt. Noch schlimmer ist es, daß die arme Frau so lange leiden muß, ohne sterben zu können. Die angebliche Nichte bedarf einer ewigen Agonie, um Guguste einen blauen Dunst vorzumachen. Uebrigens liebt die Grisette ihren »Guguste« aufrichtig und täuscht ihn nur weil es nöthig ist; denn Guguste ist weder reich genug, um das Defizit zu decken und noch weniger geschaffen, um sie auf das Land, ins Theater oder auf den Ball zu führen. Von diesen drei Freunden hat der Herzensfreund allein nicht das Recht des Geliebten; sie betrachtet ihn als ihren Mann.

Die Grisette hat auch ihr bestimmtes Alter, d. h. eine Grisette darf nicht unter sechzehn und nicht über dreißig Jahre zählen. Vor sechzehn Jahren ist sie noch ein kleines Mädchen, nach dem dreißigsten ist sie eine Frau. Der Name Grisette ist nur auf die Jahre zwischen diesen beiden Lebensaltern anwendbar. Ist einmal das dreißigste Jahr gekommen, so sinkt sie, sie, die vierzehn Jahre Grisette war und vierzehn Jahre als solche behandelt wurde, von der Zeit ihres Ranges entsetzt, zur bloßen Arbeiterin herab. Was hilft dann noch der Gang auf den Zehen, die Hüfte, die noch zu wiegen versucht, das gesenkte Auge, der weiße Strumpf, der feine Schuh, die seidene Schürze? Vergebens ermüdet sie Nadel, Polierbürste und Pinsel, vergebens illuminiert sie die Etiketten des Teehändlers, vergebens gewinnt unter ihrer Hand der Amethyst neuen Glanz, oder ein Hemdkragen seine zierliche Fassung. Ihr Reich ist zu Ende. Adieu Grisette!

Als Repräsentantinnen dieser Pariser (Über-)lebensform treten Adelaide und Rosalie nicht in Erscheinung; ihre Unterhaltung mit Lacroix und Danton erinnert eher an einen Hurendialog der erotischen Literatur. Hure, Metze, Buhl- oder Lustdirne, Freudenmädchen oder Buhlerin (im Französischen *fille publique, fille de joie, prostituée, courtisane, putain, garce, raccrochée, racaille, guénipe, carogne, paillarde, lorette, femme de plaisir*) wären die zeitüblichen Namen gewesen, die Büchner aber vermied – wohl kaum aus Schicklichkeitsgründen, eher aus Mitleid. Und Leid können einem die beiden tun, denn sie sind weder satt noch gesund.

Es ist Lacroix, der gegenüber Danton den entsprechenden Ton anschlägt: Seine Metapher der »Nönnlein von der Offen-

barung durch das Fleisch« liefert das Interpretationsschema
für den anschließenden allegorischen Diskurs, in dem jeder
terminus technicus aus dem Klosterleben einen sexuellen Subtext mit sich führt, was auch widersinnige Kausalitäten erklärt:
Legendre verteilt den Segen bzw. gibt die Disziplin (geißelt),
d.h. wird gegenüber einer Liebesdienerin handgreiflich, aber
er wird dafür fasten, d.h. seine Geschlechtskrankheit durch
äußerliche oder innerliche Anwendung von Quecksilberchlo-
rid (Sublimat) behandeln lassen müssen. Ob Büchner hier von
der pornographischen Literatur beeinflusst war oder einfach
Chirurgenwitze übernahm (Geschlechtskrankheiten gehörten
zu seiner Zeit ins Fachgebiet der Wundärzte), wird sich nicht
entscheiden lassen:

> LACROIX. […] Legendre und ich sind fast durch alle Zellen ge-
> laufen, die Nönnlein von der Offenbarung durch das Fleisch
> hingen uns an den Rockschößen und wollten den Segen. Le-
> gendre gibt einer die Disziplin, aber er wird einen Monat dafür
> zu fasten bekommen. Da bringe ich zwei von den Priesterinnen
> mit dem Leib.
> MARION. Guten Tag, Demoiselle Adelaide, guten Tag, Demoi-
> selle Rosalie!
> ROSALIE. Wir hatten schon lange nicht das Vergnügen.
> MARION. Es war mir recht leid.
> ADELAIDE. Ach Gott, wir sind Tag und Nacht beschäftigt.
> DANTON *(zu Rosalie)*. Ei Kleine, du hast ja geschmeidige Hüften
> bekommen.
> ROSALIE. Ach ja, man vervollkommnet sich täglich.
> LACROIX. Was ist der Unterschied zwischen dem antiken und
> einem modernen Adonis?
> DANTON. Und Adelaide ist sittsam interessant geworden! eine
> pikante Abwechslung. Ihr Gesicht sieht aus wie ein Feigenblatt,
> das sie sich vor den ganzen Leib hält. So ein Feigenbaum an

einer so gangbaren Straße gibt einen erquicklichen Schatten.

ADELAIDE. Ich wäre ein Herdweg, wenn Monsieur …

DANTON. Ich verstehe, nur nicht böse mein Fräulein.

LACROIX. So höre doch, ein moderner Adonis wird nicht von einem Eber, sondern von Säuen zerrissen, er bekommt seine Wunde nicht am Schenkel, sondern in den Leisten, und aus seinem Blut sprießen nicht Rosen hervor, sondern schießen Quecksilberblüten an.

DANTON. Fräulein Rosalie ist ein restaurierter Torso, woran nur die Hüften und Füße antik sind. Sie ist eine Magnetnadel, was der Pol Kopf abstößt, zieht der Pol Fuß an, die Mitte ist ein Äquator, wo jeder eine Sublimattaufe nötig hat, der zum ersten Mal die Linie passiert.

LACROIX. Zwei barmherzige Schwestern, jede dient in einem Spital, d. h. in ihrem eignen Körper.

ROSALIE. Schämen Sie sich, unsere Ohren rot zu machen!

ADELAIDE. Sie sollten mehr Lebensart haben.

(Adelaide und Rosalie ab.)

DANTON. Gute Nacht, ihr hübschen Kinder!

LACROIX. Gute Nacht, ihr Quecksilbergruben!

(I/5)

Die beiden vom Schicksal gebeutelten Professionalistinnen der Liebe tauchen später noch einmal auf, in der Promenadenszene des zweiten Akts. Spätestens hier wird ersichtlich, dass Rosalie und Adelaide keine Edelnutten sind, sondern wie Sannchen, des Souffleurs Simon Tochter, zu jenen gehören, deren »Hunger hurt und bettelt«. Danton hatte es schon angedeutet, als er Lacroix gestand: »Sie dauern mich, sie kommen um ihr Nachtessen.«

ROSALIE *(zu Adelaide).* Mach fort, da kommen Soldaten, wir haben seit gestern nichts Warmes in den Leib gekriegt. […]

SOLDAT. Halt! wo hinaus, meine Kinder?

(Zu Rosalie:) Wie alt bist du?

ROSALIE. So alt wie mein kleiner Finger.

SOLDAT. Du bist sehr spitz.

ROSALIE. Und du sehr stumpf.

SOLDAT. So will ich mich an dir wetzen. *(Er singt:)*

> Christinlein, lieb Christinlein mein,
>
> Tut dir der Schaden weh, Schaden weh,
>
> Schaden weh, Schaden weh!

Rosalie *(singt).*

> Ach nein, ihr Herrn Soldaten,
>
> Ich hätt' es gerne meh, gerne meh,
>
> Gerne meh, gerne meh!

(II/2)

FRIEDERIKE BRION

1752–1813

FRIEDERIKE

›Lenz‹

Im Oktober 1835 ließ Büchner seine Familie in Darmstadt wissen, dass er sich in Straßburg »allerhand interessante Notizen über einen Freund Goethes« verschafft habe, »einen unglücklichen Poeten Namens Lenz […], der sich gleichzeitig mit Goethe hier aufhielt und halb verrückt wurde«, er wolle darüber »einen Aufsatz« für die ›Deutsche Revue‹ schreiben.

Schon während seiner Straßburger Studienzeit hatte er sich mit dem Gedanken getragen, Jakob Michael Reinhold Lenz (1751–1792), der mit seinen Dramen ›Der Hofmeister‹ (1774) und ›Die Soldaten‹ (1776) heute als herausragender Vertreter der Sturm-und-Drang-Periode gilt, zum Helden einer Künstlernovelle zu machen. Denn das Bild des Dichters in der literarischen Öffentlichkeit war ungenau und durch Goethes scheinbar verbindliche Charakteristik seines literarischen und erotischen Rivalen in ›Dichtung und Wahrheit‹ geprägt. Insgesamt erschien Lenz als *Enfant terrible* und Exzentriker, der mehr durch seine kurze enge Verbindung mit Goethe als durch sein eigenes umfangreiches Werk zu interessieren wusste.

Ende 1831 hatte August Stoeber, der seit Büchners erstem Straßburgaufenthalt zu dessen engsten Freunden gehörte, im angesehenen Stuttgarter ›Morgenblatt für gebildete Stände‹

biographische Mitteilungen über Lenz veröffentlicht, die zugleich ein Licht auf seinen Freund und Rivalen Goethe warfen. Dessen Beziehung zu der drei Jahre jüngeren Sessenheimer Pfarrerstochter Friederike Brion war seit der Veröffentlichung im zweiten und dritten Teil von ›Dichtung und Wahrheit‹ (1812/1814) eine der bekanntesten Liebesgeschichten der Weltliteratur, die seitdem Generationen von Literaturfreunden zu literarischen Pilgerfahrten nach Sessenheim und Gelehrte, Journalisten und Schriftsteller zu Berichten über den Ort und Friederike Brions ferneres Schicksal veranlasste.

Anhand von unveröffentlichten Briefen Lenz' an den Straßburger Juristen Johann Daniel Salzmann, der auch Goethes Vertrauter gewesen war, konnte Stoeber 1831 mit der bis dahin unbekannten biographischen Tatsache aufwarten, dass Lenz, keine zwei Jahre nach Goethes Trennung von ihr, Friederike den Liebhaber zu ersetzen gesucht hatte. Auch ihn hatte ihre Gegenwart zu Gedichten inspiriert (die von den Literarhistorikern zunächst irrtümlich Goethe zugewiesen worden waren); seine Gefühle waren jedoch unerwidert geblieben. Die parteiliche Lenz-Charakteristik in ›Dichtung und Wahrheit‹ ergänzend und korrigierend, behauptete Stoeber, die Trennung von Friederike habe Lenz' Leben »jene traurige Wendung gegeben, welche ihn verzehrte. Der Gedanke an seine Geliebte absorbierte ihn ganz, in ihm gingen alle andern Gedanken unter. […] Sein ganzer Gemütszustand, in Licht und Schatten, ist aus allen Erscheinungen jener Periode erklärlich.« Damit wurde zugleich die Annahme korrigiert, wonach es der Tod von Goethes Schwester Cornelia gewesen sei, die Lenz' »Verrückung« verursacht habe.

Zudem brachten Büchners Freundin Caroline Schulz und sein Straßburger Bekannter Georg Fein im Sommer 1835 bei einem Besuch in Niederbronn bei Friederikes jüngerer Schwester Sophie in Erfahrung, dass Goethes Autobiographie, über die sie sich sehr kritisch äußerte, »viel Falsches und Unrichtiges« enthalte. Die ihrer Schwester gewidmeten Gedichte bewahrte sie noch; etwa dreißig Briefe Goethes hingegen hatte Sophie nach Friederikes Tod verbrannt. Darüber hinaus konnte Büchner auch mündliche Auskünfte über Goethes Geliebte einholen: Eine Tante seines Freundes Eugène Boeckel war mit Friederikes Bruder Christian verheiratet, in dessen Haushalt sie Ende der 1780er/Anfang der 90er Jahre gelebt hatte; die Mutter eines Vetters von August Stoeber war eine Jugendfreundin Friederikes gewesen.

Die Elsass-Episode im Leben des Dichters bot Büchner Stoff für eine faktengestützte Erzählung, die zugleich Fallstudie eines künstlerischen, psychischen und damit auch sozialen Grenzgängers sein sollte. Geplant war, den Bogen von Lenz' Ankunft in Straßburg 1771 und seiner Tätigkeit als Schriftführer bei der dortigen literarischen Gesellschaft bis zur Verbringung aus dem Elsass im Februar 1778 zu spannen. Obgleich die Dreiecksgeschichte Goethe – Friederike – Lenz die Gefahr einer Schlüssel- oder Klatschnovelle barg, hätte die Beziehung zu Friederike Brion im Mittelpunkt gestanden.

Der Text blieb unvollendet; überliefert sind nur Ausarbeitungen zum Schluss, die teilweise nicht über das Entwurfsstadium hinausgelangt sind. Sie schildern Lenz' Aufenthalt bei dem protestantischen Pfarrer Johann Friedrich Oberlin im elsässischen Waldersbach vom 20. Januar bis zum 8. Februar 1778, worüber Büchner durch einen Bericht Oberlins, den August Stoeber ebenfalls veröffentlicht hatte, informiert war. Beflügelt von den aufklärerischen Idealen der Vernünftigkeit und Nützlichkeit und getragen von einem umfassenden Bildungsanspruch, verkörperte Oberlin jenen ebenso menschenfreundlichen wie interessiert-kreativen Theologen-Typus, dem das Schulwesen, Landwirtschaft, Technik, Medizin und die mangelhafte Infrastruktur ein weites Feld für seine praktische Veranlagung, seine psychologischen Demonstrationen und seine mystische Religiosität boten.

Dem von August Stoeber suggerierten Kurzschluss, Lenz' Geisteskrankheit sei die ausschließliche Folge seiner gescheiterten Liebesbeziehung zu Friederike Brion, erlag Büchner dabei nicht. Vielmehr las er aus seinen Quellen die charakteristischen Symptome einer schweren psychischen Erkrankung heraus. Dabei griff er die beiden von Oberlin geschilderten Symptomfelder der Liebesmelancholie und des religiösen Wahnsinns auf und vertiefte sie durch eigene Phantasie. Lenz' emotionale Irrfahrten, sein pathologisches Sichfremdwerden, seine Empfindung der Leere und Langeweile und seelischen Auflösungs- und Entgrenzungszustände schilderte er mit großer Intensität.

> Madame Oberlin sah ihn an. Er faßte sich ein Herz, er konnte nicht mehr schweigen, er mußte davon sprechen. »Beste Madame Oberlin, können Sie mir nicht sagen, was das Frauenzimmer macht, dessen Schicksal mir so zentnerschwer auf dem Herzen liegt?« – »Aber Herr Lenz, ich weiß von nichts.« Er schwieg dann wieder und ging hastig im Zimmer auf und ab; dann fing er wieder an: »Sehen Sie, ich will gehn; Gott, Sie sind noch die einzigen Menschen, wo ich's aushalten könnte, und doch – doch, ich muß weg, zu *ihr* – aber ich kann nicht, ich darf nicht.« – Er war heftig bewegt und ging hinaus. Gegen Abend kam Lenz wieder, es dämmerte in der Stube; er setzte sich neben Madame Oberlin. »Sehn Sie«, fing er wieder an, »wenn sie so durchs Zimmer ging, und so halb für sich allein sang, und jeder Tritt war eine Musik, es war so eine Glückseligkeit in ihr, und das strömte in mich über, ich war immer ruhig, wenn ich sie ansah, oder sie so den Kopf an mich lehnte, und – Gott! Gott – Ich war schon lange nicht mehr ruhig. Ganz Kind; es war als war ihr die Welt zu weit, sie zog sich so in sich zurück, sie suchte das

engste Plätzchen im ganzen Haus, und da saß sie, als wäre ihre ganze Seligkeit nur in einem kleinen Punkt, und dann war mir's auch so; wie ein Kind hätte ich dann spielen können. Jetzt ist es mir so eng, so eng, sehn Sie, es ist mir manchmal, als stieß' ich mit den Händen an den Himmel; o ich ersticke! Es ist mir dabei oft, als fühlt' ich physischen Schmerz, da in der linken Seite, im Arm, womit ich sie sonst faßte. Doch kann ich sie mir nicht mehr vorstellen, das Bild läuft mir fort, und dies martert mich, nur wenn es mir manchmal ganz hell wird, so ist mir wieder recht wohl.« – Er sprach später noch oft mit Madame Oberlin davon, aber meist nur in abgebrochenen Sätzen; sie wußte wenig zu antworten, doch tat es ihm wohl.

Auch Oberlin selbst – dessen reales Vorbild übrigens in Lenz' »häufigem Umgang mit Frauenzimmern« eine Hauptursache seiner »unermeßlichen« psychischen Qualen sah – wird von dem kranken Poeten auf Friederike angesprochen. Er ist zwar ahnungslos, versichert ihm aber, »in allem helfen und raten« zu wollen, wenn er ihm wenigstens »Ort, Umstände und Person« angebe. Lenz antwortet darauf »nichts wie gebrochene Worte: ›ach sie ist tot! Lebt sie noch? du Engel, sie liebte mich – ich liebte sie, sie war's würdig, o du Engel. Verfluchte Eifersucht, ich habe sie aufgeopfert – sie liebte noch einen andern – ich liebte sie, sie war's würdig – o gute Mutter, auch die liebte mich. Ich bin ein Mörder.‹«

Akute Krankheitsschübe machen Lenz' Verhalten immer unberechenbarer und damit für Familie und Gesinde seines Gastgebers von Stunde zu Stunde beängstigender. Eines Nachts werden die Bewohner des Pfarrhauses durch laute Geräusche geweckt. Es ist Lenz, der im Hof herumgeistert: »Lenz rannte durch den Hof, rief mit hohler, harter Stimme den Namen Friederike mit äußerster Schnelle, Verwirrung und Verzweiflung ausgesprochen, er stürzte sich dann in den Brunnentrog, patschte darin, wieder heraus und herauf in sein Zimmer, wieder herunter in den Trog, und so einige Mal, endlich wurde er still.«

Nachdem er tagelang für weitere Aufregung gesorgt hat, kommt er »eines Morgens, mit vergnügter Miene auf Oberlins Zimmer. Nachdem sie Verschiedenes gesprochen hatten, sagte er mit ausnehmender Freundlichkeit: ›Liebster Herr Pfarrer, das Frauenzimmer, wovon ich Ihnen sagte, ist gestorben, ja gestorben, der Engel.‹ – ›Woher wissen Sie das?‹ – ›Hieroglyphen, Hieroglyphen –‹ und dann zum Himmel geschaut und wieder: ›ja gestorben – Hieroglyphen.‹ Es war dann nichts weiter aus ihm zu bringen.«

Literaturfreunde wissen, dass Friederike Brion Lenz um mehr als zwanzig Jahre überlebte. Sie war nicht ganz einundsechzig Jahre alt, als sie, unverheiratet, am 3. April 1813 im Haus ihres Schwagers Gottfried Marx in Meißenheim bei Lahr starb. Außerhalb der Goethe'schen Dichtung hat sie kaum Spuren hinterlassen. Kein einziges Dokument von ihrer Hand ist überliefert, nicht einmal ein Porträt. Die bekannten Bildnisse stammen aus dem 19. Jahrhundert und sind, nach Goethes Schilderung in ›Dichtung und Wahrheit‹, frei erfunden. Bei ihrer ersten Begegnung trug sie, so erzählt er, »ein kurzes weißes rundes Röckchen mit einer Falbel, nicht länger, als daß die nettsten Füßchen bis an die Knöchel sichtbar blieben; ein knappes weißes Mieder und eine schwarze Taffetschürze – so stand sie auf der Grenze zwischen Bäuerin und Städterin. Schlank und leicht, als wenn sie nichts an sich zu tragen hätte, schritt sie, und beinahe schien für die gewaltigen blonden Zöpfe des niedlichen Köpfchens der Hals zu zart. Aus heiteren blauen Augen blickte sie sehr deutlich umher, und das artige Stumpfnäschen forschte so frei in die Luft, als wenn es in der Welt keine Sorgen geben könnte; der Strohhut hing ihr am Arm, und so hatte ich das Vergnügen, sie beim ersten Blick auf einmal in ihrer ganzen Anmut und Lieblichkeit zu sehn und zu erkennen.«

»Ein Strahl der Dichtersonne fiel auf sie, / So reich, daß er Unsterblichkeit ihr lieh!« lautet die Inschrift ihres Grabsteins.

MAGDALENA SALOME OBERLIN

1747–1783

MADAME OBERLIN

›*Lenz*‹

Die historische Madame Oberlin wurde am 18. Dezember 1747 als Magdalena Salome Witter, jüngste Tochter von Johann Jakob Witter, Professor für Logik und Metaphysik an der Universität Straßburg, und Katharina Salome Witter, geb. Linck, in Straßburg geboren. Johann Friedrich Oberlin war ihr Cousin zweiten Grades; etwa ein Jahr nach dessen Versetzung nach Waldersbach am 30. März 1767 kam sie auf einige Wochen zu Besuch. Am 6. Juli 1768 fand die Hochzeit in Straßburg statt, Magdalena war zwanzig, ihr Bräutigam siebenundzwanzig Jahre alt. In den nächsten dreizehn Jahren kamen neun Kinder zur Welt; zwei davon starben früh.

Die zeitgenössischen Darstellungen entwerfen skizzenhaft das Porträt einer treuen, aufopferungsvollen Pfarrersgattin und

Mutter, gebildet, geistreich und charmant, die sich durch einen
»frommen, christlichen Sinn«, einen »reichbegabten Geist« und
tätige Nächstenliebe ausgezeichnet habe. Den Pfarrhaushalt
habe sie »mit Ordnung und Verstand« geführt, »sparsam in
Allem, um die freigebige Liebe allenthalben zeigen zu können«.
An den gemeinnützigen Unternehmungen ihres Mannes soll
sie lebhaften Anteil genommen, ihm dabei mit Klugheit und
Vernunft zur Seite gestanden und bisweilen mäßigend auf sein
Temperament eingewirkt haben. Wie Oberlin der Vater seiner
Gemeindemitglieder, so sei sie deren Mutter gewesen, habe ihnen mit Rat und Tat beigestanden und »Worte des Friedens,
des Trostes und edelmütige Hilfe« auch in die ärmsten Hütten
des Steintals gebracht. Sie starb nach fünfzehnjähriger Ehe im
Alter von nur 35 Jahren am 18. Januar 1783, knapp zehn Wochen
nach der Geburt ihres jüngsten Kindes.

Büchners Madame Oberlin ist eine fiktionale Figur, ohne
die Attribute der historischen Person, über die ihm nur wenige
Informationen zur Verfügung standen, und auch von diesen
machte er kaum Gebrauch. Als Jakob Michael Reinhold Lenz am
20. Januar 1778 ins Pfarrhaus nach Waldersbach kam, hinkend
aufgrund einer Fußwunde, war Magdalena einunddreißig Jahre
alt, Mutter von drei kleinen Kindern (das älteste war sechs Jahre
alt) und hochschwanger. Bei Büchner erscheint sie vor allem als
im Hintergrund »engelgleich« still wirkende Ehefrau, die sich –
obgleich Lenz gerade einmal drei Jahre jünger war als sie – liebevoll und mütterlich des unheimlichen Gastes annimmt:

> [...] er war bald in Waldbach im Pfarrhause. Man saß am Ti-
> sche, er hinein; die blonden Locken hingen ihm um das bleiche
> Gesicht, es zuckte ihm in den Augen und um den Mund, seine
> Kleider waren zerrissen. *Oberlin* hieß ihn willkommen, er hielt
> ihn für einen Handwerker. [...] Man sprach weiter, er suchte
> nach Worten und erzählte rasch, aber auf der Folter; nach und

nach wurde er ruhig, das heimliche Zimmer und die stillen
Gesichter, die aus dem Schatten hervortraten, das helle Kinder-
gesicht, auf dem alles Licht zu ruhen schien und das neugierig,
vertraulich aufschaute, bis zur Mutter, die hinten im Schatten
engelgleich stille saß.

Dass Lenz sich für gewöhnlich »den Tag hindurch« in der
Pfarrstube aufhielt, »wo er sich mit Zeichnen und Malen der
Schweizergegenden, mit Durchblättern und Lesen der Bibel,
mit Predigtschreiben, und Unterredung mit meiner Frau be-
schäftigte«, konnte Büchner Oberlins Bericht entnehmen.
Die Inhalte dieser Unterredungen hat er jedoch frei erfunden,
ebenso Lenz' liebevolle Beschäftigung mit dem letztgeborenen
Kind des Ehepaares:

> Des Tags saß er gewöhnlich unten im Zimmer, Madame Ober-
> lin ging ab und zu, er zeichnete, malte, las, griff nach jeder
> Zerstreuung, alles hastig von einem zum andern. Doch schloß
> er sich jetzt besonders an Madame Oberlin an, wenn sie so da
> saß, das schwarze Gesangbuch vor sich, neben eine Pflanze, im
> Zimmer gezogen, das jüngste Kind zwischen den Knien; auch
> machte er sich viel mit dem Kinde zu tun. So saß er einmal, da
> wurde ihm ängstlich, er sprang auf, ging auf und ab. Die Türe
> halb offen, da hörte er die Magd singen, erst unverständlich,
> dann kamen die Worte:
>> Auf dieser Welt hab' ich kein' Freud',
>> Ich hab' mein Schatz und der ist weit.
> Das fiel auf ihn, er verging fast unter den Tönen. Mad. Oberlin
> sah ihn an. Er faßte sich ein Herz, er konnte nicht mehr schwei-
> gen, er mußte davon sprechen. »Beste Madame Oberlin, kön-
> nen Sie mir nicht sagen, was das Frauenzimmer macht, dessen
> Schicksal mir so zentnerschwer auf dem Herzen liegt?« – »Aber
> Herr Lenz, ich weiß von nichts.« Er schwieg dann wieder und

ging hastig im Zimmer auf und ab; dann fing er wieder an:
»Sehen Sie, ich will gehn; Gott, Sie sind noch die einzigen Menschen, wo ich's aushalten könnte, und doch – doch, ich muß
weg, zu *ihr* – aber ich kann nicht, ich darf nicht.« – Er war heftig
bewegt und ging hinaus. Gegen Abend kam Lenz wieder, es
dämmerte in der Stube; er setzte sich neben Madame Oberlin.
»Sehn Sie«, fing er wieder an, »wenn sie so durchs Zimmer ging,
und so halb für sich allein sang, und jeder Tritt war eine Musik,
es war so eine Glückseligkeit in ihr, und das strömte in mich
über, ich war immer ruhig, wenn ich sie ansah, oder sie so den
Kopf an mich lehnte, und – Gott! Gott – Ich war schon lange
nicht mehr ruhig. [...] Er sprach später noch oft mit Madame
Oberlin davon, aber meist nur in abgebrochenen Sätzen; sie
wußte wenig zu antworten, doch tat es ihm wohl.«

Dass Lenz sich während seines Aufenthaltes im Pfarrhaus aufgrund seiner Wahnsymptomatik mehr und mehr zum Nacht-
gespenst und Frauenschreck entwickelte, kommt in Oberlins
Bericht, den er zu seiner Rechtfertigung wie auch zur Informa-
tion Dritter über den aktuellen »Zustand« des »bedauerungs-
würdigen Jünglings« verfasste, überdeutlich zum Ausdruck.
Unter anderem notierte Oberlin, dass seine Frau vor Angst
zitterte, ihr Gesicht sich vor Verzweiflung grässlich verzerrte,
und dass sie einmal sogar in panischem Schrecken die Flucht
ergriff, als Lenz sich ihr näherte.

In Büchners Erzählung hingegen verschwindet der Horror, der insbesondere für die Mutter des Hauses von dem
unheimlichen Gast ausgeht, hinter einer von Vertrauen,
liebevoller Zuwendung und gegenseitiger Wertschätzung ge-
prägten Freundschaftsbeziehung. Nur als Lenz am 4. Februar,
das Gesicht verschmiert, von seiner Gastgeberin einen alten
Sack als Kleidung verlangt, lässt Büchner sie verängstigt
reagieren:

Am dritten Hornung hörte er, ein Kind in Fouday sei gestorben, er faßte es auf wie eine fixe Idee. Er zog sich in sein Zimmer und fastete einen Tag. Am vierten trat er plötzlich ins Zimmer zu Mad. Oberlin, er hatte sich das Gesicht mit Asche beschmiert, und forderte einen alten Sack; sie erschrak, man gab ihm, was er verlangte. Er wickelte den Sack um sich, wie ein Büßender, und schlug den Weg nach Fouday ein.

Tatsächlich ist in Oberlins Bericht vom Erschrecken seiner Frau gar keine Rede. Lapidar heißt es dort, nach der Rückkehr aus der Schweiz habe er erfahren, »daß Herr L…, nach vorhergegangenen eintägigen Fasten, Bestreichung des Gesichtes mit Asche, Begehrung eines alten Sackes, den 3. Hornung ein zu Fouday so eben verstorbenes Kind, das Friedericke hieß, aufwecken wollte, welches ihm aber fehlgeschlagen.« Es ist das einzige Mal in der Erzählung, dass Madame Oberlin quasi aus der Rolle fällt. Für Lenz verkörpert die Pfarrersfrau den ersehnten Zustand von innerer Ruhe und Zufriedenheit, und Büchner kam es offensichtlich darauf an, ihre souveräne Haltung nicht durch kleinliche Angstgefühle zu trüben.

In Wirklichkeit machten akute Krankheitsschübe Lenz' Verhalten immer unberechenbarer und damit für Familie und Gesinde seines Gastgebers von Stunde zu Stunde beängstigender. Sein Baden im eiskalten Brunnenwasser gleich in der ersten Nacht war für alle »der erste Schreck« und gab Oberlin Anlass, seine Frau zu »beruhigen«. Nur weil er zu diesem Zeitpunkt über Lenz' gefährdeten Zustand noch nicht informiert war, begab sich Oberlin am 26. Januar auf eine Besuchsreise in die Schweiz, die er, von Bekannten über die desolate Geistesverfassung seines Gastes aufgeklärt, nach zehn Tagen abbrach. Nach seiner Rückkehr, über die seine Frau heilfroh war (»entzückt«, schreibt Oberlin), verschlechterte sich Lenz' Befinden auf dramatische Weise. Als er am Abend des 7. Fe-

bruar anscheinend einen Selbstmordversuch unternahm (»Die
Kindsmagd kam todblaß und am ganzen Leibe zitternd zu
meiner Frau: Herr L... hätte sich zum Fenster hinausgestürzt.
Meine Frau rief mir mit verwirrter Stimme«), musste Oberlin
Konsequenzen ziehen; er schickte daraufhin nach zwei Männern aus der Nachbarschaft. Beim gemeinsamen Abendessen
wurde wenig gesprochen:

> Meine Frau zitterte vor Schrecken und Herr L... vor Frost und
> Verwirrung.
> Nach kaum viertelstündigem Beisammensitzen fragte er mich,
> ob er nicht hinauf in mein Zimmer dürfte? – Was wollen sie
> machen, mein Lieber? – etwas lesen – gehen Sie in Gottes Na-
> men; – er ging, und ich, mich stellend, als ob ich genug gegessen,
> folgte ihm.
> Wir saßen; ich schrieb, er durchblätterte meine französische
> Bibel mit furchtbarer Schnelle, und ward endlich stille. Ich
> ging einen Augenblick in die Stubkammer, ohne im allerge-
> ringsten mich aufzuhalten, nur etwas zu nehmen, das in dem
> Pult lag. Meine Frau stand inwendig in der Kammer an der
> Tür und beobachtete Herrn L...; ich faßte den Schritt wieder
> herauszugehen, da schrie meine Frau mit gräßlicher, hohler,
> gebrochener Stimme: »Herr Jesus, er will sich erstechen!« In
> meinem Leben habe ich keinen solchen Ausdruck eines töd-
> lichen, verzweifelten Schreckens gesehen, als in dem Augen-
> blick, in den verwilderten, gräßlich verzogenen Gesichtszügen
> meiner Frau.

Ebenso wenig wie von dieser Episode macht Büchner von der
Tatsache Gebrauch, dass sich Lenz, nachdem Magdalena ein
andermal erschrocken vor ihm geflohen war, gegenüber seinem
Gastgeber als Mörder seiner Frau und des ungeborenen Kindes
bezichtigte:

Weil alle vorigen Vorstellungen wider seine Entleibungssucht nichts bei ihm gefruchtet hatten, versuchte ich's auf eine andere Art. Ich sagte ihm: Sie waren bei uns durchaus ganz fremd, wir kannten sie ganz und gar nicht; ihren Namen haben wir ein einzigmal aussprechen hören, ehe wir Sie gekannt; wir nahmen Sie mit Liebe auf, meine Frau pflegte Ihren kranken Fuß mit so großer Geduld, und Sie erzeigen uns so viel Böses, stürzen uns aus einem Schrecken in den andern. – Er war gerührt, sprang auf, wollte meine Frau um Verzeihung bitten; sie aber fürchtete sich nun noch so viel vor ihm, sprang zur Türe hinaus: er wollte nach, sie aber hielt die Türe zu. – Nun jammerte er, er hätte meine Frau umgebracht, das Kind umgebracht, so sie trage; alles, alles bring' er um, wo er hin käme. – Nein, mein Freund, meine Frau lebt noch und Gott kann die schädlichen Folgen des Schreckens wohl hemmen, auch würde ihr Kind nicht davon sterben, noch Schaden leiden. – Er wurde wieder ruhiger. Es schlug bald zehn Uhr. Indessen hatte meine Frau in die Nachbarschaft um schleunige Hülfe geschickt.

Die wiederholten Suizidversuche machten Lenz' Verbleib im Pfarrhaus unmöglich und führten zu seiner Verbringung nach Straßburg, im Morgengrauen des 8. Februar 1778, begleitet von zwei Fuhrleuten und drei stämmigen Wächtern, die nicht von seiner Seite wichen. Nach von Existenzsorgen und Geisteskrankheit überschatteten Lebensstationen in Baden, Lettland und Estland kam er schließlich nach Russland, wo er zuletzt in Moskau als Schriftsteller in ärmlichen Verhältnissen lebte und in der Nacht vom 23. auf den 24. Mai 1792 auf der Straße starb.

CHARLOTTE CELLARIUS

1817–1853

Einhundertelf Jahre nach ihrem frühen Tod – sie wurde
nur 36 Jahre alt – erlebte die Darmstädter Klavierpädagogin
Charlotte Cellarius so etwas wie eine Auferstehung: 1964
konnte der Dramaturg und spätere Intendant am Darmstädter
Landestheater, Frieder Lorenz, aus Darmstädter Familienbesitz
einen bis dahin unbekannten Brief Georg Büchners an seinen
elfjährigen Bruder Ludwig vom 1. Januar 1836 veröffentlichen.
Darin erkundigte sich Büchner nach dem Stand von dessen
Klavierunterricht: »Ist Lottchen Cellarius mit Dir zufrieden
und ist es mit dem Stück am Weihnachtabend gut gegangen?«
Woran er noch einen Geheimauftrag knüpfte, der zum Auslöser unterschiedlicher Interpretationen werden sollte: »Wenn
Du in die Klavierstunde gehst, so sage der Fräulein Lottchen
einen schönen Gruß von mir, aber sage um des Himmelswillen
niemand ein Wort davon.« Und von einem Tag auf den anderen
trat Charlotte Cellarius in den Kreis der unsterblichen Figuren
aus Georg Büchners unmittelbarer Umgebung.

Denn für die Literaturforschung steckt hinter jedem Namen
auch eine Lebensgeschichte, die gekannt und gedeutet werden
will, zumal wenn es sich um ein »Fräulein« handelt. Infolgedessen haben sich an Büchners verstohlenen Gruß alsbald pikante

Spekulationen geheftet. 1972 nämlich wurde durch Heinz Fischer der Bericht von Alexis Muston bekannt, dem Büchner im Sommer 1833 seine schwärmerische Verehrung für eine engelgleiche *fille perdue* anvertraute, ein »gefallenes Mädchen« also, das ohne Eheschließung seiner Jungfräulichkeit verlustig gegangen ist. Der Büchner-Forscher Thomas Michael Mayer zählte eins und eins zusammen und brachte – »einfach spekuliert« – als Kandidatin für die zu früh gepflückte Rose Fräulein Lottchen ins Spiel, das Büchner »mit interpretierbarem Augenzwinkern« hatte grüßen lassen. Alles schien zusammenzupassen und als handfester Beweis für die »frühe Libertinage« des bewunderten Dichters zu taugen.

Mayers freie Spekulationen inspirierten vor allem den Schriftsteller Frederik Hetmann. Den Einwand vorwegnehmend, dass »niemand […] mit letzter Sicherheit« werde behaupten können, dass es sich bei der Klavierlehrerin Charlotte Cellarius »um jenes gefallene Mädchen gehandelt hat, von dem ihn Muston schwärmen hörte«, benutzte er erklärtermaßen seine »Phantasie« und machte das Fräulein in seinem Büchner-Roman zur ehemaligen Sängerin, die aus einer früheren Verbindung ein Kind hat, das bei Pflegeeltern aufwächst, und die in Darmstadt von einem älteren Kavalier großzügig ausgehalten wird, einem von Hetmann frei erfundenen Staatsrat Beseler, mit dem zusammen sie (in einem Kleid, das »die Leute ziemlich gewagt« nennen) das Hoftheater besucht. Früher hat sie dem Schüler Georg Büchner Pianolektionen gegeben, ihn betört, sich von ihm eine Lebensbeichte und sogar Küsse abnötigen lassen, was für sie der Grund war, ihm als Klavierschüler den Laufpass zu geben, ehe sie womöglich wg. Verführung eines Minderjährigen angezeigt worden wäre. Jahre später treffen beide zufällig auf einem Waldweg zusammen, wobei es mindestens zu Küssen kommt, und noch bevor Büchner als Student nach Straßburg geht, also vor Herbst 1831, passiert es dann. Er sucht sie zu

Hause auf, sie führt ihn ins Schlafzimmer, zieht die Vorhänge zu, entkleidet sich. Den Rest erspart uns Hetmann, allerdings nicht ohne zu erwähnen, dass sein moderner Büchner auch als Wilhelmines Bräutigam »vielleicht ein-, zweimal noch« mit der Sängerin »geschlafen« habe.

Die Wirklichkeit freilich erweist sich, wie so oft, als ernst und glanzlos. 1822, nach dem frühen Tod ihres Mannes, des Gießener Hofkammer-Registrators Georg Cellarius, war dessen zweiunddreißigjährige Witwe Marie, eine geborene Mayer aus Dietenheim, mit ihren am 27. Februar 1817 und 2. Februar 1819 geborenen Töchtern Charlotte und Auguste von Gießen nach Darmstadt, bereits ein Jahr später nach Bessungen und von dort nach Fränkisch-Crumbach im Odenwald gezogen. 1833 ließ sie sich endgültig in Darmstadt nieder, wo sie noch öfter das Domizil wechselte, meist innerhalb der vornehmen Wohngegend westlich der Wilhelminenstraße. Zweimal ist die Familie in der Grafenstraße nachzuweisen, schräg gegenüber vom Büchner'schen Haus. So steht es in den Meldebögen des Darmstädter Stadtarchivs, die 1980 Mayer und 1981 der damalige Darmstädter Bibliotheksdirektor Erich Zimmermann auswerteten. Die Büchners und die Cellarius' waren also Nachbarn, und Lottchen folglich wohl eine gute Bekannte Büchners, der sich ihr zu Neujahr 1836 unauffällig in Erinnerung zu bringen suchte, ohne daß die dreieinhalb Jahre Jüngere durch den Gruß des steckbrieflich gesuchten »Hochverräters« kompromittiert werden sollte.

Unter Berufung auf Charlottes jugendliches Alter erklärte Zimmermann in einem kleinen Aufsatz für das ›Darmstädter Echo‹ nicht nur Hetmanns literarische, sondern auch Mayers literaturwissenschaftliche Schlussfolgerungen für wenig hilfreich: Solange »keine neuen Tatsachen oder glaubhafte Berichte ans Licht« kämen, sei es »wenig sinnvoll, [...] sich auf diesem Terrain [...] mit unsicheren Spekulationen und Hypothesen

vorzuwagen«. Mayer wähnte darin nur den Versuch, auf »po-
lemisch-ironische Weise« sein neues »Büchner-Bild« (mit dem
er laut Zimmermann »in letzter Zeit einiges Aufsehen erregt«
hatte) zu diskreditieren und konterte mit einer Miszelle im
›Georg Büchner Jahrbuch‹, in der er die Kritik des Forschungs-
kollegen in einen größeren Zusammenhang einordnete, eine
angebliche Kampagne Zimmermanns »während der unmittel-
baren, gemeinsamen Vorbereitung« des von Mayer initiierten
Internationalen Georg-Büchner-Symposiums 1981 in Darmstadt.

Dass Charlotte zum Zeitpunkt von Büchners »fille perdue«-
Schwärmerei im Sommer 1833 ganze sechzehn Lenze zählte,
veranlasste Mayer keineswegs zur Revision seiner »lockeren
Vermutung«. Stattdessen regte er an, à la Hetmann »die Geschichte […] anders« zu »erzählen«, eine andere Geschichte. Nicht die einer ledigen Mutter und Mätresse, die ihren
ehemaligen Klavierschüler in die Kunst der Liebe einführt,
sondern die eines Neunzehnjährigen und seiner sechzehnjährigen Geliebten; laut Mayer eine Geschichte, wie sie sich
»bezaubernder« nicht hätte »ausdenken lassen«. »Amouröse
Abenteuer« des Heranwachsenden »im damaligen Darmstadt«
seien keineswegs auszuschließen; in solcher Abwehr mache sich
lediglich ein überkommenes Büchner-Bild geltend, das seine
Sensualität in enge Grenzen gebannt sehen wolle. Während er
meinte, seinem Kritiker Zimmermann trotz (oder wegen) trif-
tiger Einwände eine polemische Lektion erteilen zu müssen,
ließ er seinem Adepten Hetmann, der seine Mutmaßung über
Lottchen Cellarius zu einer wüsten Geschichte »weitergespon-
nen« hatte, dies als »läßliche Folgesünde« durchgehen: »Die
Liebe der Dichter« sei »ein Thema, das Tatsachensammeln und
Spekulieren so gut erlaubt, und braucht, als jedes andere«; anstatt zerknirscht einzuräumen, dass er mit seiner Mutmaßung
übers Ziel hinausgeschossen war, gelangte er am Ende zu dem

für ihn konsequenten Schluss, dass Büchner eben nicht nur ein, sondern »zwei ganz verschiedene Geheimnisse in Darmstadt hatte«. Er halte Büchner jedenfalls keineswegs für einen bloßen Texterotiker, die »Skala der Liebe«, wie sie sich im Werk manifestiere, mache auf ihn »keinen papiernen Eindruck«. Die biographische Forschung war damit zwar keinen Zentimeter vorangebracht, ihre »Phantasie« vorübergehend immerhin »heftig erhitzt« worden (Henri Poschmann).

Dem Darmstädter Kirchenbuch zufolge ist das Fräulein Cellarius am 2. Oktober 1853 verstorben; eine Eheschließung ist nicht erwähnt. Dass sie schon als Achtzehnjährige zum Unterhalt ihrer Familie, der ein männlicher Ernährer fehlte, beitragen musste, mag vielleicht eine der Ursachen für ihren frühen Tod gewesen sein.

LENA

Lena, Prinzessin des Königreichs Pipi, ist ein Glückskind. Seit Langem ist sie mit dem Thronfolger von Popo verlobt. Heute hat sie ihr »weißes (Hochzeits-)Kleid« und den Brautschmuck (»blitzende Steine«) angelegt, denn am nächsten Tag soll sie Prinz Leonce zugeführt und im großen Saal des Residenzschlosses vor zahlreichen geladenen Gästen mit ihm getraut werden. »Reinlich gekleidet, wohlgenährt und mit zufriedenen Gesichtern« müssen sich in Popo am Vermählungstag »sämtliche Untertanen« entlang der Landstraße aufstellen; selbstverständlich aus »freien Stücken«. »Bauern im Sonntagsputz, Tannenzweige haltend« bilden auf dem Schlossplatz eine Ehrenformation für das hohe Paar.

Schade nur, dass Lena den ihr zugedachten Leonce nicht liebt: »Warum schlägt man einen Nagel durch zwei Hände, die sich nicht suchten?« Auf einem Spaziergang im Schlossgarten, zwischen Myrten und Oleandern (kostbaren Mittelmeersträuchern), klagt sie ihrer Erzieherin ihr Leid: Lieber will sie tot sein (»ich wollte, der Rasen wüchse so über mich«), als ihr individuelles Lebensglück ihrer gesellschaftlichen Pflicht opfern; Leonces Ring, den sie als Zeichen der Verbundenheit trägt, »sticht« sie »wie eine Natter«.

Vergeblich sucht die ältere Freundin ihr aus Gründen der Staatsräson den – wenigstens nach Hörensagen – ebenso edlen wie schönen Bräutigam schmackhaft zu machen (»Aber – er soll ja ein wahrer Don Carlos sein«); Lena beharrt darauf, dass sie sich in eine Ehe ohne Liebe nicht hineinfinden mag. Morgen werde »aller Duft und Glanz« von ihr »gestreift« sein:

> Die Blumen öffnen und schließen, wie sie wollen, ihre Kelche der Morgensonne und dem Abendwind. Ist denn die Tochter eines Königs weniger, als eine Blume?
>
> (I/4)

Dem Kummer ihres Schützlings kann sich die Gouvernante, von Muttergefühlen bewegt, nicht verschließen; beherzt setzt sie sich über eigene Bedenken hinweg und flieht mit der Braut. Leider beruht die Lebenserfahrung beider Frauen größtenteils auf klassischer und romantischer Lektüre, auf dem Glauben an einen unschuldig-naiven Naturzustand, der von heimeligen Klöstern, edlen Eremiten, sorglosen Schäfern und irrenden Königssöhnen belebt wird. Diese Sehnsucht nach einer glücklicheren, friedvolleren Welt wird unterwegs nicht erfüllt.

> LENA. Wir haben Alles wohl anders geträumt mit unseren Büchern hinter der Mauer unseres Gartens, zwischen unseren Myrten und Oleandern.
> GOUVERNANTE. O die Welt ist abscheulich!
>
> (II/1)

Während die Gouvernante neben ihrem mütterlichen Instinkt auch noch einen praktischen Sinn für das Nächsterforderliche besitzt, verliert sich Lena in einer poetischen Betrachtungsweise der Natur:

GOUVERNANTE. Und wo sollen wir ruhen? [...] Aber wir müssen ein Obdach suchen. Es wird Abend.

LENA. Ja, die Pflanzen legen ihre Fiederblättchen zum Schlaf zusammen und die Sonnenstrahlen wiegen sich an den Grashalmen wie müde Libellen.

(II/1)

Schicksalhaft kreuzt sich der Leidensweg der beiden Frauen mit dem von Leonce, der ebenfalls der Pflichtheirat entflieht und mit seinem Kumpan Valerio auf dem Weg nach Italien ist. Die beiden Königskinder verstehen sich auf Anhieb, ihre morbide Phantasie bringt sie einander näher. Wobei Lenas Todessehnsucht eine Reaktion auf die drohende Verheiratung ist, Leonces Melancholie hingegen sein selbst gewählter Spleen, eine Modekrankheit, die er sich rechtzeitig (»Gott sei Dank, daß ich anfange, mit der Melancholie niederzukommen«) zugelegt hat: »Ja, es ist traurig [...] daß die Wolken schon seit drei Wochen von Westen nach Osten ziehen. Es macht mich ganz melancholisch.«

Als Melancholiker aber bildet er sich ein, den Subtext »verstanden« zu haben, der Lenas Frage an die Gouvernante zugrunde liegt: »Meine Liebe, ist denn der Weg so lang?« Und daher fällt es ihm nicht schwer, das Stichwort aufzugreifen und daraus ein moribundes Thema zu komponieren:

Oh jeder Weg ist lang. Das Picken der Totenuhr in unserer Brust ist langsam, und jeder Tropfen Blut mißt seine Zeit, und unser Leben ist ein schleichend Fieber. Für müde Füße ist jeder Weg zu lang ...

(II/2)

Damit bringt er die Dialogmaschine in Schwung. Denn Lena muss annehmen, wer so rede, habe »den Winter im Herzen«, sei krankhaft unglücklich. Und sofort empfindet sie Mitleid mit Leonce (»das ist traurig«). Was natürlich eine Projektion ihrer eigenen Stimmung ist. Denn in Wahrheit hat sich Leonce nur verstellt, hat den Melancholiker nur gespielt, weshalb er sich gegenüber Valerio prompt mit einem verkürzten, aber einschlägigen ›Hamlet‹-Zitat seiner Leistung rühmt: Seine Performance, dessen ist er sich sicher, würde ihm glatt »zu einem Platz in einer Schauspielergesellschaft verhelfen«.

Lena hat er damit erfolgreich getäuscht; als Zeichen ihres Einverständnisses greift sie seine letzten Worte auf und dekliniert sie brav durch:

> Und müden Augen jedes Licht zu scharf, und müden Lippen jeder Hauch zu schwer [...] und müden Ohren jedes Wort zu viel.

Damit ist ihr weiteres Schicksal vorbestimmt, denn nun haben sich beide ineinander verliebt. Leonce schmiedet bereits nach dem zweiten Zusammentreffen Heiratspläne, und Lena kriegt, zum Verdruss ihrer Erzieherin, den jungen Mann nicht mehr aus dem Kopf.

Dabei passen beide eigentlich gar nicht zusammen. Die Prinzessin ist ein überaus zartes Wesen, Leonce ein Zwangsneurotiker. Lena ist empfindlich und empfindsam; Leonces' Sozialverhalten lässt hingegen stark zu wünschen übrig: Gegenüber seiner Exgeliebten Rosetta zeigt er mitleidlose Härte und Gefühlskälte. Einfühlungsvermögen ist seine Sache nicht. Lena flieht vor einem Leben, das auf einer Lüge basiert, und sie ist keusch: Als Leonce sie küsst, nur auf die Augen küsst, springt sie auf und läuft weg. Der Dekadenzprinz Leonce hingegen ist seines bisherigen Luxuslebens einschließlich der sexuellen Versorgung durch seine Mätresse überdrüssig und sehnt sich nach neuen Genüssen, die er ursprünglich in neapolitanischen

»tiefen, tollen Nächten voll Masken, Fackeln und Gitarren« zu finden hoffte.

Gleichzeitig beteuert Leonce, für das Vollkommene zu schwärmen, und stilisiert sich zum irrenden Ritter der Liebe: »Ich habe das Ideal eines Frauenzimmers in mir und muß es suchen.« Seine tastende Beschreibung dieses perfekten Wesens entspricht dem von Johann Joachim Winckelmann propagierten klassizistischen Schönheitsideal. Doch statt Winckelmann genau zu zitieren (»edle Einfalt«, »das sanfte griechische Profil«, wo »Stirn und Nase beinahe eine gerade Linie« bilden), greift Büchners Prinz zu drastischen Ausdrücken:

> Sie ist unendlich schön und unendlich geistlos. Die Schönheit ist da so hilflos, so rührend wie ein neugebornes Kind. Es ist ein köstlicher Kontrast: diese himmlisch stupiden Augen, dieser göttlich einfältige Mund, dieses schafnasige griechische Profil, dieser geistige Tod in diesem geistigen Leib.
>
> (II/I)

Was ja nichts anderes heißt, als dass in diesem Idealkörper der Geist zugrunde gehen muss. Erfreuliche Aussichten! Dass Leonce außerdem, um seinen hohen Vorstellungen Ausdruck zu geben, in rascher Folge modische Wieworte schwärmerischer Kunstlehre zitiert (»unendlich«, »hilflos«, »rührend«, »himmlisch«, »göttlich«) entlarvt ihn als Dummschwätzer.

Lena hingegen redet eher wenig. Im Dialog mit der Gouvernante, die ihr eine »liebe Mutter« ist, gibt sie sich noch sehr gesprächig; in Leonces' Gegenwart verstummt sie mehr und mehr. Als sie sich das erste Mal begegnen, reden beide mehr oder weniger aneinander vorbei. Bei ihrem Wiedersehen zu nächtlicher Stunde macht Lena nur so lange viele Worte, wie sie sich allein glaubt; im anschließenden Dialog mit Leonce spricht sie vier kurze Sätze. Auf Leonces' Enttarnung in der

Schlussszene reagiert sie mit vier knappen Worten; als Leonce sie später fragt, ob sie sich eine Drehorgel wünsche oder einen Theaterneubau, »lehnt« sie »sich an ihn und schüttelt« stumm »den Kopf«. Und als Leonce behauptet: »Ich weiß besser, was du willst«, widerspricht ihm Lena nicht. Armes Dummchen! Eine der ersten Amtshandlungen des Erbprinzen und der Erbprinzessin wird gewiss darin bestehen, umgehend »für einen andern Erbprinzen Rat« zu »schaffen«, wie es im ›Hessischen Landboten‹ heißt, damit sich die »göttliche Gewalt« derer von Popo weitervererben kann, das »übermenschliche Geschlecht« nicht ausstirbt.

›Leonce und Lena‹ ist vielleicht das schönste Lustspiel der deutschen Romantik, zugleich aber auch dessen Abgesang, geschrieben mit der schwarzen Tinte des Hasses, eine Kampfansage an die abgehalfterte Feudalgesellschaft. »Ich habe freilich noch eine Art von Spott, es ist der des Hasses«, hatte Büchner im Februar 1834 in einem Brief an die Familie geschrieben. Diesem Hass ist in ›Leonce und Lena‹ lediglich die Komödienmaske vorgebunden.

Nebenbei geht es dort aber auch um ein Thema, das Büchner eminent beschäftigte, die persönliche Unabhängigkeit und Entscheidungsfreiheit Heranwachsender gegenüber den Ansprüchen der Vaterwelt, der Konflikt zwischen Pflicht und Neigung: Ein junger Mann, den sein Vater zu seinem Nachfolger bestimmt und dem er auch gleich die Braut ausgesucht hat, verweigert sich der Erfüllung des väterlichen Lebensplanes und begibt sich auf die Flucht; unterwegs begegnet er der Frau, die er heiraten möchte, und setzt nun alles daran, dass sein Vater diese Wahl akzeptiert. Das ist das Problem von Prinz Leonce, und das war 1834 das Problem von Büchner, dessen Vater sich mit der Brautwahl seines Sohnes zunächst nicht abfinden wollte. Stattdessen suchte er seine ganze Autorität geltend zu machen, um seinen Sohn zum Widerruf zu bewegen;

dessen Flucht nach Straßburg 1835 ließ er ein anderthalbjähri-
ges Schweigen folgen.

Um seine Figuren lebensecht und glaubwürdig erscheinen
zu lassen, hat Büchner eigene Konflikte und Stimmungen auf
sie projiziert. Daher äußern sich Leonce, Lena und Valerio gelegentlich klug und tiefgründig zu existenziellen Problemen,
wodurch sie hin und wieder als Sympathieträger erscheinen.
Für die Figurengestaltung von Lena hat sich Büchner darüber
hinaus durch die Isidora aus Brentanos ›Ponce de Leon‹, Prinzessin Elsbeth aus Mussets ›Fantasio‹ und die Prinzessin aus
Tiecks ›Gestiefeltem Kater‹ anregen lassen.

Dies bedeutet jedoch nicht, dass Büchner alle Regungen und
Gefühle seiner Protagonisten teilte und sich mit ihnen iden-
tifizierte. Schaut man genauer hin, erweisen sich die männlichen Mittelpunktfiguren als blaublütige Banditen und simple
Spitzbuben, Dummköpfe und Schnorrer. Der regierende König
weist, altersbedingt, Defizite bei seinen kognitiven Fähigkeiten auf (betroffen sind Kurzzeitgedächtnis, Denkvermögen,
Sprache und Motorik), die zu einer Beeinträchtigung seiner
Herrscherfunktion führen. Sein Sohn, der Erbprinz, zeigt
aggressiv-dissoziales Verhalten. Mit seiner zwanghaften Wort-
spielsucht hat er bereits seine Mätresse angesteckt, hat Valerio
dazu gebracht, ihn noch zu übertreffen, und versucht es nun
bei Lena:

LENA. Wer spricht da?

LEONCE. Ein Traum.

LENA. Träume sind selig.

LEONCE. So träume dich selig und laß mich dein seliger Traum
sein.

LENA. Der Tod ist der seligste Traum.

LEONCE. So laß mich dein Todesengel sein.

(II/4)

Valerio schließlich macht aus seiner berechnend-amoralischen Einstellung keinen Hehl, seine Kommentare changieren zwischen Ironie und Zynismus. Er ist ebenso gerissen wie unverfroren und setzt seine überlegene Intelligenz lediglich dazu ein, um sich einen persönlichen Vorteil zu verschaffen.

Durch ihre Unschuld, ihr Beharren auf individueller Existenz und ihre Liebesfähigkeit hebt sich Lena deutlich von diesem Trio ab:

> O Gott, ich könnte lieben, warum nicht? Man geht ja so einsam und tastet nach einer Hand, die einen hielte, bis die Leichenfrau die Hände auseinandernähme und sie Jedem über der Brust faltete.

(I/4)

Aber ist sie auch schön oder intelligent? Leonce war ja auf der Suche nach einer »unendlich schönen und unendlich geistlosen Frau«, mit »himmlisch stupiden Augen«, einem »göttlich einfältigen Mund« und einem »schafnasigen griechischen Profil«. Die infantile Infantin des Königreiches Pipi scheint dieses zweifelhafte Ideal zu verkörpern.

Auch wenn Büchner mit Personen, Ort und Zeit freizügig umging, lässt eine Reihe eindeutiger Anspielungen hinter den Lustspielfiguren historische Vorbilder erkennen. König Peter, seniler Serenissimus an der Spitze des Reiches Popo, trägt zweifellos Züge Ludewigs I. von Hessen. Für die Darstellung des Einzugs von Prinz und Prinzessin lieferte die Hochzeit des Erbgroßherzogs Ludwig mit Prinzessin Mathilde von Bayern bzw. die gedruckte ›Chronik der Feierlichkeiten, welche auf Veranlassung der hohen Vermählung […] Statt fanden‹ einige szenische Details. Feste zu Ehren des Jubelpaares fanden im ganzen Land statt. Über die Vorgänge in der Residenz war Büchner durch seine Familie oder Freunde informiert, denn

neben rund 2000 Schulkindern standen am Nachmittag des
10. Januar 1834 in Darmstadt an die 1000 Erwachsene Spalier,
darunter viele Bauern, sorgfältig zusammengestellt von Ernst
Büchners Cousin, dem Großkaufmann Ernst Emil Hoffmann.

Mathilde, 1813 als älteste Tochter von Kronprinz Ludwig,
seit 1825 König Ludwig I., von Bayern geboren, kann als Mus-
terbeispiel einer Zwangsverheiratung aus politischem Kalkül
gelten. Sie war fünfzehn, als mit dem dreißigjährigen Witwer
Dom Pedro, Kaiser von Brasilien, der erste Interessent auf den
Plan trat. 1830 folgte Ferdinand Philippe, Herzog von Orléans,
der französische Thronfolger. Beide Kandidaten wurden von
den Eltern abgelehnt, die ihr »Thildchen« lieber an der Seite
von Herzog Ferdinand von Kalabrien, dem Kronprinzen des
Königreichs beider Sizilien, sahen. Auch Mathilde war Feuer
und Flamme. Ebenfalls 1830 im Gespräch waren Prinz Friedrich, der spätere König Friedrich August II. von Sachsen, dessen Frau todkrank war, und der Kronprinz von Österreich, der
spätere Kaiser Ferdinand I. 1832 stieg auch noch der verwitwete
Großherzog Leopold II. von Toskana in die Konkurrenz ein.
Schließlich entschieden sich die Wittelsbacher für Erbgroßherzog Ludwig von Hessen (1806–1877), der Ende Februar und
dann noch einmal am 30. März 1833 in München mit Mathilde
zusammengeführt wurde. Obgleich es alles andere als eine Liebesverbindung war, funkte es zwischen beiden – Ludwig war
ja auch ein stattliches Mannsbild: blond, blauäugig, mit einem
imposanten Schnurrbart und verbürgten 207 cm Lebendgröße.
Sein informelles Eheversprechen wurde am 20. April von der
großherzoglichen Familie in Darmstadt offiziell bestätigt, am
26. Dezember 1833 fand in München die Vermählung statt. Mathilde war nun Großherzogin von Hessen und bei Rhein. Ihre
Ehe blieb kinderlos. Sie starb am 25. Mai 1862 im Alter von 48
Jahren in Darmstadt. Nach ihr wurde u. a. die Mathildenhöhe
in Darmstadt benannt.

GOUVERNANTE

›Leonce und Lena‹

Die Gouvernante ist das weibliche Gegenstück zum Hofmeister: Hauslehrerin, Erzieherin, zuweilen auch nur Kinderfräulein in adeligen und bürgerlichen Familien. Auch Prinzessin Mathilde von Bayern, die spätere Ehefrau von Erbgroßherzog Ludwig, hatte mit Amalie Freiin von Rottenhoff eine solche »Hofmeisterin«.

Luise Büchners Erfahrung nach waren »viele Gouvernanten von Profession« durch »lächerliche Pedanterie« oder »steife Schulweisheit« charakterisiert. Ob sie dabei an ihre Beinahe-Schwägerin Wilhelmine Jaeglé dachte? In zahlreichen Lustspielen der deutschen und französischen Romantik, gerade auch in den von Büchner für ›Leonce und Lena‹ herangezogenen, ist sie daher eine komische Figur, die eines Namens ebenso wenig bedarf wie Harlekin und Pantalone, Hanswurst und Polichinelle im Volkstheater und in der Commedia dell'arte.

In Büchners Lustspiel ist alles etwas anders. Da ist die Gouvernante Gesellschafterin, Freundin und Ersatzmutter der Prinzessin. Ihren Namen erfahren wir zwar nicht, aber dem Rollenklischee entspricht sie höchstens zur Hälfte. Gouvernantenhaft ist diese Gouvernante überhaupt nicht. Sie hat das Herz auf dem rechten Fleck und ist weder auf den Kopf noch auf den Mund gefallen; energisch ist sie und zupackend.

Auch wenn für die ältere Freundin als standesgemäße Anrede der Prinzessin nur das »Sie« in Betracht kommt, verbindet beide ein inniges Verhältnis. Lena duzt die Gouvernante, spricht sie mit »meine Liebe« und »liebe Mutter« an. Das ist nicht zuletzt dem großen Altersabstand geschuldet: Wir dürfen sie uns als mindestens doppelt so alt wie ihren Schützling vorstellen. Sie selbst spricht von ihren »alten Augen«, und dass Valerio ihre Unterschenkel spitzzüngig als »weiland«, also einstige, vormalige Waden bezeichnet, deutet ebenfalls auf ein fortgeschrittenes Alter hin, in dem die Wadenmuskulatur bereits im Schwinden begriffen ist. Passend tituliert die Gouvernante Lena als »mein Kind« (ein »armes Kind« ist sie obendrein und ein »lieber Engel« dazu). Wie sehr sie das Vertrauen der Prinzessin genießt, wird im Dialog zwischen beiden offenbar:

> LENA. Ja, jetzt. Da ist es. Ich dachte die Zeit an nichts. Es ging so hin, und auf einmal richtet sich der Tag vor mir auf. Ich habe den Kranz im Haar – und die Glocken, die Glocken! (*Sie lehnt sich zurück und schließt die Augen.*) Sieh, ich wollte, der Rasen wüchse so über mich und die Bienen summten über mir hin; sieh, jetzt bin ich eingekleidet und habe Rosmarin im Haar. Gibt es nicht ein altes Lied:
>> Auf dem Kirchhof will ich liegen,
>> Wie ein Kindlein in der Wiegen.
>
> GOUVERNANTE. Armes Kind, wie Sie bleich sind unter Ihren blitzenden Steinen.
>
> LENA. O Gott, ich könnte lieben, warum nicht? Man geht ja so einsam und tastet nach einer Hand, die einen hielte, bis die Leichenfrau die Hände auseinandernähme und sie Jedem über der Brust faltete. Aber warum schlägt man einen Nagel durch zwei Hände, die sich nicht suchten? Was hat meine arme Hand

getan? (*Sie zieht einen Ring vom Finger.*) Dieser Ring sticht mich
wie eine Natter.

GOUVERNANTE. Aber – er soll ja ein wahrer Don Carlos sein.

LENA. Aber – ein Mann …

GOUVERNANTE. Nun?

LENA. … den man nicht liebt. (*Sie erhebt sich.*) Pfui! Siehst du,
ich schäme mich. – Morgen ist aller Duft und Glanz von mir gestreift. Bin ich denn wie die arme, hilflose Quelle, die jedes Bild,
das sich über sie bückt, in ihrem stillen Grund abspiegeln muß?
Die Blumen öffnen und schließen, wie sie wollen, ihre Kelche
der Morgensonne und dem Abendwind. Ist denn die Tochter
eines Königs weniger als eine Blume?

(I/4)

Die Gouvernante denkt immerfort an Lenas Wohlergehen und
sucht sie vor Unglück zu bewahren. Aber sie ist auch ihrem Ar-
beitgeber, dem König von Pipi, verpflichtet. Deshalb versucht
sie zunächst, Lenas zukünftigen Gatten als Person schönzu-
reden, indem sie dessen Renommee als eines »wahren Don
Carlos« zitiert – ein hochgegriffener literarischer Vergleich,
der Lena jedoch nicht von der prinzipiellen Ablehnung eines
Mannes, »den man nicht liebt«, abbringen kann.

Das offensichtliche Leid und der Kummer ihres Schützlings
rühren die Gouvernante zu Tränen; beherzt setzt sie sich über
die Staatsräson hinweg und entführt die Braut:

GOUVERNANTE *(weinend).* Lieber Engel, du bist doch ein wahres
Opferlamm.

LENA. Ja wohl – und der Priester hebt schon das Messer. – Mein
Gott, mein Gott, ist es denn wahr, daß wir uns selbst erlösen
müssen mit unserem Schmerz? Ist es denn wahr, die Welt sei
ein gekreuzigter Heiland, die Sonne seine Dornenkrone und die
Sterne die Nägel und Speere in seinen Füßen und Lenden?

GOUVERNANTE. Mein Kind, mein Kind! ich kann dich nicht so sehen. – Es kann nicht so gehen, es tötet dich. Vielleicht, wer weiß! Ich habe so etwas im Kopf. Wir wollen sehen. Komm! *(Sie führt die Prinzessin weg.)*

(I/4)

Die Gouvernante denkt im Unterschied zu Lena praktisch – sieht man einmal von der naiven Hoffnung ab, auf der Flucht einem »irrenden Königssohn« zu begegnen, wie beide es aus ihrer Lektüre romantischer Bücher kennen.

Als schön freilich dürfen wir sie uns nicht vorstellen, die alte Jungfer mit der langen Spottnase. Dieser »Rüssel« mag ihr Selbstbewusstsein nach außen unüberwindlich stark gemacht und eine Verheiratung doppelt erschwert haben. Einen natürlichen Sinn für Sexualität hat sie sich jedoch bewahrt: Als Lena im Gespräch mit ihr allgemeine Abscheu vor dem männlichen Geschlecht zu bekunden scheint, deutet ihr scharfer Zwischenruf »Nun?« auf eine unverkrampfte Einstellung hin.

Mag sein, dass ihr Busen zu imponieren vermag. Im Übrigen muss sie auf erotische Signalwirkung verzichten, wo sie doch nicht einmal über das Vitalitätszeichen einer kräftigen Unterschenkelmuskulatur, die sogenannten strammen Waden, verfügt. Sie schnupft sogar, das heißt, sie konsumiert Schnupftabak, was konventionell Männern vorbehalten war. Schnupfende Frauen aus den höheren Ständen waren zwar bereits im 17. und 18. Jahrhundert in Erscheinung getreten, doch vom aufstrebenden Bürgertum des 19. Jahrhunderts wurde der Tabakkonsum als ein typisch männliches Verhalten definiert. All das macht die Gouvernante zu einem rechten Männerschreck. Valerio reagiert denn auch entsprechend, als er ihrer gewahr wird, einer wandelnden Kartenkönigin bzw. -dame mit großzügigem, lebkuchenherzförmigem Dekolleté:

Die Sonne sieht aus wie ein Wirtshausschild, und die feurigen Wolken darüber wie die Aufschrift: »Wirtshaus zur goldenen Sonne«. Die Erde und das Wasser da unten sind wie ein Tisch, auf dem Wein verschüttet ist, und wir liegen darauf wie Spielkarten, mit denen Gott und der Teufel aus Langeweile eine Partie machen, und Ihr seid ein Kartenkönig, und ich bin ein Kartenbube, es fehlt nur noch eine Dame, eine schöne Dame, mit einem großen Lebkuchenherz auf der Brust und einer mächtigen Tulpe, worin die lange Nase sentimental versinkt, (*die Gouvernante und die Prinzessin treten auf*) und – bei Gott – da ist sie! Es ist aber eigentlich keine Tulpe, sondern eine Prise Tabak, und es ist eigentlich keine Nase, sondern ein Rüssel!

(II/2)

Dass sich ausgerechnet Valerio über die Langnasigkeit der Dame mokiert, wo er doch selbst einen regelrechten Zinken im Gesicht trägt (»Es ist etwas wie ein Vorsprung, wie eine Nase«), ist doppelt lustig. Zum Glück steht die Gouvernante Valerio in puncto Schlagfertigkeit in nichts nach. Und sie ist temperamentvoll: Seinen spöttisch-unverschämten Hinweis auf ihr luftiges Kleid kontert sie mit einer ebenso boshaften Verbalattacke. Hielte sie einen Regenschirm in der Hand, würde sie damit sicher zuschlagen oder zumindest drohend herumfuchteln:

VALERIO (*zur Gouvernante:*) Warum schreiten Sie, Werteste, so eilig, daß man Ihre weiland Waden bis zu Ihren respektabeln Strumpfbändern sieht?

GOUVERNANTE (*heftig erzürnt, bleibt stehen*). Warum reißen Sie, Geehrtester, das Maul so weit auf, daß Sie einem ein Loch in die Aussicht machen?

VALERIO. Damit Sie, Geehrteste, sich die Nase am Horizont

nicht blutig stoßen. Solch eine Nase ist wie der Turm auf Libanon, der gen Damaskus steht.

(II/2)

Über Lenas Leidenschaft für den unbekannten jungen Mann ist die Gouvernante wenig erfreut, will sie doch für sie immerfort nur das Beste, in diesem Fall einen »irrenden Königssohn« als Partner. Es bleibt ihr aber nichts anderes übrig, als die Wahl zu akzeptieren:

GOUVERNANTE. Denken Sie nicht an den Menschen.
LENA. Er war so alt unter seinen blonden Locken. Den Frühling auf den Wangen, und den Winter im Herzen. Das ist traurig. Der müde Leib findet sein Schlafkissen überall, doch wenn der Geist müd' ist, wo soll er ruhen? Es kommt mir ein entsetzlicher Gedanke, ich glaube, es gibt Menschen, die unglücklich sind, unheilbar, bloß weil sie sind. (*Sie erhebt sich.*)
GOUVERNANTE. Wohin mein Kind?
LENA. Ich will hinunter in den Garten.
GOUVERNANTE. Aber –
LENA. Aber, liebe Mutter, du weißt, man hätte mich eigentlich in eine Scherbe setzen sollen. Ich brauche Tau und Nachtluft, wie die Blumen. – Hörst du die Harmonie des Abends? Wie die Grillen den Tag einsingen und die Nachtviolen ihn mit ihrem Duft einschläfern! Ich kann nicht im Zimmer bleiben. Die Wände fallen auf mich.

(II/3)

Am nächsten Tag kommt es auf dem poposchen Residenzschloss zur Trauung der Liebenden. Ihre Identität ist weder dem Brautvater noch den Hochzeitsgästen bekannt. Nicht einmal das Paar selbst weiß Bescheid.

(*Leonce nimmt die Maske ab.*)

ALLE. Der Prinz!

PETER. Der Prinz! Mein Sohn! Ich bin verloren, ich bin betro-
gen! (*Er geht auf die Prinzessin los.*) Wer ist die Person? Ich lasse
alles für ungültig erklären!

(III/3)

Für einen kurzen Moment scheint König Peter, der Vater des
Bräutigams, mit der Gouvernante als Quasimutter der Braut
ein Paar zu bilden, im Betrug vereint. So wie Leonce für sie nur
ein »Mensch« war, ein Dahergelaufener, ein Kerl, so ist für König Peter die Unbekannte, mit der sein Sohn soeben vermählt
worden ist, eine »Person«, eine Dahergelaufene, eine Dirne.
Tatsächlich aber hat ihm die Gouvernante das entscheidende
Wissen voraus. Ihr kommt es zu, den scheinbaren Betrug in ein
glückliches Finale zu verwandeln:

GOUVERNANTE (*nimmt der Prinzessin die Maske ab, trium-
phierend*). Die Prinzessin! […] Daß meine alten Augen endlich
das sehen konnten! Ein irrender Königssohn! jetzt sterb' ich
ruhig.

(III/3)

Am Ende des Stückes, bei der Schlussaufstellung, bleiben zwei
Paare übrig: »Alle entfernen sich, Leonce, Lena, Valerio und die
Gouvernante ausgenommen«, heißt es in der Regieanweisung.
Das deutet auf ein doppeltes Happy End hin. Zwar bekommt
die Gouvernante nicht mehr das Wort, aber da ja auch Lena
stumm bleibt, passt alles wunderbar zusammen, die schwa-
dronierenden Männer und die schweigenden Frauen, das hohe
und das niedrige Paar, die beiden kurzen und die beiden langen
Nasen. Ob auf Dauer … Wer kann das wissen? »Jeder der heiratet«, heißt es bei Heinrich Heine, »ist wie der Doge, der sich mit

dem adriatischen Meer vermählt – Er weiß nicht, was drin, was er heiratet: Schätze, Perlen, Ungetüme, unbekannte Stürme.« Stürmisch wird es auf jeden Fall zugehen in dieser Verbindung des Desperado mit dem Blaustrumpf.

ROSETTA

›Leonce und Lena‹

Die Anregung zu ihrem Namen holte sich Büchner wohl bei der sinnlichen Salonschönheit Rosette in Théophile Gautiers Debütroman von 1835, ›Mademoiselle de Maupin‹. Oder auch bei der gleichnamigen Bauerntochter in Alfred de Mussets dramatischer Komödie ›On ne badine pas avec l'amour‹ (1834), die er noch öfter mit Gewinn benutzt hat. Bei Büchner ist Rosetta weder das eine noch das andere, sondern – in der dritten Szene des ersten Akts – ein niedliches Ausziehpüppchen am Hofe des Königs von Popo und die Geliebte des Erbprinzen.

Aber sie ist mehr als eine Biedermeier-Barbie. Prinz Leonce lobt ihre Klugheit und ihren Scharfsinn. Durch ihre Garderobe beweist sie Sicherheit in Geschmack und Gefühl, denn sie ist »zierlich gekleidet«, was heißen soll: geschmackvoll verschönernd, nicht aufdringlich geziert. Wir dürfen sie uns außerdem als geschmeidig und beweglich vorstellen, mit einer schönen Gesangsstimme begabt, sonst würde der Genießer Leonce sie weder tanzen noch singen lassen. Büchner hat also alles unternommen, um seine Rosetta sympathisch und attraktiv erscheinen zu lassen. Umso schmerzlicher berührt uns ihre Tragik. Eben darum hat, »unter ihren vielen Namen«, Christa Wolf sie zur Zentralfigur ihrer Büchnerpreis-Rede von 1980 gemacht:

»Rosetta schweigt. Liebt. Leidet. Wird, als Marie, umgebracht. Folgt, als Julie, dem Manne in den Tod. Treibt in den Wahnsinn als Lucile. Opfert sich. Klagt, da heißt sie Lena.«

Rosetta hofft auf ewige Liebe, auf eine dauerhafte Beziehung; Leonce aber hat sie satt. Gerade hat er sie zu sich bestellt. In einem »reichgeschmückten« Saal des Residenzschlosses wartet er auf sie. Der Saal ist leer, bis auf »einige Diener«. Die scheucht der Prinz nun durch die Gegend.

> LEONCE. Sind alle Läden geschlossen? Zündet die Kerzen an! Weg mit dem Tag! Ich will Nacht, tiefe ambrosische Nacht. Stellt die Lampen unter Kristallglocken zwischen die Oleander, daß sie wie Mädchenaugen unter den Wimpern der Blätter hervorträumen. Rückt die Rosen näher, daß der Wein wie Tautropfen auf die Kelche sprudle. Musik! Wo sind die Violinen? Wo ist die Rosetta? Fort! Alle hinaus!
>
> [I/3]

Als die Diener verschwunden sind, rekelt sich Leonce wohlig auf einem »Ruhebett«, und Rosetta, von ferner Musik begleitet, tritt ein. Verführerisch nähert sie sich dem Prinzen. Dessen Monolog hat jedoch eine Nachtseite seines Charakters zum Vorschein gebracht. Er weiß nämlich nichts von Menschenwürde. Er fragt: »Wo sind die Violinen?« und meint: »Wo sind die Geiger?« Er unterscheidet nicht zwischen Sachen, die er besitzt, und Menschen, mit denen ihn eine gegenseitige Verpflichtung verbindet. Beides begreift er als Objekte, die ihm zur Verfügung stehen: meine Blumen, meine Musiker, meine Mätresse. So fragt er auch: »Wo ist die Rosetta?«, mit dem bestimmten Artikel vor dem Namen. Der Mensch Rosetta verschwindet in der Aufzählung seiner Wünsche. Sie ist seine Puppe, eine Sache, die er in die Hand nimmt, benutzt und wieder weglegt, um sie ein andermal an gleicher Stelle wieder aufzunehmen und so fort, da capo. Bloß hat Leonce sein Spielzeug diesmal für immer aus der Hand gelegt. Rosetta weiß es nur noch nicht.

ROSETTA. *(nähert sich schmeichelnd)*. Leonce!

LEONCE. Rosetta!

ROSETTA. Leonce!

LEONCE. Rosetta!

ROSETTA. Deine Lippen sind träg. Vom Küssen?

LEONCE. Vom Gähnen!

ROSETTA. Oh!

LEONCE. Ach Rosetta, ich habe die entsetzliche Arbeit …

Rosetta. Nun?

LEONCE. … nichts zu tun …

ROSETTA. … als zu lieben?

LEONCE. Freilich Arbeit!

ROSETTA *(beleidigt)*. Leonce!

LEONCE. Oder Beschäftigung.

ROSETTA. Oder Müßiggang.

LEONCE. Du hast recht wie immer. Du bist ein kluges Mädchen, und ich halte viel auf deinen Scharfsinn.

ROSETTA. So liebst du mich aus Langeweile?

LEONCE. Nein, ich habe Langeweile, weil ich dich liebe. Aber ich liebe meine Langeweile wie dich. Ihr seid eins. *O dolce far niente*, ich träume über deinen Augen wie an wunderheimlichen tiefen Quellen, das Kosen deiner Lippen schläfert mich ein wie Wellenrauschen. *(Er umfasst sie.)* Komm liebe Langeweile, deine Küsse sind ein wollüstiges Gähnen, und deine Schritte sind ein zierlicher Hiatus.

ROSETTA. Du liebst mich, Leonce?

LEONCE. Ei warum nicht?

ROSETTA. Und immer?

LEONCE. Das ist ein langes Wort: »immer«! Wenn ich dich nun noch fünftausend Jahre und sieben Monate liebe, ist's genug? Es

ist zwar viel weniger als immer, ist aber doch eine erkleckliche
Zeit, und wir können uns Zeit nehmen, uns zu lieben.
ROSETTA. Oder die Zeit kann uns das Lieben nehmen.
LEONCE. Oder das Lieben uns die Zeit [...].

Ach, die Langeweile! Kronprinz Leonce ist seiner Mätresse
überdrüssig geworden, er will sie loswerden. Aber einmal noch
will der blaublütige Beischläfer die Puppe tanzen lassen:

> Tanze, Rosetta, tanze, daß die Zeit mit dem Takt deiner nied-
> lichen Füße geht.
> ROSETTA. Meine Füße gingen lieber aus der Zeit.

Die abgesetzte Geliebte tanzt, wie befohlen, aber das Lied,
das sie ihrem blasierten Boheme-Prinzen dazu singt (und das
Büchner, obgleich er kein Lyriker war, selbst gedichtet zu haben
scheint; genau weiß man es bei ihm nie), paraphrasiert ihren
bodenlosen Liebesschmerz, der sie todessehnsüchtig macht.

> O meine müden Füße, ihr müßt tanzen
> In bunten Schuhen,
> Und möchtet lieber tief
> Im Boden ruhen.
>
> O meine heißen Wangen, ihr müßt glühen
> Im wilden Kosen,
> Und möchtet lieber blühn –
> Zwei weiße Rosen.
>
> O meine armen Augen, ihr müßt blitzen
> Im Strahl der Kerzen,
> Und schlieft im Dunkel lieber aus
> Von euren Schmerzen.

Der Thronfolger gibt sich unterdessen seinem Spleen hin, träumt sich zum Protagonisten spätrömischer Dekadenz, als sich die Eliten (und nicht die Plebejer), wie Plinius und Petronius berichten, während üppiger Gastmähler am Farbenspiel roter Seebarben ergötzten, die lebend in weingefüllten Glasgefäßen aufgetragen wurden, worin sie langsam erstickten. Im Todeskampf offenbarten sie alle Rottöne, vom dunkelsten Violett bis zum blassesten Rosa. Die Gäste saßen um das Glas herum und machten einander wetteifernd auf die einzelnen Schattierungen aufmerksam. Hatte es bisher geheißen: Nichts ist besser als eine an Klippen gefangene Seebarbe, hieß es nun: Nichts ist schöner als eine sterbende.

> O, eine sterbende Liebe ist schöner als eine werdende. Ich bin ein Römer; bei dem köstlichen Mahle spielen zum Dessert die goldnen Fische in ihren Todesfarben. Wie ihr das Rot von den Wangen stirbt, wie still das Auge ausglüht, wie leis das Wogen ihrer Glieder steigt und fällt! Adio, adio meine Liebe, ich will deine Leiche lieben.

Um Rosetta ganz und gar und ausdauernd lieben zu können, muss Leonce erst seine Liebe zu ihr sterben lassen. Er will die »Leiche« seiner »Liebe« lieben, sich in aller Ruhe, ungestört diesem Kultus widmen.

Rosetta kann oder will nicht begreifen, dass die Beziehungsuhr abgelaufen ist. Obgleich sie eine Kränkung und Zurückweisung nach der andern einstecken muss, glaubt sie, Leonces Liebe noch immer sicher zu sein. Als sie sich ihm wieder nähert, hat sie Tränen in den Augen. Der Prinz jedoch ist entschlossen, sich von ihr zu trennen, und panzert sich mit eisigem Sarkasmus, ja Zynismus; einen Umarmungsversuch seiner Geliebten wehrt er ab:

Tränen, Rosetta? Ein feiner Epikureismus – weinen zu können. Stelle dich in die Sonne, damit die köstlichen Tropfen kristallisieren, es muß prächtige Diamanten geben. Du kannst dir ein Halsband machen lassen.

ROSETTA. Wohl Diamanten, sie schneiden mir in die Augen. Ach Leonce! *(Will ihn umfassen.)*

LEONCE. Gib acht! Mein Kopf! Ich habe unsere Liebe darin beigesetzt. Sieh zu den Fenstern meiner Augen hinein. Siehst du, wie schön tot das arme Ding ist? Siehst du die zwei weißen Rosen auf seinen Wangen und die zwei roten auf seiner Brust? Stoß mich nicht, daß ihm kein Ärmchen abbricht, es wäre Schade. Ich muß meinen Kopf gerade auf den Schultern tragen, wie die Totenfrau einen Kindersarg.

Als Rosetta Leonce daraufhin scherzhaft als »Narr« tituliert, von ihm zurechtgewiesen wird und ihm, in einer Mischung aus Trotz und Verlegenheit, die Zunge herausstreckt, ist ihr Schicksal besiegelt: Er wird sie nicht einmal mehr ansehen. Ihr Abgang mit Gesang erinnert an die Suizidmonologe, mit denen in ›Danton's Tod‹ Julie und Lucile ihrem Tod entgegengehen.

ROSETTA *(scherzend)*. Narr!

LEONCE. Rosetta! *(Rosetta macht ihm eine Fratze.)* Gott sei Dank! *(Hält sich die Augen zu.)*

ROSETTA *(erschrocken)*. Leonce, sieh mich an.

LEONCE. Um keinen Preis!

ROSETTA. Nur einen Blick!

LEONCE. Keinen! Meinst du? Um ein klein wenig, und meine liebe Liebe käme wieder auf die Welt. Ich bin froh, daß ich sie begraben habe. Ich behalte den Eindruck.

ROSETTA *(entfernt sich traurig und langsam, sie singt im Abgehn:)*
　　Ich bin eine arme Waise,
　　Ich fürchte mich ganz allein.

Ach lieber Gram –

Willst du nicht kommen mit mir heim?

Leonce *(allein).* Ein sonderbares Ding um die Liebe. Man liegt ein Jahr lang schlafwachend zu Bette, und an einem schönen Morgen wacht man auf, trinkt ein Glas Wasser, zieht seine Kleider an und fährt sich mit der Hand über die Stirn und besinnt sich – und besinnt sich. – Mein Gott, wieviel Weiber hat man nötig, um die Skala der Liebe auf und ab zu singen? Kaum daß eine einen Ton ausfüllt. Warum ist der Dunst über unsrer Erde ein Prisma, das den weißen Glutstrahl der Liebe in einen Regenbogen bricht?

Danach kann Leonce sich aufmachen, um sein »Ideal eines Frauenzimmers« zu suchen, »unendlich schön und unendlich geistlos«. In Prinzessin Lena vom Reiche Pipi wird es ihm bald begegnen.

Schon im ›Hessischen Landboten‹ war die Immoralität der Hofgesellschaft attackiert worden: »Der Fürstenmantel ist der Teppich, auf dem sich die Herren und Damen vom Adel und Hofe in ihrer Geilheit übereinander wälzen [.…]. Die Töchter des Volks sind ihre Mägde und Huren […].« Im Schicksal Rosettas führt Büchner konkret die fürstliche Mätressenleidenschaft vor Augen. Zwar war der Darmstädter Hof keineswegs der einzige, an dem fürstliche Favoritinnen von einem Tag auf den andern die Gunst ihres Herrn verloren und vor die Tür gesetzt wurden. Aber das Phänomen ist dort gut belegt. Als historisches Vorbild für Rosetta ist Marie Elisabeth Müller in Betracht gezogen worden, von ihrem fürstlichen Liebhaber zärtlich Lieschen genannt. Die Tochter eines Darmstädter Hofkutschers und Schwägerin eines Hofkochs war bis 1833 die Mätresse des Erbgroßherzogs Ludwig. Als dieser mit Mathilde von Bayern verehelicht wurde, musste er seiner Geliebten entsagen. Damit nicht genug: Weil die Eltern an seiner Standfestigkeit zweifelten, sollte Lieschen samt Mutter und Schwester die Stadt schleunigst verlassen. Die Zwanzigjährige wollte sich allerdings nicht so schnöde abservieren lassen, berief sich gegenüber den großherzoglichen Behörden auf schriftliche Versprechungen Ludwigs, appellierte auch an ihn persönlich und drohte sogar mit Selbstmord; letztlich ohne Erfolg. Immerhin konnte sich Lieschen über eine ansehnliche Abfindung freuen: Ende Mai 1833 verpflichtete sich Ludwig zur Zahlung von regelmäßigen »Gehältern«; als sie im Herbst 1836 an einem Nervenfieber starb (das damals in Darmstadt, wie Caroline Büchner in einem Brief an ihren Sohn erwähnte, »grassierte«), wurden Mutter und Schwester Gnadenpensionen zugestanden.

MARIE

›*Woyzeck*‹

Büchners Denken und Handeln war bestimmt von einem solidarischen Empfinden für das »von materiellen Bedürfnissen gequälte Sein« der sogenannten kleinen Leute, der landarmen Bauern, Handwerker, Tagelöhner, Fabrikarbeiter. Seinen Lenz ließ er 1835 sagen: »Man muß die Menschheit lieben, um in das eigentümliche Wesen jedes einzudringen, es darf einem keiner zu gering, keiner zu häßlich sein, erst dann kann man sie verstehen.« Ein Jahr zuvor hatte er in einem Brief an seine Eltern erklärt: »Ich verachte niemanden, am wenigsten wegen seines Verstandes oder seiner Bildung, weil es in niemands Gewalt liegt, kein Dummkopf oder kein Verbrecher zu werden, – weil wir durch gleiche Umstände wohl alle gleich würden, und weil die Umstände außer uns liegen.« Es sei »deren eine große Zahl, die im Besitze einer lächerlichen Äußerlichkeit, die man Bildung, oder eines toten Krams, den man Gelehrsamkeit heißt, die große Masse ihrer Brüder ihrem verachtenden Egoismus opfern«.

Einen aus dieser »großen Masse« sozialer Außenseiter machte er 1836 zur dramatischen Hauptfigur einer Tragödie: Johann Christian Woyzeck (1780–1824), der 1821 in Leipzig seine Geliebte erstochen hatte. Obgleich sich Büchner zum Teil eng an die historischen Quellen hielt, nahm er keine Rekonstruktion des Mordfalls vor. Da er den Tatort in Leipzig nicht aus eigener Anschauung kannte, verlegte er die Mordhandlung in eine ihm bildhaft gegenwärtige Umgebung, in diesem Fall in den Bessunger Forst nahe Darmstadt, wobei er verschiedene Örtlichkeiten, die sich realiter auf ein größeres Terrain verteilen, aneinanderrückte. Schauplatz ist eine Stadt mittlerer Größe mit Universität und Garnison, mit Universitätsangehörigen, Militärs, jüdischem Kleinhandel und Angehörigen der Unterschicht. Büchner mischt hier Erfahrungen aus Darmstadt und Gießen. Zudem verschob er Woyzecks Wirkungskreis ins Soldatenmilieu und verwandelte den ledigen Obdachlosen in einen kasernierten Familienvater im »Quasi-Ehestand«, dem das fehlende Mindestvermögen die Heirat unmöglich macht. Aus dem arbeitslosen Perückenmacher wird auf diese Weise ein Liniensoldat, der seine soziale Notlage mit Gelegenheitsarbeiten kompensiert und, um den Unterhalt für Marie und ihr gemeinsames Kind sicherzustellen, von einem Erwerb zum anderen hetzt.

Woyzecks soziale Situation determiniert sein Schicksal und ist »Fundament und tragischer Grund« des Stückes. In den Habseligkeiten, die er kurz vor dem Mord an seinen Stuben- und Bettgenossen Andres verschenkt, ist die Armutsatmosphäre ebenso greifbar wie in der Möblierung von Maries Wohnung: Das Kind hat weder Bett noch Wiege, Marie besitzt nur »ein Stückchen Spiegel«. In der Darstellung von materieller Not und entfremdeter Arbeit gelangte Büchner auf eine Stufe der Konkretion, wie sie im Drama erst viele Jahrzehnte später wieder erreicht wurde.

Von der Sozialtragödie sind nur titellose Fragmente überliefert. Sie repräsentieren unterschiedliche Stadien der Werkentwicklung. Man kann drei Stufen unterscheiden; hinzu kommt ein Einzelblatt mit zwei ergänzenden Szenen, bei denen es sich um Büchners späteste Entwürfe zu seinem Drama handelt.

Auf der frühesten Entwurfsstufe heißt die weibliche Hauptfigur – vielleicht in Anlehnung an Goethes ›Faust‹ – Margreth
bzw. Magreth (diesen Namen tritt sie später an ihre spitzzüngi-
ge Nachbarin ab), auf der nächsten Louise (wie Büchners jüngste Schwester) bzw. Louisel, auf der dritten Marie. Sie gleicht
damit der Maria aus Magdala, die Jesus im Neuen Testament
von sieben Dämonen befreit (Lk 8,2). In der frühen Kirchen-
geschichte hat man diese Maria Magdalena fälschlich mit der
namenlosen Sünderin aus dem Lukas-Evangelium (Lk 7,36–50)
gleichgesetzt, die Jesus die Füße wäscht und von ihm Verge-
bung erhält. In der christlichen Ikonographie wurde Maria
fortan als sinnliche Gegenfigur zur gleichnamigen Gottes-
mutter gestaltet, und seit dem Mittelalter gilt sie Gläubigen als
Schutzpatronin der Frauen, insbesondere der Verführten und
reuigen Sünderinnen.

Büchner greift diesen Mythos auf, wenn er in einer der zuletzt geschriebenen Szenen die schuldbewusste Marie in der Bibel blättern lässt. Wie zufällig stößt sie bei ihrer Lektüre erst auf
die Ehebrecherin im Johannes-Evangelium (8,3–11), die Jesus
vor der Steinigung bewahrt, danach auf die bei Lukas erwähnte
Sünderin. Doch bis Büchner den komplexen und dynamischen
Charakter Maries, ihr selbstbewusstes Auftreten, ihre schnelle
Erregbarkeit, ihren Stolz und ihre Sinnlichkeit mitsamt ihren
Wünschen und Ängsten so entwickelt hatte, dass die Beweg-
gründe ihres Handelns plausibel erscheinen, war es ein weiter
Weg.

Im ältesten Szenenkomplex hat Büchner einen Eifersuchtsmord im Soldatenmilieu skizziert. Margreth (Büchner schreibt
»Magreth« oder auch »die Woyzecke«), eine schwarzhaarige
Schönheit, begleitet ihren Mann Louis (Woyzeck), einen einfachen Soldaten, mit dem sie seit fast zwei Jahren zusammenlebt,
auf den Jahrmarkt. Louis lädt sie ein, sich in einer Bude ein
Spektakel mit dressierten Tieren anzuschauen:

SOLDAT. Willst du?

MAGRETH. Meinetwege. Das muß schön Dings sein. Was der Mensch Quasten hat u. die Frau hat Hosen.

Auf die Frage des Schaustellers nach einer Uhr zieht ein Unteroffizier mit großer Geste seinen Zeitmesser »aus der Tasche«, womit er Margreth mächtig beeindruckt:

MAGRETH. Das muß ich sehn. *(sie klettert auf den 1. Platz. Unteroffizier hilft ihr).*

Die Szene ist nur flüchtig entworfen; ein Großteil des Handlungsablaufs ist nicht notiert. Erschließen lässt sich, dass die Szene in einer Auseinandersetzung zwischen Louis und dem Unteroffizier gipfelt, was zur Folge hat, dass Louis auf dessen Befehl hin den Jahrmarkt verlassen muss. Die Macht des militärischen Vorgesetzten über ihren Mann beeindruckt Margreth erneut:

MAGRETH. *(allein)* Der andre hat ihm befohlen und er hat gehn müsse, Ha! Ein Mann vor einem Andern.

Damit ist eine Handlungsmaschine in Gang gesetzt, die in den folgenden Szenen eine zunehmende Steigerung erfährt, von Louis' nervöser Eifersucht über die Entwicklung von Tötungsphantasien bis zum Tatentschluss. Auf dem Kasernenhof vertraut er sich zunächst seinem Kameraden Andres an: »Ha Andres, ich hab kei Ruh! […] Ich muß fort, muß sehen!« Es treibt ihn zum Wirtshaus, wo sie, wie er weiß, »heut tanzen«:

Die Fenster sind offen. Man tanzt. Auf der Bank vor dem Haus. LOUIS. *(lauscht am Fenster).* Er – Sie! Teufel! *(er setzt sich zit-*

ternd nieder. Er geht wieder an's Fenster). Wie das geht! Ja wälzt
Euch übernander! Und Sie: immer, zu – immer zu.

Karl, ein Schwachsinniger, spricht Louis aus dem Herzen:

DER NARR. Puh! Das riecht.
LOUIS. Ja das riecht! Sie hat rote, rote Backe und warum riecht
sie schon? Karl, was witterst du so?
DER NARR. Ich riech, ich riech Blut.
LOUIS. Blut? Warum wird es mir so rot vor den Auge[n]! Es ist
mir als wälzten sie sich in einem Meer von Blut, all mitnander!
Ha rotes Meer.

Auf »freiem Feld« vor der Stadt kommt Louis' Eifersuchts-
psychose zum Ausbruch:

LOUIS. Immer! zu! – Immer zu! – Hisch! hasch, so ziehn die
Geigen und die Pfeifen. – Immer zu! immer zu! Was spricht da?
Da unten aus dem Boden hervor, ganz leise, was, was? *(er bückt
sich nieder)* Stich, Stich, Stich die Woyzecke tot, stich, stich die
Woyzecke tot! Immer Woyzecke! das zischt u. wimmert und
donnert.

Die Phantasien verfolgen Louis bis auf seine Stube in der Kaserne, die er mit Andres teilt:

LOUIS. Ich hab kei Ruh, ich hör's immer, wies geigt u. springt,
immer zu! immer zu! Und dann wann ich die Augen zumach,
da blitzt es mir immer, es ist ei großes breit Messer und das liegt
auf ein Tisch am Fenster und ist in einer dunkeln Gaß und ein
alter Mann sitzt dahinter. Und das Messer ist mir immer zwischen den Augen.

Andres heizt Louis' Eifersucht ungewollt weiter an, als er ein Gespräch zwischen Louis' Nebenbuhler und einem Dritten wiedergibt, das er auf dem Kasernenhof belauscht hat:

> ANDRES. [...] Was soll ichs sage. Nu er lachte und dann sagte er ein köstlich Weibsbild! Die hat Schenkel und Alles so fest!
> LOUIS (*ganz kalt*). So hat er das gesagt? Von was hat mir doch heut Nacht geträumt? War's nicht von ein Messer? Was man doch närrische Träume hat.

In diesem Moment scheint Louis den Mordplan gefasst zu haben, denn als er sich von Andres mit der Ausrede verabschiedet, für seinen »Offizier Wein holen« zu müssen, bemerkt er nebenher: »Aber Andres, sie war doch ein einzig Mädel.« Das Imperfekt ist für Andres erklärungsbedürftig; aber Louis weicht einer Antwort aus:

> ANDRES. Wer war?
> LOUIS. Nix. Adies.

Die anschließende Szene zeigt den verwirrten Louis »allein«: »Was hat er gesagt? So? – Ja es ist noch nicht aller Tag Abend.« Erneut treibt es ihn zum Wirtshaus, wo er sich wieder auf der Bank vor dem Haus niederlässt. Dort trifft ihn Andres:

> ANDRES. Was machst du da?
> LOUIS. Wieviel Uhr ist's?
> ANDRES. –
> LOUIS. So noch nicht mehr? Ich mein es müßte schneller gehn und Ich wollt es wär übermorge Abend.
> ANDRES. Warum?
> LOUIS. Dann wär's vorbei.
> ANDRES. Was?

LOUIS. Geh dei Wege.

[ANDRES.] Was sitzt du da vor de Tür?

LOUIS. Ich sitze gut da, und ich weiß – aber es sitze manche Leut vor die Tür und sie wissen es nicht; Es wird mancher mit den Füßen voran zur Tür n'aus getragen.

[ANDRES.] Komm mit!

[LOUIS.] Ich sitz gut so und läg noch besser gut so. [...] Wenn alle Leut wüßten wieviel Uhr es ist, sie würde sich ausziehn, und ei saubers Hemd antun und sich die Hobelspän schütteln lassen.

[ANDRES.] Er ist besoffen.

LOUIS. Was liegt denn da übe. Ebe glänzt es so. Es zieht mir immer so zwischen die Augen herum. Wie es glitzert. Ich muß das Ding haben.

Der Kauf der Tatwaffe, eines Messers, ist in diesen Szenenentwürfen nicht notiert, wohl aber Louis' vorübergehende Aufgabe des Tötungsplans, indem er das Messer einstweilen versteckt:

LOUIS. *(er legt das Messer in eine Höhle)* Du sollst nicht töten. Lieg da! Fort! *(er entfernt sich eilig)*

Die folgende Szene zeigt Andres und Louis wieder nachts auf ihrer Stube in der Kaserne; Louis kann nicht schlafen:

LOUIS. He Andres!

ANDRES. Nu?

LOUIS. Ich hab kei Ruhe! Andres.

ANDRES. Drückt dich der Alp?

LOUIS. Draußen liegt was. Im Boden. Sie deuten immer drauf hin und hörst du jetzt, und jetzt, wie sie in den Wände[n] klopfen, eben hat einer zum Fenster hin geguckt. Hörst du's nicht, ich hör's den ganzen Tag. Immer zu. Stich, stich die W[oyzecke].

ANDRES. Leg dich Louis du mußt ins Lazarett. Du mußt Schnaps trinke und Pulver drin, das schneidt das Fieber.

Der Tat gehen eine Szene »Magreth mit Mädchen vor der Haustür« und das von der Großmutter erzählte Märchen voran. Dann holt Louis Margreth unter dem Vorwand eines Spaziergangs ab. Sie hat schon bald keine Lust mehr, zumal es inzwischen dunkel geworden ist: »Also dort hinaus ist die Stadt, s' ist finster.« Aber Louis nötigt sie, noch zu bleiben:

LOUIS. Du sollst noch bleiben. Komm setz dich.

MAGRETH. Aber ich muß fort.

LOUIS. Du würdst dir die Füße nicht wund laufen.

MAGRETH. Wie bist du denn auch!

LOUIS. Weißt du auch wie lang es jetzt ist Magreth?

MAGRETH. Um Pfingsten 2 Jahr.

LOUIS. Weißt du auch wie lang es noch sein wird?

MAGRETH. Ich muß fort der Nachttau fällt.

LOUIS. Friert's dich Magreth, und doch bist du warm. Was du heiße Lippen hast! (heiß, heißn Hurenatem und doch möcht' ich den Himmel gebe sie noch eimal zu küsse) [...] und wenn man kalt ist, so friert man nicht mehr. Du wirst vom Morgentau nicht friern.

MAGRETH. Was sagst du?

LOUIS. Nix. (*schweigen*)

MAGRETH. Was der Mond rot auf geht.

LOUIS. Wie ein blutig Eisen.

MAGRETH. Was hast du vor? Louis, du bist so blaß. Louis halt. Um des Himmels willen, Hü Hülfe.

LOUIS. Nimm das und das! Kannst du nicht sterbe. So! so! Ha sie zuckt noch, noch nicht noch nicht? Immer noch? (*stößt zu*) Bist du tot? Tot! Tot!

Zwei Spaziergänger werden Zeugen von Margreths Todeskampf:

> 2. P[erson.] Hörst du? Still! Dort.
> 1. P[erson.] Uu! Da! Was ein Ton.
> 2. [Person.] Es ist das Wasser, es ruft, schon lang ist Niemand ertrunken. Fort, s' ist nicht gut, es zu hören.
> 1. [Person.] Uu jetzt wieder. Wie ein Mensch der stirbt.

Nach seiner überstürzten Flucht vom Tatort findet sich Louis in einem Wirtshaus wieder, wo es zu seinem Missvergnügen lustig zugeht; es wird gesungen und getanzt:

> LOUIS. Tanzt alle, immer zu, schwitzt und stinkt, er holt Euch doch eimal Alle.

Obgleich ihn die kollektive Sinnlichkeit zunächst abstößt, lässt er sich in seinem rauschartigen Zustand von der ausgelassenen Stimmung anstecken, singt frivole Wirtinnenverse und wagt sogar einen Tanz mit Käthe, einer jungen Frau; Lied und Tanz beruhigen ihn fürs Erste. Die Worte, die er anschließend an Käthe richtet, sind halb apokalyptische Drohung, halb Geständnis. Er scheint zu glauben, dass Käthe ein Schicksal ähnlich dem Maries drohe, weshalb er sie auffordert, »vernünftig« zu sein:

> So Käthe! setz dich! Ich hab heiß, heiß, (er zieht den Rock aus) es ist eimal so, d. Teufel holt die eine und läßt die andre laufen. Käthe du bist heiß! Warum denn Käthe du wirst auch noch kalt werden. Sei vernünftig.

Dann fordert er Käthe auf, zu singen, und sie erweist ihm den Gefallen. Ihr Lied gefällt ihm, denn es klingt vernünftig, jedenfalls nicht wollüstig, und obendrein sozial bescheiden. Käthe offenbart in ihrem Lied, dass sie nicht nach Höherem strebt:

> Ins Schwabeland das mag ich nicht
> Und lange Kleider trag ich nicht
> Denn lange Kleider spitze Schuh,
> Die kommen keiner Dienstmagd zu.

Louis nimmt den Liedtext ernst, kommentiert ihn, greift Worte aus ihrem Lied auf, gibt ihnen einen anderen Sinn, der wieder auf den Mord an Marie verweist: »man kann auch ohne Schuh in die Höll gehn.« Käthe singt nun ein weiteres Lied mit einem noch moralischeren Inhalt; darin wird das Geldangebot eines Freiers für einen Beischlaf zurückgewiesen:

> O pfui mein Schatz das war nicht fein.
> Behalt dei Thaler u. schlaf allein.

Louis greift auch dieses Lied auf, antwortet mit der Zustimmung, er wolle sich »nicht blutig mache«. Blut ist wiederum das Stichwort für Käthe, die gute Augen hat und nach der Ursache für den Fleck an Louis' Hand fragt. Während Louis hilflos zögernd eine Erklärung stammelt, gibt Käthe selbst die Antwort: »Rot! Blut«, was von Louis und dem Wirt echohaft wiederholt wird. Louis' anschließende Erklärungsversuche werden von beiden nicht akzeptiert, denn sie dementieren sich selbst:

> LOUIS. Ich glaub ich hab' mich geschnitte, da an die rechte Hand.
> WIRT. Wie kommt's aber an de Ellenbog?
> LOUIS. Ich hab's abgewischt.
> WIRT. Was mit der rechten Hand an de rechte Ellboge? Ihr seid geschickt.

Sogar der schwachsinnige Karl scheint zu ahnen, dass hier etwas nicht stimmt:

> NARR. Und da hat de Ries gesagt: ich riech, ich riech, ich riech Menschefleisch. Puh. Der stinkt schon.

Käthes Beobachtung hat zunächst nur den Schatten eines Verdachts auf Louis fallen lassen. Er selbst ist es, der daraus eine handfeste Beschuldigung ableitet, indem er den Tatvorwurf formuliert: Mord. Die Szene endet damit, dass Louis unter Drohungen die Flucht ergreift:

> LOUIS. Teufel, was wollt Ihr? Was geht's Euch an? Platz! oder de erste Teufel. Meint Ihr ich hätt Jemand umgebracht? Bin ich Mörder? Was gafft Ihr! Guckt Euch selbst an! Platz da! (*er läuft hinaus.*)

Bei Käthe, mit der Louis sich amüsieren wollte, die er glaubte, auf den Tugendpfad zurückführen zu müssen, ist Louis an die Falsche geraten. Trotz der bekundeten emotionalen Erlebnisfähigkeit, trotz Tanz und Gesang ist Käthe keine proletarische Rosetta, sondern das Gegenbild zu Marie: Sie weiß, wie weit sie gehen darf. In der Mordsache Margreth/Woyzeck wird sie eine wichtige Zeugin sein.

Die nächste Szene erzählt indirekt vom Auffinden der Leiche, was sich schon bis zu den spielenden Kindern in der Stadt herumgesprochen hat.

> 1. KIND. Fort. Magretchen!
> 2. KIND. Was is?
> 1. KIND. Weißt du's nit? Sie sind schon alle hinaus. Drauß liegt eine?
> 2. KIND. Wo?

1. [KIND.] Links über die Lochschanz in dem Wäldche, am roten Kreuz.

2. [KIND.] Fort, daß wir noch was sehen. Sie trage sonst hinein.

Doch zunächst ist Louis am Tatort, der die Tatwaffe sucht und dabei einen Blick auf sein übel zugerichtetes Opfer wirft:

> Das Messer? Wo ist das Messer? Ich hab' es da gelasse. Es verrät mich! Näher, noch näher! Was ist das für ein Platz? Was höre ich? Es rührt sich was. Still. Da in der Nähe. Magreth? Ha Magreth! Still. Alles still! (Was bist du so bleich, Magreth? Was hast du ei rothe Schnur um d. Hals? Bei wem, hast du das Halsband verdient, mit dei Sünde? Du warst schwarz davon, schwarz! Hab ich dich jetzt gebleicht. Was hänge dei schwarze Haare, so wild? Hast du die Zöpfe heut nicht geflochten?) Da liegt was! kalt, naß, stille. Weg von dem Platz. Das Messer, das Messer, hab ich's? So!

Hinzukommende Leute vertreiben ihn erneut vom Tatort: »Leute. – Dort. *(er läuft weg)*«. Die Tatwaffe wirft er in einen nahen Teich.

> So, da hinunter! [...] Es taucht in das dunkle Wasser, wie Stein! Der Mond ist wie ein blutig Eisen! Will denn die ganze Welt es ausplaudern? Nein es liegt zu weit vorn, wenn sie sich bade *(er geht in den Teich und wirft weit)* so jetzt aber im Sommer, wenn sie tauchen nach Muscheln, bah es wird rostig! Wer kann's erkennen hätt' ich es zerbroche! Bin ich noch blutig? ich muß mich wasche. Da ein Fleck und da noch einer.

Der zweite Szenenkomplex erweitert das Geschehen vor dem eigentlichen Tathergang zu einer (obgleich lückenhaften) dichten Handlungskette. Ob zwei vorangehende Notizen im Zusammenhang des ersten Entwurfs gemacht wurden oder

einer noch älteren Entstehungsstufe angehören, ist unklar. Die
eine – als Schlussentwurf denkbar – versammelt »Gerichtsdie-
ner. Barbier. Arzt« und »Richter«, lässt aber nur einen Polizis-
ten bzw. Polizeidiener zu Wort kommen:

> Ein guter Mord, ein ächter Mord, ein schöner Mord, so schön
> als man ihn nur verlangen tun kann wir haben schon lange so
> kein gehabt. –

Bei der anderen Notiz handelt es sich offenbar um die Figu-
renskizze des Barbiers: »*dogmatischer Atheist. Lang, hager, feig,
geistreich, Wissenschftl.*«

Im Unterschied zum ersten Entwurf zeichnet Büchner die
männliche Hauptfigur, nun Franz Woyzeck genannt, auf dieser
Stufe von Beginn an als einen Schwerkranken. Bereits in der
ersten Szene macht er uns mit den Symptomen einer schweren
psychischen Erkrankung bekannt. Büchner demonstriert, dass
Woyzecks Schuld nicht strafwürdig sein kann. Zudem werden
mit Hauptmann und Doktor zwei Antagonisten eingeführt,
denen gegenüber Woyzeck in einem Dienstverhältnis steht: Der
eine ist sein Kompaniechef, der andere hat ihn für ein Ernäh-
rungsexperiment vertraglich gebunden. Im selben Maß, wie
er den Täter entlastet, weist Büchner den Peinigern in seiner
Umgebung Schuld zu, hier den staatstragenden Institutionen
Militär und Wissenschaft, deren Vertreter Woyzeck demütigen
und ausbeuten. Sein erotischer Rivale, ein gut aussehender
Tambourmajor, gewinnt ebenfalls an Kontur.
  Auch die weibliche Hauptfigur, nun Louise genannt, wird
weiterentwickelt, übrigens ohne Rücksicht auf die historische
Person und ihre sozialen Verhältnisse: Die von dem 41-jährigen
stellungslosen »Perückenmachergesell« Johann Christian Woy-
zeck am späten Abend des 2. Juni 1821 in Leipzig erstochene Ge-

liebte war eine 46-jährige kinderlose Chirurgenwitwe namens Johanna Woost. Sie war die Stieftochter von Woyzecks letztem Lehrherrn gewesen; nach Woyzecks Weggang aus Leipzig 1798 hatten sich beide erst zwanzig Jahre später wieder getroffen, als Woyzeck als Untermieter bei Johannas Stiefmutter eingezogen war, die mit ihr Sandgasse 3 in einem gemeinsamen Haushalt lebte. Aus dieser Zeit stammte ihr Verhältnis, das allerdings nicht das einzige war, das die Witwe unterhielt; sie war in dieser Hinsicht wenig wählerisch. »Wegen ihres häufigen Umganges mit Soldaten« wurde sie von dem eifersüchtigen Woyzeck »mehreremale gemißhandelt«; der »fleischliche Umgang« zwischen beiden war »dennoch nicht unterblieben«. Zuletzt war Woyzeck ohne Arbeit und, »weil er kein Schlafgeld bezahlen« konnte, auch obdachlos gewesen, »im Felde und an den einsamsten Orten umhergestrichen, bis ihn der Hunger dann und wann in die Stadt« trieb, wo er Mahlzeiten oder Almosen erbettelte. Auch unmittelbar vor der Tat hatte er »mehrere Nächte unter freiem Himmel zugebracht«. Eine von Johanna nicht eingehaltene Verabredung und seine anschließende Zurückweisung wurde zum Auslöser für die Tat. Nach einem heftigen Wortwechsel im Flur ihrer Wohnung stach der alkoholisierte Woyzeck insgesamt siebenmal mit einer 27 Zentimeter langen, abgebrochenen Degenklinge, die er am selben Abend in einen Holzgriff hatte fassen lassen, auf sie ein. Das Opfer war sofort tot; Woyzeck floh, die Tatwaffe in der Hand, über den Roßplatz, wurde jedoch von Johannas aktuellem Freier verfolgt und gestellt.

Büchners Louise ist weit jünger, vermutlich um die zwanzig Jahre alt, hat von Franz ein nichteheliches Kind (ein »Hurekind«, wie sie selbst sagt) und lebt in kümmerlichen Verhältnissen (»Ach wir armen Leute«): Offenbar wird ihre Wohnung nur von der (Straßen-)Laterne erhellt; von der Jahrmarktsbeleuchtung ist sie daher schier geblendet: »Was Lichter.« Selbstbewusst ist sie, nicht auf den Mund gefallen und dem Leben

zugewandt, was bereits in dem Lied zum Ausdruck kommt, das
sie in der zweiten Szene ihrem Sohn singt:

Hansel spann deine sechs Schimmel an
Gieb ihn zu fresse auf's neu.
Kein Haber fresse sie,
Kein Wasser saufe sie
Lauter kühle Wein muß es sein, Juchhe.
Lauter kühle Wein muß es sein.

Mädel, was fangst du jetzt an
Hast ein klein' Kind und kein Mann?
Ei was frag ich danach
Sing ich den ganzen Tag
Heio popeio mei Bu, juchhe.
Gibt mir kein Mensch nix dazu.

Empfänglich für Schönheit ist sie und lebhaft an Abwechs-
lung interessiert. Als Soldaten mit klingendem Spiel an ihrer
Wohnung vorbeimarschieren, schaut sie ihnen zusammen mit
ihrem kleinen Sohn vom Fenster aus zu. In der Bewunderung
des schmucken Tambourmajors ist sie sich mit ihrer Nachbarin
Margreth einig; für deren Geschmack zeigt Marie ihr Interesse
jedoch ein bisschen zu deutlich:

LOUISE. He! Bub! Sa! ra!
MAGRETH. Ein schöner Mann!
LOUISE. Wie e Baum.
Tambourmajor grüßt.
MAGRETH. Hei was freundliche Auge Frau Nachbar, so was is
man nit an ihr gewohnt.
LOUISE. Soldaten, das sind schmucke Bursch.
MAGRETH. Ihre Auge glänze ja noch!

> LOUISE. Was geht sies an! Trag sie Ihre Auge zum Jude und laß
> sie sich putze, vielleicht glänze sie auch noch, daß man sie als
> 2 Knöpf verkaufe könnt.
> MAGRETH. Sie! Sie! Frau Jungfer, ich bin e honnette Person, aber
> Sie, es weiß jeder sie guckt siebe Paar lederne Hose durch.
> LOUISE. Luder *(schlägt das Fenster zu)*.

In Franz hat Louise auch einen Quasi-Ehemann, der allerdings
seltsames Zeug von sich gibt, womit er ihr Angst macht; sie
fürchtet, er »schnappt noch über«, und sie fürchtet auch für
sich: »er steckt ein[en] an«.

> LOUISE. Was hast du Franz, du siehst so verstört?
> WOYZECK. Pst! still! Ich hab's aus! Die Freimaurer! Es war ein
> fürchterliches Getös am Himmel und Alles in Glut! Ich bin viel
> auf der Spur! sehr viel.
> LOUISE. Narr!
> WOYZECK. Meinst? Sieh um dich! Alles starr fest, finster, was
> regt sich dahinter. Etwas, was wir nicht fasse […] still, was uns
> von Sinnen bringt, aber ich hab's aus. Ich muß fort!

Immerhin weiß Woyzeck, was er Louise schuldig ist, und ver-
spricht ihr für den Abend einen Gang über den Jahrmarkt,
denn er hat »wieder was gespart«. Für diese Jahrmarktsssze-
ne benutzt Büchner das stark überarbeitete und erweiterte
Material aus seinem ersten Entwurf. Wieder bricht die Szene ab,
ehe es zu dem für die Handlung erforderlichen Konflikt zwischen
der männlichen Hauptfigur und dem Unteroffizier kommen
kann; stattdessen folgt die ›Predigt‹ eines Handwerksburschen.

Den anschließenden Ansatz zu einem Dialog zwischen
Franz und Louise hat Büchner gestrichen und hinter einen
Dialog zwischen dem Tambourmajor (jenem, den Louise vom
Fenster aus bewundert hat) und seinem Kameraden, einem

Unteroffizier, verschoben. Beide Männer haben Louise heimlich beobachtet. Nicht Louises eigenes Reden und Handeln ist es, wodurch sie sich als Sexualobjekt profiliert, sondern das Gerede der Männer über sie, die die Haltung ihres Kopfes, ihr schwarzes Haar und ihren unergründlichen Blick bewundern, während ihre eigentlichen Geschlechtsmerkmale ausgespart bleiben; das scheint sich von selbst zu verstehen. Von »Fortpflanzen« und »Zucht« ist die Rede, Marie wird einem Reproduktionstier gleichgesetzt:

> [UNTEROFFIZIER.] Halt, jetzt. Siehst du sie! Was ei Weibsbild.
> TAMBOURMAJOR. Teufel zum Fortpflanze von Kürassierregimenter u. zur Zucht von Tambourmajor!
> UNTEROFFIZIER. Wie sie den Kopf trägt, man meint das schwarze Haar müßt ihn abwärts ziehn, wie ei Gewicht, und Auge, schwarz
> TAMBOURMAJOR. Als ob man in ein Ziehbrunn oder zu ein Schornstei hinunteguckt. Fort hinte drein.

In der übernächsten Szene macht Woyzecks Kompaniechef ihm gegenüber bereits Andeutungen über Louises garnisonsbekanntes Verhältnis zum Tambourmajor:

> HAUPTMANN [...]. Wie is Woyzeck, hat er noch nicht ein Haar aus ein Bart in seiner Schüssel gefunden? He er versteht mich doch, ein Haar von einem Menschen, vom Bart eins Sapeur, eins Unteroffizier, eins – eins Tambourmajor? He Woyzeck? Aber Er hat eine brave Frau. Geht ihm nicht wie andern.
> WOYZECK. Ja wohl! Was wollen Sie sage Herr Hauptmann?
> HAUPTMANN. Was der Kerl ein Gesicht macht! [...] muß nun auch nicht in de Suppe, aber wenn er sich eilt und um die Eck geht, so kann er vielleicht noch auf Paar Lippen eins finden, ein Paar Lippen, Woyzeck, ich habe auch die Liebe gefühlt, Woyzeck.

KERL Er ist ja kreideweiß.

WOYZECK. Herr, Hauptmann, ich bin ein armer Teufel, – und hab sonst nichts – auf de Welt Herr Hauptmann, wenn Sie Spaß mache –

Als Franz Louise anschließend zur Rede stellt, lässt sie sich von ihm zu keinem Geständnis provozieren, hält ihm im Gegenzug seine Verrücktheit vor, woraufhin er in seiner Erregung »auf sie los« geht. Louise hält ihm unerschrocken stand; Franz gibt klein bei, klammert sich an den Glauben an ihre Unschuld.

FRANZ *(sie betrachtend)*. Ach bist du's noch! Ei wahrhaftig! nein man sieht nichts, man müßt's doch sehen! Louisel du bist schön!

LOUISEL. Was siehst du so sonderbar Franz, ich fürcht mich.

FRANZ. Was 'ne schöne Straße, man läuft sich Leichdörn, es ist gut auf der Gasse stehn, und in Gesellschaft auch gut.

LOUISEL. Gesellschaft?

FRANZ. Es gehn viel Leut durch die Gasse? nicht wahr und du kannst reden mit wem du willst, was geht das mich [an]! Hat er da gstande? da? da? Und so bei dir? so? Ich wollt ich wär er gewesen.

LOUISEL. Ei Er? Ich kann die Leute die Straße nicht verbieten und machen, daß sie ihr Maul mitnehm wenn sie durchgehn.

FRANZ. Und die Lippe nicht zu Haus lasse. Es wär Schade sie sind so schön? Aber die Wespen setzen sich gern drauf.

LOUISEL. Und was ne Wiesp hat dich gstoche, du siehst so verrückt wie n'e Kuh, die die Hornisse jage.

FRANZ. Mensch! (*geht auf sie los.*)

LOUISEL. Rühr mich an Franz! Ich hätt lieber ei Messer in den Leib, als dei Hand auf meiner. Mein Vater hat mich nicht angreifen gewagt, wie ich 10 Jahr alt war, wenn ich ihn ansah.

FRANZ. Weib! – Nein es müßte was an dir sein! Jeder Mensch ist ein Abgrund, es schwindelt einen, wenn man hinabsieht. Es

wär! Sie geht wie die Unschuld. Nein Unschuld du hast ein Zeichen an dir. Weiß ich's? Weiß ich's? Wer weiß es?

Die letzte notierte Szene zeigt Louise als reuige Sünderin, »allein« beim »Gebet«: »Und ist kein Betrug in seinem Munde
erfunden. Herr Gott!« Daraus ergibt sich, dass Büchner, auch
wenn er auf dieser Stufe keine entsprechende Szene zwischen
Louise und dem Tambourmajor entwarf, es nicht beim bloßen
Verdacht belassen wollte.

Der dritte Szenenkomplex verarbeitet das Material der beiden älteren Entwurfsstufen. Die Charaktere sind weiter ausge-
formt, stimmiger gestaltet. Weil sie als Unverheiratete schlecht
den Familiennamen ihres Liebhabers tragen kann, heißt die
weibliche Hauptfigur fortan Zickwolf (»stich, stich die Zickwolfin tot«, skandiert Woyzeck in seinem Wahn); als Vornamen
wählt Büchner jetzt Marie. Wie schon auf der vorangehenden
Entwurfsstufe ist sie offensichtlich jung und attraktiv, »ein arm
Weibsbild«, aber keine Analphabetin.

Eine große Jahrmarktsszene, im Manuskript mit »Buden.
Lichter. Volk« bezeichnet, ist nicht ausgeführt. Auch eine
Begegnung Maries mit dem Tambourmajor war vorgesehen,
denn eine neu entworfene Szene setzt voraus, dass Marie vom
Tambourmajor zuvor ein Paar Ohrringe als Geschenk erhalten
hat. Sie werden zum Auslöser von Woyzecks Eifersucht. Marie
ist zu Hause, betrachtet ihren Schmuck im Spiegel, als Woyzeck sie überrascht:

[MARIE.] *(bespiegelt sich).* Was die Steine glänze! Was sind's für?
Was hat er gesagt? – Schlaf Bub! Drück die Auge zu, fest, *(das
Kind versteckt die Augen hinter den Händen)* noch fester, bleib
so, still oder er holt dich *(singt.)*
Mädel mach's Ladel zu
's kommt e Zigeunerbu

Führt dich an deiner Hand
Fort in's Zigeunerland.
(spiegelt sich wieder.) 's ist gewiß Gold! Unsereins hat nur ein Eckchen in der Welt und ein Stückchen Spiegel und doch hab ich einen so roten Mund als die großen Madamen mit ihren Spiegeln von oben bis unten und ihren schönen Herrn, die ihnen die Händ küssen; ich bin nur ein arm Weibsbild. – *(Das Kind richtet sich auf.)* Still Bub, die Auge zu, das Schlafengelchen! wie's an der Wand läuft, *(sie blinkt mit dem Glas)* die Auge zu, oder es sieht dir hinein, daß du blind wirst.

Woyzeck tritt herein, hinter sie.
Sie fährt auf, mit den Händen nach den Ohren.

WOYZECK. Was hast du?
MARIE. Nix.
WOYZECK. Unter deinen Fingern glänzt's ja.
MARIE. Ein Ohrringlein; hab's gefunden.
WOYZECK. Ich hab so noch nix gefunden, Zwei auf einmal.
MARIE. Bin ich ein Mensch?
WOYZECK. 's ist gut, Marie. – Was der Bub schläft. Greif' ihm unter's Ärmchen, der Stuhl drückt ihn. Die hellen Tropfen steh'n ihm auf der Stirn; Alles Arbeit unter d. Sonn, sogar Schweiß im Schlaf. Wir arme Leut! Das is wieder Geld Marie, d. Löhnung und was von mein'm Hauptmann.
MARIE. Gott vergelt's Franz.
WOYZECK. Ich muß fort. Heut Abend, Marie. Adies.
MARIE *(allein, nach einer Pause).* Ich bin doch ein schlecht Mensch. Ich könnt' mich erstechen. – Ach! Was Welt? Geht doch Alles zum Teufel, Mann u. Weib.

Eine weitere Szene führt Marie und den Tambourmajor erneut zusammen, dessen erotischem Reiz sie erliegt:

TAMBOURMAJOR. Marie!

MARIE *(ihn ansehend, mit Ausdruck).* Geh' einmal vor dich hin. – Über die Brust wie ein Stier u. ein Bart wie ein Löw ... So ist keiner ... Ich bin stolz vor allen Weibern.

TAMBOURMAJOR. Wenn ich am Sonntag erst den großen Federbusch hab' und die weißen Handschuh, Donnerwetter, Marie, der Prinz sagt immer: Mensch, er ist ein Kerl.

MARIE *(spöttisch).* Ach was! *(Tritt vor ihn hin.)* Mann!

TAMBOURMAJOR. Und du bist auch ein Weibsbild, Sapperment, wir wollen eine Zucht von Tambourmajors anlegen. He? *(er umfaßt sie.)*

MARIE *(verstimmt).* Lass mich!

TAMBOURMAJOR. Wild Tier.

MARIE *(heftig).* Rühr mich an!

TAMBOURMAJOR. Sieht dir der Teufel aus d. Augen?

MARIE. Meintwegen. Es ist Alles eins.

Für die große bayerische Volksschauspielerin, Charakterdarstellerin und Regisseurin Ruth Drexel (1930–2009; in Hans Schweikarts Münchner Inszenierung von 1952 spielte sie die Käthe) äußerte sich in dieser Szene ein selbstbewusstes weibliches Interesse an Sexualität, das Drexels Erfahrung nach, trotz allem Gerede von sexueller Revolution, in der gegenwärtigen Theaterpraxis eher unwillkommen sei:

> Weibliche Sexualität ist auf der Bühne noch so tabuisiert, daß man völlig entgeistert angeguckt wird, wenn man konkret davon ausgeht, daß sie eine natürliche Triebfeder ist, auch von Frauen. Das kurz vor dem Jahr 2000! Da waren die Klassiker doch schon genauer. Zum Beispiel in Büchners ›Woyzeck‹; da gibt es diese Szene zwischen Marie und dem Tambourmajor. [...] Also sie läßt ihn da vor sich paradieren, er muß sich als Objekt ausstellen, wird taxiert, mit diesem Blick, wie er üblicher-

weise dem Mann auf die Frau zugestanden wird. Sie will ihn. Und nun fängt er dummerweise zu reden an. […] Sie findet das total blöd, wie er sich spreizt, sagt spöttisch: »Ach was!« Taxiert ihn noch mal und sagt: »Mann!«

Und er redet weiter: »Und du bist auch ein Weibsbild! Sapperment, wir wollen eine Zucht von Tambourmajors anlegen. He?« Und da entzieht sie sich, macht aber zuletzt das Zugeständnis: »Meinetwegen! Es ist alles eins!« In diesem Text findet man ein ganz anderes Bild von weiblichem Begehren, von weiblicher Sexualität, als es sogar die moderne Vorstellung zuläßt.

In Büchners Entwürfen folgt darauf unmittelbar eine Eifersuchtsszene zwischen Woyzeck (der »ihn« bei ihr »gesehn« hat) und Marie; wieder verteidigt sich Marie energisch.

> FRANZ *(sieht sie starr an, schüttelt den Kopf)*. Hm! Ich seh nichts, ich seh nichts. O, man müßt's sehen: man müßt's greifen können mit Fäusten.
> MARIE *(verschüchtert)*. Was hast du Franz? Du bist hirnwütig, Franz.
> FRANZ. Eine Sünde so dick und so breit. (Es stinkt daß man die Engelchen zum Himmel hinaus räuchern könnt.) Du hast ein rote Mund, Marie. Kein Blase drauf? Adie, Marie, du bist schön wie die Sünde – Kann die Todsünde so schön sein?
> MARIE. Franz, du red'st im Fieber.
> FRANZ. Teufel! – Hat er da gestande, so, so?
> MARIE. Dieweil d. Tag lang u. d. Welt alt ist, könne viel Mensche an eim Platz stehn, einer nach d. andern.
> WOYZECK. Ich hab ihn gesehn.
> MARIE. Man kann viel sehn, wenn man 2 Augen hat u. man nicht blind ist und die Sonn scheint.
> WOYZECK. Wirst [unlesbar]
> MARIE *(keck)*. Und wenn auch.

Später auf der Wachtstube erfährt Woyzeck von seinem Kameraden Andres, dass im Wirtshaus vor der Stadt musiziert und getanzt wird: »Vorhin sind die Weibsbilder hin, die Mensche dämpfe, das geht.« Das macht ihn unruhig, dort muss er hin. Durch das offene Fenster beobachtet er unbemerkt, wie Marie und der Tambourmajor miteinander tanzen:

> MARIE *(im Vorbeitanzen).* Immer, zu, immer zu
> WOYZECK *(erstickt).* Immer zu – immer zu. *(fährt heftig auf und sinkt zurück auf die Bank).* Immer zu immer zu, *(schlägt die Hände ineinander).* Dreht Euch, wälzt Euch. Warum blast Gott nicht [die] Sonn aus, daß Alles in Unzucht sich übernander wälzt, Mann und Weib, Mensch u. Vieh. Tut's am hellen Tag, tut's einem auf den Händen, wie die Mücken. – Weib. – Das Weib ist heiß, heiß! – Immer zu, immer zu. *(fährt auf.)* Der Kerl! Wie er an ihr herumtappt, an ihrn Leib, er, er hat sie […] – zu Anfang.

Die Eifersucht treibt Woyzeck hinaus aufs »freie Feld«, aber die Wirtshausmusik verfolgt ihn, halluzinierte imperative Stimmen quälen ihn, die Psychose tritt in ihre destruktive Schlussphase:

> WOYZECK. Immer zu! immer zu! Still Musik. – *(Reckt sich gegen den Boden.)* He was, was sagt ihr? Lauter, lauter, stich, stich die Zickwolfin tot? stich, stich die Zickwolfin tot. Soll ich? Muß ich? Hör ich's da auch, sagt's der Wind auch? Hör ich's immer, immer zu, stich tot, tot.

Zurückgekehrt in die Kaserne, wo er mit Andres nicht nur die Stube, sondern auch das Bett teilt, kann er vor Erregung nicht schlafen:

WOYZECK *(schüttelt Andres).* Andres! Andres! ich kann nit
schlafe, wenn ich die Aug zumach, dreht sich's immer u. ich
hör d. Geigen, immer zu, immer zu, und dann spricht's aus der
Wand, hörst du nix?
ANDRES. Ja, – laß sie tanze. Gott behüt uns, Amen. *(schläft wieder ein.)*
WOYZECK. Es zieht mir zwischen d. Auge wie ein Messer.
ANDRES. Du mußt Schnaps trinke u. Pulver drein, das schneidt
das Fieber.

Bei einem erneuten Besuch im Wirtshaus zettelt Woyzeck
einen Streit mit dem Tambourmajor an, der ihm jedoch kör-
perlich überlegen ist; die folgende Szene zeigt ihn daher beim
Kauf einer Waffe. Die von ihm bevorzugte Pistole kann er sich
nicht leisten, sondern nur ein Messer, das ihn zu einer bestia-
lischen Ausführung seiner Tat zwingen wird. Die Tötung des
Rivalen aus sicherer Distanz kommt für Woyzeck nicht in
Frage, ebenso wenig die des Hauptmanns oder Doktors, weil
ihm die strukturelle Gewalt, der er täglich ausgesetzt ist, keine
Angriffsmöglichkeit bietet. Viel leichter ist Maries Untreue zu
durchschauen, und so richtet sich seine verzweifelte Wut auf
tragische Weise gegen den womöglich einzigen Menschen, der
ihm von Herzen zugetan ist.

In der vorletzten Szene entwickelt Büchner die auf der zweiten Entwurfsstufe nur flüchtig angedeutete Reueszene weiter.
Marie ist »allein« und »blättert in der Bibel«.

»Und ist kein Betrug in seinem Munde erfunden. Herrgott.
Herrgott! Sieh mich nicht an. *(blättert weiter:)* aber die Pharisäer
brachten ein Weib zu ihm, im Ehebruche begriffen und stelleten
sie in's Mittel dar. – Jesus aber sprach: so verdamme ich dich
auch nicht. Geh hin und sündige hinfort nicht mehr. *(schlägt die
Hände zusammen.)* Herrgott! Herrgott! Ich kann nicht. Herr-

gott gib mir nur soviel, daß ich beten kann. *(das Kind drängt sich an sie.)* Das Kind, gibt mir einen Stich in's Herz. Fort! Das brüht sich in der Sonne!

NARR *(liegt und erzählt sich Märchen an den Fingern).* Der hat d. golden Kron, d. Herr König. Morgen hol' ich der Frau Königin ihr Kind. Blutwurst sagt: Komm Leberwurst. *(er nimmt das Kind und wird still.)*

[MARIE.] Der Franz ist nit gekomm, gestern nit, heut nit, es wird heiß hier *(sie macht das Fenster auf.)* Und trat hinein zu seinen Füßen und weinete u. fing an seine Füße zu netzen mit Tränen u. mit den Haaren ihres Hauptes zu trocknen u. küssete seine Füße und salbete sie mit Salben. *(schlägt sich auf die Brust.)* Alles tot! Heiland, Heiland ich möchte dir die Füße salben.

Damit bricht der dritte Szenenkomplex ab. Die zuletzt geschriebene, auf einem Einzelblatt notierte Szene zeigt den vom Tauchen nach der Tatwaffe im Teich pudelnassen Woyzeck, der sich vergeblich um Kommunikation mit seinem kleinen Sohn (Christian) bemüht und schließlich Karl (den »Idioten«) auffordert, dem »Bub« einen »Reuter« zu kaufen, ein Spielzeug oder ein Backwerk. Büchner führt hier Vater und Sohn, Mörder und Halbwaise zusammen, während im Wald vor der Stadt die Leiche der Kindesmutter geborgen wird.

GROSSMUTTER

›Woyzeck‹

Die soziale Unsicherheit, der Militärdienst und seine diversen Nebentätigkeiten, nicht zuletzt auch die einseitige Ernährung als Versuchsobjekt eines erfolgsbesessenen Wissenschaftlers, zerrütten Woyzecks Psyche. Die Untreue seiner Geliebten, die im ältesten Szenenkomplex noch Ma[r]greth heißt, stößt ihn über eine Grenzlinie; die Zwangsidee, sie zu töten, beherrscht ihn. Den Mordplan im Sinn, taucht er unvermittelt bei ihr auf, um sie zu holen (wie im Märchen Gevatter Tod die arme Seele holt):

> Louis. Magreth!
> Magreth *(erschreckt)*. Was ist.
> Louis. Magreth wir wollen gehn 's ist Zeit.
> Magreth. Wohinaus.
> Louis. Weiß ich's?

Margreth ist noch ganz benommen von der düsteren Geschichte, die eine alte Frau aus der Nachbarschaft eben erzählt hat. Eines der Mädchen, die mit ihr vor der Haustür saßen, hatte sie aufgefordert: »Großmutter, erzähl!« Und die alte Frau hob an: Es war einmal. Weil alle Märchen auf diese vertraute Weise beginnen, schien sich damit ein Genuss für die Zuhörer anzukündigen. Doch statt dem Zauber des Wundersamen, statt einer unterhaltsam-phantastischen Begebenheit, entfaltet sich in gerade einmal drei Sätzen eine greuliche Moritat vom existenziellen Verlassensein des Menschen, die keinen wohligen Schauer erzeugt, eher einen Schock. Und plötzlich verlässt Büchners Drama die Sphäre des menschengemachten, gesellschaftlichen Elends und schwingt sich buchstäblich auf zu einer Besichtigung des Universums. Wo es aber noch schlimmer zugeht als auf Erden. Gleichnishaft fasst das Märchen der Großmutter zusammen, dass der Mensch einsam und verloren ist und auf keine Rettung von außen hoffen darf:

> Es war eimal ein arm Kind und hat kein Vater u. kei Mutter war Alles tot und war Niemand mehr auf der Welt. Alles tot, und es ist hingangen und hat gerrt Tag u. Nacht. U. wie auf der Erd Niemand mehr war, wollt's in Himmel gehn, und der Mond guckt es so freundlich an und wie's endlich zum Mond kam, war's ein Stück faul Holz und da ist es zur Sonn gangen und wie's zur Sonn kam war's ein verwelkt Sonneblum und wie's zu den Sterne kam, war[n]s klei golde Mücke die warn angesteckt wie d. Neuntöter sie auf die Schlehe steckt u. wie's wieder auf die Erd wollt, war die Erd ein umgestürzter Hafen u. war ganz allein u. da hat sich's hingesetzt u. gerrt u. da sitzt es noch u. ist ganz allein.

Die Märchenparabel gibt Kunde vom Weltende. Alles Leben ist ausgelöscht, bis auf ein Waisenkind, das Tag und Nacht kummervolle Tränen weint (hessisch: »gerrt«). Dass es »ein arm Kind« ist, wird nur einmal, quasi nebenbei, erwähnt, dass es weint, zweimal. Vom Verlassensein aber ist, in Variationen, nicht weniger als siebenmal die Rede: »hat kein Vater u. kei Mutter«, »war ganz allein«, »ist ganz allein«, »war Niemand mehr auf der Welt«, »auf der Erd Niemand mehr«, »war Alles tot«, »Alles tot«. Weil es auf Erden keine Gesellschaft findet, wendet sich das Kind (denn im Märchen sind die Naturgesetze außer Kraft gesetzt) an den Himmel, wo der Mond freundlich auf es herunterschaut und solchermaßen Rettung aus der Misere zu verheißen scheint. Aber bei näherem Hinsehen erweisen sich die Gestirne nacheinander als Trugbilder: der Mond als phosphoreszierendes Totholz, die Sonne als welke Blume und die Sterne als aufgespießte Beuteinsekten. In drei Schritten hat der Himmel seinen Zauber verloren. Statt Wärme, Güte, Trost und Geborgenheit findet das Kind Verwesung, Unfruchtbarkeit und Tod. Enttäuscht will es sich wieder auf den Rückweg machen, doch die Erde hat sich unterdessen in einen umgestürzten (Nacht-)Topf (»Hafen«) verwandelt, einen nicht minder unwirtlichen Ort. Von einer trostlosen Lage ist es in eine noch verzweifeltere geraten.

Schwärzeren Nihilismus findet man bei Büchner nicht. Das Grauen ergibt sich aber nicht so sehr aus der Größe des Schreckens als aus der Fortdauer des Unglücks. Büchners Märchen endet mit der Feststellung, dass das Kind seitdem immer noch im Irgendwo verharrt, unbeschützt und unbehütet sitzt es da »noch«, wohl bis in alle Ewigkeit, von niemandem erlöst, nicht einmal vom Tod.

Kein Grimm'sches Gruselmärchen kommt dem Horror gleich, den Büchners Großmutter ihren Zuhörern zumutet. Ein »Anti-Märchen« hat man es deshalb genannt, obgleich es fast komplett aus den drei Grimm'schen Märchen ›Die sieben Raben‹, ›Die Sterntaler‹ und ›Das singende, springende Löweneckerchen‹ zusammengesetzt ist, die Büchner allerdings zu prägnanter Kürze verdichtete. Die Anregung aus ›Die sieben Raben‹ hat er noch dadurch überboten, dass er das Kind nach dem Schrecken, den es bei Sonne und Mond erfährt, nicht etwa Trost und Hilfe bei den Sternen finden lässt. Und sie verwandeln sich auch nicht in Goldtaler, die der armen Waise ins Hemd fallen. Die Enttäuschung ist vollständig.

Gleichzeitig verzichtet Büchner auf jede moralische Wertung. Gut und böse sind Kategorien menschlichen Handelns, die in der Natur keine Entsprechung haben. Zu Unrecht hat das Kind Freundlichkeit und Geborgenheit in die Gestirne hineingesehen, sich ein allzu menschliches Bild von ihnen zurechtgelegt. Die Täuschung war selbst verschuldet. Die Natur erscheint nur dem feindlich, der Gefühle wie Mitleid, Gnade oder Erbarmen auf sie überträgt. Denn, so dozierte Büchner Ende 1836 in seiner Zürcher öffentlichen Probevorlesung, »die Natur handelt nicht nach Zwecken, sie reibt sich nicht in einer unendlichen Reihe von Zwecken auf, von denen der eine den anderen bedingt; sondern sie ist in allen ihren Äußerungen sich unmittelbar selbst genug. Alles, was ist, ist um seiner selbst willen da.« Die Lehre des Anti-Märchens (denn jedes Gleichnis will etwas lehren) könnte also lauten, dass der Mensch sich beizeiten daran gewöhnen muss, ohne Hoffnung auszukommen. Angesichts dessen trotzdem nicht zu verzweifeln, wäre eine angemessene, weil realistische Haltung zur Wirklichkeit.

Doch handelt es sich bei den himmlischen Täuschungen tatsächlich um bloße Projektionen – oder sind es bewusst herbeigeführte Illusionen höherer Mächte? Denn selbst wenn man einräumt, dass es sich bei faulem Holz und welkenden Blumen um natürliche Verfallsprozesse handelt, bleibt doch die Frage, welcher große Zaubermeister die Mücken »angesteckt«, den »Topf« umgestürzt hat. Ein gütiger Gott war es jedenfalls nicht. Und ein Strafgericht, bei dem die Guten von den Bösen geschieden, diese bestraft und jene belohnt werden, hat es auch nicht gegeben. Stattdessen triumphiert die Trost- und Ausweglosigkeit in Büchners spätromantischem Kunstmärchen. Eine ganz und gar unchristliche Endzeit-Geschichte also.

Für den amerikanischen Schriftsteller Thornton Wilder, sechzig Jahre nach Büchners Tod geboren, waren fraglos höhere »Tyrannen« am Werk, denen er allerdings keine Namen

gab. Wilder, der zu einer Unesco-Konferenz nach Venedig
gekommen war, hatte ›Woyzeck‹ in einer Produktion der
Kammerspiele München gesehen, die am 27. September 1952
auf dem Festival Internazionale del Teatro im Teatro la Fenice
im Rahmen der Biennale gezeigt wurde. Unter der Regie von
Hans Schweikart spielte Hans Christian Blech die Titelrolle,
Siegfried Lowitz den Andres, Therese Giehse die Großmutter;
zu den weiteren Mitwirkenden gehörten Ruth Drexel, Rudolf
Vogel, Charles Regnier, Robert Graf und Gunnar Möller. Wilder war schon längst wieder an Bord seines Luxusdampfers,
der SS »America«, als er am 26. April 1953 in seinem Tagebuch
notierte: »Die Tyrannen sind höher oben. Die Unterdrücker
dieser Welt sind bloße Idioten und Irre. Ihre Bosheit hat nicht
genug Statur, um als moralische Verantwortlichkeit gerechnet
zu werden. Das Universum ist krumm, ist ›sinnlos‹ – daher die
Fabel der Großmutter.« Und er erinnerte sich an eine Äuße-
rung Therese Giehses, die trotz ihres kurzen Auftritts den wei-
ten Weg nach Venedig nicht gescheut habe, weil ihr ›Woyzeck‹
als »die größte Tragödie in deutscher Sprache« gelte.

Größte deutsche Tragödie hin oder her: Die Rolle der Großmutter ist klein (wird von Regisseuren aber häufig prominent
besetzt), ihr Auftritt kurz (weshalb manche Regisseure ihn un-
gebührlich in die Länge ziehen). Für eine Schauspielerin ist er
in jedem Fall attraktiv, allein schon wegen des Aus-der-Rolle-
Fallens der Märchenerzählerin. Dennoch ist es für eine Mimin
keine einfache Aufgabe, diesem wichtigen Auftritt, in dem sich
die Atmosphäre des Stückes verdichtet, eine Gestalt zu geben,
zumal nach langem Warten in der Maske oder in der Kantine
(weshalb Regisseure die Rolle auch schon mit der des Narren,
der von Marie oder ihrer Nachbarin Margreth oder auch mit
der des Ausrufers und Marktschreiers zusammengelegt haben).

CAROLINE SCHULZ

1801–1847

In einem Brief Büchners an die Eltern vom 5. Mai 1835 aus Straßburg heißt es: »Schulz und seine Frau gefallen mir sehr gut, ich habe schon seit längerer Zeit Bekanntschaft mit ihnen gemacht und besuche sie öfters. Schulz namentlich ist nichts weniger, als die unruhige Kanzleibürste, die ich mir unter ihm vorstellte, er ist ein ziemlich ruhiger und sehr anspruchsloser Mann. Er beabsichtigt in aller Nähe mit seiner Frau nach Nancy und in Zeit von einem Jahr ungefähr nach Zürich zu gehen, um dort zu dozieren.«

Es ist die einzige Erwähnung von Caroline Schulz in Büchners Briefwechsel. Und doch gehörte sie zusammen mit ihrem Mann zu Büchners engstem Freundeskreis: Knapp vier Monate lang teilten sie gemeinsam das Straßburger Exil, und vom 7. November bis zu seinem Tod lebten sie Tür an Tür mit ihm in Zürich, wo sie, wie Aufzeichnungen Carolines belegen, in seinen letzten Lebenswochen seine Pflege übernahmen bzw. organisierten.

Viel wissen wir nicht von ihr. Die wenigen aus ihrem äußeren Leben bekannt gewordenen Tatsachen zeigen eine bemerkenswerte Frau von großer Herzenswärme, die gleichwohl das traditionelle Frauenbild infrage stellte, ebenso gebildet wie

couragiert, und sich wie ihr Mann dem politischen Fortschritt
verschrieben hatte, eine Republikanerin und soziale Demokra-
tin reinsten Wassers. In einem Brief vom Dezember 1834 gab sie
ihrer »Überzeugung« Ausdruck, »daß gehandelt werden muß
statt geträumt, daß das Heil nur in einer sich neu gestaltenden
Zukunft ruht und das Feuer des Lebens nicht mehr allein mit
den von der Vergangenheit ererbten Überlieferungen genährt
werden darf, wenn es die Fesseln sprengen, die Herzen erwär-
men, die Geister erleuchten soll«. Und dabei doch illusionslos,
was die Beharrungskraft der alten Machteliten anging: »Die
Sonne der Freiheit geht nicht alle Tage auf. Ihr Lauf ist, wenn
auch unaufhaltsam, doch langsam und zögernd. Sie braucht
Jahre, vielleicht Jahrzehnte, bis aus ihrer Morgenröte der volle
Tag bricht.«

Geboren wurde Charlotte *Caroline* Friederike Sartorius
am 22. April 1801 in Darmstadt als Tochter des Prorektors
am Großherzoglichen Gymnasium, Ernst Ludwig Sartorius,
und seiner Frau Luise Dorothee Magdalena, geb. Heumann.
Ihr älterer Bruder Ernst (1797–1859) lehrte Theologie in Marburg und Dorpat und starb 1859 als Generalsuperintendent in
Königsberg. Ihr Neffe mütterlicherseits, der Arzt Adolph Heumann (1811–1852), war in die Pläne des Frankfurter Wachen-
sturms eingeweiht; im August 1833 floh er nach Straßburg. Ihr
Cousin väterlicherseits, Karl Christian Sartorius (1796–1872),
Pfarrerssohn aus Gundernhausen, war Mitbegründer der
radikaldemokratischen Geheimverbindung der »Schwarzen«
in Gießen, zu deren Zusammenkünften sie ihn als Siebzehn-
jährige gelegentlich begleitete. Hier lernte sie ihren späteren
Mann kennen, mit dem sie sich am 1. Mai 1819 verlobte. Im
oben bereits zitierten Brief vom Dezember 1834 erinnerte sie
sich an diese Zeit, zugleich an die patriarchalische Dominanz
der jugendlichen Freiheitsfreunde und die Unterwerfung ihrer Sympathisantinnen:

Im Jahr 1819, wo unsere Liebe jung ward, schwärmten die sogenannten schwarzen Schwestern für »die gute Sache« und zugleich für die ihr dienenden langgelockten Jünglinge, die das Vaterland als ihre Braut besangen. Diese waren sehr ernst und mannhaft trotzig und hatten von ihrer Wichtigkeit wohl keinen allzu geringen Begriff; während sich der weibliche Teil dieser Richtung eine überaus große Bescheidenheit und Demut zur Pflicht machte:

Es wächst ein Blümlein Bescheidenheit
Der Mägdlein Kränzel und Ehrenkleid
Auch wird ein zweites, das Demut heißt
Als Schmuck der Mägdelein hochgepreist

In diese und viele ähnliche Worte Arndts und Fouqués hüllten wir uns ein, so daß ich nicht wußte wie mir geschah, als Du mich, das letzte der Mägdlein erkorest. Auch kam mir dies von Dir wie eine Art Untreue gegen die »Vaterlandsbraut« vor, die ich Dir aber doch sehr gern verziehen habe.

Der Adressat des Briefes, Wilhelm Schulz, war am 13. März 1797 als Sohn des Darmstädter Archivrats Adolph Schulz und seiner Frau Dorothea Friederike, geb. Vietor, geboren. Er hatte zunächst die Offizierslaufbahn eingeschlagen, als hessischer Leutnant 1813 in der Völkerschlacht bei Leipzig mitgekämpft und auch am Frankreichfeldzug von 1814 teilgenommen. Nach Hessen zurückgekehrt, ließ sich Schulz vom aktiven Militärdienst beurlauben und studierte in Gießen Militärwissenschaft. Weil er Mitglied der verbotenen Burschenschaft gewesen und im Kreis der radikalen Gießener »Schwarzen« verkehrt hatte, wurde er in einen Hochverratsprozess verwickelt. In dessen Verlauf bekannte er sich als Verfasser des 1819 anonym erschienenen ›Frag- und Antwortbüchleins über allerlei, was im deutschen Vaterlande besonders not tut‹. In volksnaher, religiös gefärbter Sprache hatte Schulz dort den deutschen Einheitsstaat, eine Repräsentativverfassung, Rede- und Pressefreiheit und die Ersetzung der stehenden Heere durch Volksmilizen gefordert. Zwar wurde er nach einjähriger Untersuchungshaft freigesprochen, doch hielt er es für geraten, seinen Abschied zu nehmen und zu den Rechtswissenschaften zu wechseln. Weil er nach Beendigung seines Studiums keine Zulassung zum Referendariat erhielt, verlegte er sich auf den Journalismus, zunächst als Korrespondent in Darmstadt, kurzzeitig auch in Augsburg, München und Stuttgart, wo er Schwab und Uhland, Menzel, Gutzkow, Mebold und Lenau kennenlernte. In der Hoffnung, darauf eine materielle Existenz gründen zu können, heiratete das Paar 1828 nach neunjähriger Verlobungszeit. Auch hieran erinnerte Caroline in dem oben zitierten Brief an ihren Mann:

Bei unsrer langen Liebe vor der Ehe war es gut, daß sie keine öffentlich anerkannte war und daß von Deiner Seite bald ein Jahr Gefängnis, bald einige Universitätsjahre, Reisen und dergl. jeweilige Trennungen herbeiführten; denn sonst nimm mir's nicht übel, hätte die Sache doch etwas langweilig werden können. Es gibt in der Welt keinen unnatürlicheren Zustand, als diese chronischen, offiziellen Brautschaften, wo der Bräutigam täglich hergebrachtermaßen voller Entzücken vor der Braut erscheinen muß und wo diese weder ganz für ihn, noch ganz für ihre Umgebung leben kann. Dabei lernen sie sich so genau kennen, daß sich ihnen gegenseitig das Rätsel der Individualität schon vor der Ehe löst, also daß diese nachher ihres schönsten Reizes entbehrt.

Im Herbst 1833 wurde Schulz aufgrund diverser politischer Publikationen, in denen er das restaurative System bekämpfte, die Schaffung einer parlamentarischen Demokratie forderte und die Gründung von Arbeiterassoziationen propagierte, verhaftet und im Juni 1834, obgleich längst Zivilist, von einem

Kriegsgericht des »fortgesetzten Versuchs des Verbrechens einer gewaltsamen Veränderung der Staatsverfassung« wegen zu fünfjähriger Festungshaft und Verlust seiner Pension verurteilt. Büchner kommentierte die »Verurteilung von Schulz« lakonisch in einem Brief aus Gießen vom 2. Juli 1834: »Mich wundert es nicht, es riecht nach Kommißbrot.«

Am 23. August trat Schulz auf dem hessischen Festungsschloss Babenhausen, vier Stunden östlich von Darmstadt, seine Strafe an. Caroline, die ihrem Mann eine unentbehrliche Helferin war, mietete sich in einem Nachbardorf ein und schmuggelte ihm von dort Ausbruchswerkzeug in die Zelle: Im doppelten Boden eines Koffers verbarg sie eine Handsäge, in den Buchdeckeln des zwölfbändigen ›Corpus Juris Civilis‹, dessen Lektüre dem studierten Juristen gestattet war, Sägeblätter und dünne Feilen, im hohlen Fuß einer Stehlampe eine kräftige Feile. Zwischen den Gurten am Boden eines Sofas, das sie ihm ebenfalls in die Haft liefern durfte, befestigte sie 36 Meter eines breiten, reißfesten Leinenbandes, mit dem er sich aus seinem Turmgefängnis abseilen sollte.

In der Nacht vom 30. auf den 31. Dezember gelang Schulz die Flucht. Ersten Unterschlupf gewährte ihm Ludwig Nievergelder, ein Mitglied der von Büchner gegründeten Darmstädter »Gesellschaft der Menschenrechte«, in seiner Kranichsteiner Wohnung. Am nächsten Morgen machte sich Schulz zu Fuß auf den Weg ins Elsass. Treffpunkt des Ehepaares, das auf verschiedenen Wegen reiste, war Brumath, wo Carolines Neffe Adolph Heumann auf ihn wartete. In Straßburg lebte Schulz »mit stillschweigender Erlaubnis« des flüchtlingsfreundlichen Polizeikommissars Pfister »unter dem Namen Fischer und mit einem Paß auf diesen Namen versehen«; Büchner wählte drei Monate später das Inkognito eines zwanzigjährigen Sommeliers namens Jacques Lutzius aus Oberhausbergen, einem Dorf nordwestlich der Stadtgrenze, worunter ihn die Straßburger

Behörden am 12. März 1835 registrierten. Trotz des Altersunterschieds und ungeachtet dessen, dass das Ehepaar die Radikalität von Büchners egalitären Anschauungen nicht teilte, schlossen sie bald Freundschaft mit ihm.

Weil längeres Verweilen in Grenznähe politischen Flüchtlingen durch die Flüchtlingsgesetze mit wenigen Ausnahmen ausdrücklich untersagt war, erhielt Schulz, als sein Inkognito vom Präfekten aufgedeckt worden war, den Bescheid, »Straßburg zu verlassen und sich in's Innere Frankreichs zu begeben«. Dass er in Straßburg nachweislich »ganz zurückgezogen gelebt« und »sich ganz ruhig verhalten« hatte, wie Büchner seinen Eltern in einem Brief vom 10. Juni 1835 erläuterte, konnte daran nichts ändern. Am 23. Juni verließ das Ehepaar die Stadt, um nach einem Kurzaufenthalt in Bad Niederbronn eine Wohnung in Oberbronn zu beziehen. Von hier aus machte Caroline zusammen mit Georg Fein, einem Bekannten ihres Mannes, im Sommer einen Besuch bei »Mamsell Brion«, die sich dabei äußerst kritisch über die Darstellung ihrer Schwester Friederike in Goethes Autobiographie äußerte.

Da sich Schulz' Hoffnungen auf Arbeitsmöglichkeiten in Paris und Metz nicht erfüllten, zog das Ehepaar Ende Oktober zu Verwandten nach Nancy, von wo es ein knappes Jahr später mit französischen Pässen nach Zürich übersiedelte. Gut zwei Wochen nach Büchner bezogen auch die Schulzens eine Wohnung im Haus des Regierungsrats und Arztes Dr. med. Hans Ulrich Zehnder in der Steingasse (heute Spiegelgasse 12). Wie Büchner hatte sich Schulz nach einer Probevorlesung am 2. November als Privatdozent für Statistik und Staatsökonomie an der Hochschule habilitiert; er lehrte Vergleichende Staatenkunde mit besonderer Berücksichtigung der Schweiz. Die Schulzens gehörten zu den wenigen deutschen Flüchtlingen, mit denen Büchner in Zürich regelmäßig verkehrte: Man unternahm gemeinsame Ausflüge, und auch bei dem »Lesekränzchen«, das

das Ehepaar freitags im engsten Kreis abhielt, fehlte Büchner
nicht.

Anfang Februar 1837 erkrankte Büchner; zum zweiten Mal
innerhalb weniger Wochen. Am Abend des 2. Februar ging er,
obgleich ihm fiebrig zumute war, hinüber zu den Schulzens,
wo er auf dem Sofa bald einschlief. Anschließend konnte Caroline ihn überreden, sich ins Bett zu legen, was er, nachdem
sie ihm gegen die starken Kopfschmerzen ein Fußbad mit Senf
bereitet hatte, auch bereitwillig tat. Falls er in der Nacht noch
etwas benötigte, sollte er einfach an die Wand klopfen, die an
ihr Schlafzimmer stieß. Da sich sein Zustand über Nacht nicht
besserte, brachte sie am nächsten Morgen an den Fenstern
seines Zimmers grüne Vorhänge an, die für ein beruhigendes
Dämmerlicht sorgten, gab ihm ein Roßhaarkopfkissen, das er
als besonders wohltuend empfand, und verwandelte sein Zimmer auf diese Weise in eine Krankenstube.

Am 4. Februar war Büchners Fieber leicht gestiegen, ohne
dass es bereits Anlass zur Sorge gegeben hätte. Der Kranke »aß
etwas Suppe und Obst und versicherte, daß es ihm ganz wohl
in seinem Bette sei«. Caroline las Briefe ihrer Angehörigen vor,
die eben gekommen waren, und Büchner hörte mit Interesse
zu. Am 5. Februar klagte Büchner erstmals über Schlaflosigkeit,
war aber dabei »sehr geduldig und ruhig«. Da die Schulzens an
diesem Sonntag »genötigt waren einige Besuche zu machen«,
blieb solange sein Freund Carl Schmid bei ihm. Nach ihrer
Rückkehr ließ Büchner sich von ihnen berichten, wobei ihnen
auffiel, dass »er es nicht gerne« hatte, »wenn man laut sprach«.
Diese übergroße »Empfindlichkeit« nahm in den folgenden Tagen noch zu; »man konnte ihm nicht leicht etwas recht machen,
was seine Freunde oft nicht begreifen konnten«. Caroline, die
aus eigener »Erfahrung wußte, wie es einem ist, wenn man an
den Nerven leidet«, tat »ihm alles was er nur haben wollte«,
worüber sie später »doppelt froh« war.

Am 8. Februar zeigte sich eine leichte Besserung, der Kranke fieberte kaum. Briefe von seiner Braut Wilhelmine Jaeglé in Straßburg waren gekommen, doch waren sie so »fein geschrieben«, dass er sie nicht vollständig lesen konnte. Carolines Angebot, sie an seiner Stelle zu beantworten, lehnte er ab. Am nächsten Tag war das Fieber erneut zurückgegangen, dennoch war Büchner »kleinmütig« gestimmt. Außerdem klagte er über Schlaflosigkeit, obgleich sich Wilhelm Schulz während einer längeren Nachtwache hatte davon überzeugen können, dass der Kranke sehr wohl »zuweilen geschlafen hatte«. Auf ärztliche Verordnung bereitete ihm Caroline Mandelmilch, »die ihn sehr erquickte«, und wie jeden Abend legte man ihm eine durchblutungsfördernde Senfkompresse auf die Waden.

Weil seine Freunde ihm geraten hatten, »ein wenig aufzustehen um dann vielleicht besser schlafen zu können«, verließ Büchner am Nachmittag des 10. Februar erstmals seit Tagen wieder sein Bett, ging hinüber zu den Schulzens und setzte sich bei ihnen auf das Sofa, um die Briefe seiner Verlobten zu beantworten. »Er ergriff die Feder, erklärte aber sogleich nicht schreiben zu können« und nahm Carolines abermaliges Angebot dankbar an. »Damit er seinen Geist nicht anstrengen sollte«, schrieb sie den Brief nach ihrer »Idee« und ließ sich dann von ihm sagen, was sie »daran ändern solle«; er selbst setzte nur noch die Worte »Adieu mein Kind« und seinen Namen hinzu, ließ Caroline »eine seiner Locken hinein legen und eilte schnell zu Bett nach welchem er sehr verlangte«. Obgleich »die Krankheit damals nicht im Geringsten gefährlich schien«, wurde nun ein »förmlicher Wachtdienst für Tag und Nacht« organisiert, bei dem sich Wilhelm Schulz und andere Freunde Büchners abwechselten, was ihm sehr angenehm war.

Für den 11. Februar berichtete Caroline Schulz: »B. hatte viel Schleim im Halse und mußte oft auswerfen. Der schwache Tee, den er morgens genoß und die Suppen, die ich ihm

selbst kochte, schmeckten ihm recht gut; doch fiel uns eine Art
Unempfindlichkeit (Apathie) an ihm auf. Ich fragte ihn an diesem Morgen, ob es ihm angenehm wäre, wenn ich mit meiner
Arbeit mich zu ihm setzte, was er gerne zu haben schien. Da er
viel Schleim im Munde hatte, fiel ihm das Sprechen schwer und
er drückte sich oft durch Gebärden aus [...]. An einigen Äußerungen die er an diesem Tage tat, bemerkte ich, daß sein Geist
nicht ganz helle war.« Das waren die Delirien, die sich jetzt,
am 12. Krankheitstag, erstmals zeigten. »Wir beschlossen noch
einen Arzt kommen zu lassen und zwar Schönlein; der Kranke
wollte aber nichts davon hören, da er sich nicht so krank fühlte.« Diesen Widerstand gab Büchner bereits am nächsten Tag
auf; doch als man Johann Lukas Schönlein, Professor für Klini-
sche Medizin an der Universität, rufen ließ, stellte sich heraus,
dass er verreist war. Erst am Morgen des 14. Februar erschien
er zur Visite, billigte die bisherige ärztliche Behandlung und
bestätigte auch die verordneten Medikamente. Büchner sprach
»sehr vernünftig mit ihm«, später jedoch zeigen sich die ersten
Sinnestäuschungen: So redete er Caroline mit »Schmidt« an
und lächelte nur, wenn sie ihn korrigierte; eine von ihr gelesene
Zeitung hielt er für einen Brief; manchmal schien es ihm, als
stünde »jemand in der Ecke«.

Später erlitt Büchner einen heftigen Zitteranfall, »wobei er
ganz irre« sprach. Zwar beruhigte er sich allmählich wieder,
doch sorgte Caroline dafür, dass nun außer ihr immer auch einer seiner Freunde bei ihm war. Erneut traten Wahnvorstellungen auf; die Angst, der deutschen Justiz ausgeliefert zu werden,
kehrte dabei häufig wieder. Obendrein war Büchner überzeugt,
sich verschuldet zu haben, was aber nicht zutraf. Am 15. Februar delirierte er eine lange zusammenhängende Geschichte,
»wie man ihn« dieser Schulden wegen »gestern schon vor die
Stadt gebracht habe, wie er zuvor eine Rede auf dem Markte
gehalten u. s. w.« Als Caroline ihn damit zu beruhigen suchte,

dass er doch hier in seinem Bett liege und alles nur geträumt habe, erwiderte er, nur einem Kollegen von der Universität, der sich für ihn verbürgt habe, sei es zu verdanken, dass er wieder zurückgebracht worden sei. Gelang es seinen Freunden, ihm solche Wahnvorstellungen auszureden, verfiel er sogleich in neue Phantasien.

Die Nacht auf den 15. Februar war unruhig, Büchner phantasierte viel, »sprach viel französisch und redete mehreremale seine Braut an«. An diesem Tag verschlechterte sich sein Gesundheitszustand weiter, die Bewusstseinstrübung nahm zu. Als mittags Schönlein zur Visite kam, erkannte Büchner ihn nicht. Gleich bei seinem Eintreten ins Krankenzimmer fiel dem Arzt der charakteristische üble Geruch auf. Dann ließ er »sich den Stuhl zeigen, der ganz schwarz war und aus dickem Blut bestand«. Ebenso wie sein Kollege Dr. Zehnder gab auch er dem Patienten nur noch 24 Stunden zu leben. Der Arzt empfahl Caroline Schulz nun »dringend das Krankenzimmer zu meiden«, und da sie einsah, dass »männliche Pflege« jetzt gebotener war, »wurde ein braver Wärter angenommen; doch war bei diesem immer noch einer von Bs. Freunden«, meist Wilhelm Schulz oder Carl Schmid. Angesichts der akuten Lebensgefahr zögerte Caroline nun nicht mehr, Büchners Verlobte zu informieren und »schrieb sogleich nach Straßburg.«

Die Nacht auf den 16. Februar verlief erneut »unruhig; der Kranke wollte mehreremale fort, weil er wähnte in Gefangenschaft zu geraten, oder schon darin zu sein glaubte und sich ihr entziehen wollte«. Am Nachmittag wurde er ein weiteres Mal von den Ärzten untersucht: »Der Puls [vibrierte] nur und das Herz schlug 160 mal in der Minute.« Beide Mediziner glaubten nicht, dass Büchner die kommende Nacht überleben werde. Caroline Schulz war verzweifelt: »Mein sonst frommes Gemüthe fragte bitter die Vorsehung: ›warum?‹ da trat Wilhelm ins Zimmer und da ich ihm meine verzweiflungsvollen Gedanken mitteilte, sagte er: ›unser Freund gibt Dir selbst Antwort er hat soeben, nachdem ein heftiger Sturm von Phantasieen vorüber war, mit ruhiger, erhobener, feierlicher Stimme die Worte gesprochen: 'Wir haben der Schmerzen nicht zu viel, wir haben ihrer zu wenig, denn durch den Schmerz gehen wir zu Gott ein! Wir sind Tod, Staub, Asche, wie dürften wir klagen'‹« – Worte, die an die Rede des Barbiers und des Jahrmarktschreiers in der 1. Szenengruppe des ›Woyzeck‹ erinnern:»Was ist der Mensch? Knochen! Staub, Sand, Dreck.« Auch in der Nacht phantasierte Büchner, diesmal »von seinen Eltern und Geschwistern«, und »in den rührendsten Ausdrücken. Er sprach fast immerwährend.«

Am Morgen des 17. Februar kam Schönlein und wunderte sich geradezu, Büchner noch am Leben zu finden. Zwischen zehn und elf Uhr traf Wilhelmine Jaeglé in Begleitung der Pfarrerswitwe Schmidt mit dem Eilpostwagen von Kehl in Zürich ein, wo sie sich provisorisch in einem Gasthof einquartierte. Caroline ging zu ihr,»bereitete sie nach und nach auf die große Gefahr vor, in der ihr Teuerstes schwebte« und machte sich, obwohl ihr eigentlich nicht danach zumute war,»recht stark bei ihr.« Überzeugt, dass Büchner seine Verlobte nicht erkennen würde, glaubte sie nicht, dass ihr Besuch dem Kranken schaden könnte. Umso mehr fürchtete sie für Wilhelmine, »wenn sie den Kranken in so verändertem Zustande sehen«, ihm in »das entstellte Antlitz« schauen würde. Sie wollte daher die Entscheidung von Schönlein abwarten, der gegen Mittag noch einmal kommen wollte. Nachdem die Ärzte Wilhelmine erlaubt hatten, den Kranken zu sehen, holte Caroline »nach Tisch« die beiden Frauen zu sich und quartierte sie in einem Zimmer ihrer Wohnung ein.

Auch am nächsten Morgen wurde Wilhelmine gestattet, den Kranken zu besuchen, ebenso am 19. Februar, der Büchners Sterbetag werden sollte. Weil sie nicht für längere Zeit »im

Krankenzimmer verweilen« durfte, hielt sie sich mit Caroline in deren »trauliche[m] Stübchen« auf. Wilhelm Schulz hatte versprochen, sie zu »rufen, wenn der verhängnisvolle Augenblick käme«. Die beiden Frauen lasen Gedichte und sprachen von dem Sterbenden, bis am Nachmittag gegen halb vier Uhr Schulz »eintrat Minna zu rufen, damit sie dem Geliebten den letzten Liebesdienst erzeige«. »Sie tat es mit starker Ruhe«, bestätigte Caroline Schulz, »aber dann brach ihr Schmerz laut aus. Ich nahm sie in meine Arme und weinte mit ihr.«

»Der Tag verging in Gesprächen über den Hingeschiedenen«, berichtete Caroline: »Oft gedachten wir mit Schmerz der armen Eltern und Geschwister.« Wahrscheinlich war sie es, die am nächsten Tag die Eltern in Darmstadt vom Tod ihres Sohnes in Kenntnis setzte, nachdem sie schon früher über Büchners Erkrankung berichtet hatte. Am Abend des 20. Februar kamen bei den Schulzens »die Freunde des Verewigten« zusammen. Büchner war »wie immer der Gegenstand unserer Unterhaltung. Da er sich über alles was uns interessierte, so oft mit uns besprochen hatte, so wußten wir viel von ihm zu erzählen. Fast jeder Gegenstand der uns umgab erinnerte uns an diese oder jene geistreiche Bemerkung die er darüber gemacht. Bald flossen unsre Tränen und bald mußten wir lachen, wenn wir uns seine treffende Satire, seine witzigen Einfälle und launigen Scherze ins Gedächtnis zurückriefen.«

Für die Beisetzung am Nachmittag des 21. Februar wanden Caroline und Wilhelmine »einen großen Kranz von lebendigem Grün, Lorbeer und Myrten und weißen Blüten, der nach hiesiger Sitte den ganzen Sarg umgeben sollte«, und Wilhelm Schulz legte dem Toten »einen Lorbeer- und Myrtenkranz auf die hohe blasse Stirne«. »Die Teilnahme der ganzen Stadt war groß«, die Universität gab ihrem Privatdozenten geschlossen das letzte Geleit, dazu einige der Zürcher Honoratioren; insgesamt »mehrere hundert Personen, die beiden Bürgermeister und andere der angesehensten Einwohner der Stadt, an der Spitze«.

Am 28. Februar brachte der ›Schweizerische Republikaner‹ Wilhelm Schulz' in Verbindung mit Wilhelmine Jaeglé verfassten ›Nekrolog‹ seines Freundes. Zusammen mit dem von seiner Frau aufgrund ihres Tagebuchs verfassten Bericht über Büchners letzte Lebenstage wurde er anschließend an die Familie nach Darmstadt geschickt; beides hat sich unter den Materialien des Büchner-Nachlasses (heute im Goethe- und Schiller-Archiv in Weimar) erhalten.

Vor allem Wilhelm Schulz ist es zu danken, dass Büchners Name vor und nach 1848 in republikanischen Kreisen nicht vergessen wurde. Mit einem biographischen Artikel für das Brockhaus-Lexikon, der »geschichtlich-statistischen Abhandlung« ›Die Bewegung der Produktion‹, die Karl Marx später benutzte und lobend erwähnte, und mehreren Schriften über das Verfahren gegen Weidig griff er aktiv in die Wirkungsgeschichte Büchners ein. 1851 stimulierte das Erscheinen von Büchners ›Nachgelassenen Schriften‹ Schulz zu einem umfangreichen Essay, der im Februarheft von Adolph Kolatscheks ›Deutscher Monatsschrift für Politik, Wissenschaft, Kunst und Leben‹ erschien und sich weit mehr mit Büchners »innerem Leben, seinen Ansichten und Meinungen« beschäftigte, als eine Besprechung üblicherweise erwarten lässt.

Caroline Schulz war da schon vier Jahre tot. Als sie ihr Ende kommen sah, bat sie ihre langjährige Freundin, die Zürcherin Katharina (»Kitty«) Bodmer, den Witwer Schulz zu heiraten. Sie starb am 29. Januar 1847 nach schwerer Krankheit; die von ihr angebahnte Eheschließung erfolgte ein Dreivierteljahr später. Wilhelm Schulz starb dreizehn Jahre nach ihr, am 9. Januar 1860. Beider Nachlass gilt als verloren.

LITERATURHINWEISE

Vorwort. Die Skala der Liebe

[Wilhelm Schulz:] Nekrolog. In: Schweizerischer Republikaner, Zürich, Nr. 17, 28.2.1837, S. 71f.

Luise Büchner: Die Frauen und ihr Beruf. Ein Buch der weiblichen Erziehung. 3. Auflage, Frankfurt am Main: Meidinger 1860

Georg Büchner's Sämmtliche Werke und handschriftlicher Nachlaß. Erste Kritische Gesammt-Ausgabe. Eingeleitet und hrsg. von Karl Emil Franzos. Mit Portrait des Dichters und Ansicht des Züricher Grabsteins. Frankfurt am Main: J. D. Sauerländer 1879

Fritz Gross: Georg Buechner. Stationen seines Lebens. Berlin-Wilmersdorf: A. R. Meyer 1919

Franz Theodor Csokor: Gesellschaft der Menschenrechte. Stück um Georg Büchner. Berlin, Wien, Leipzig: Zsolnay 1929 (auch in: Der Mensch und die Macht. Drei Stücke. Wien u. Hamburg: Zsolnay 1963)

Kasimir Edschmid: Wenn es Rosen sind, werden sie blühen. Roman. München: Verlag Kurt Desch 1950 (Neuausgabe unter dem Titel: Georg Büchner. Eine deutsche Revolution. Roman. München: Verlag Kurt Desch 1966)

Gaston Salvatore: Büchners Tod. In: Spectaculum 18. Fünf moderne Theaterstücke. Frankfurt am Main: Suhrkamp Verlag 1973

Reinhold Grimm: Cœur und Carreau. Über die Liebe bei Georg Büchner. In: Georg Büchner I/II, hrsg. von Heinz Ludwig Arnold. München: Edition text + kritik 1979, S. 299-326

Thomas Michael Mayer: Umschlagporträt. Statt eines Vorworts. In: Georg Büchner I/II, hrsg. von Heinz Ludwig Arnold. München: Edition text + kritik 1979, S. 5-15

Thomas Michael Mayer: Büchner-Chronik. In: Georg Büchner I/II, hrsg. von
  Heinz Ludwig Arnold. München: Edition text + kritik 1979, S. 357-425
Frederik Hetmann: Georg B. oder Büchner lief zweimal von Gießen nach
  Offenbach und wieder zurück. Zeit- und Lebensbild. Erzählung mit
  Dokumenten. Weinheim u. Basel: Beltz & Gelberg 1981
Thomas Michael Mayer: Lottchen Cellarius. In: Georg Büchner Jahrbuch 1
  (1981), S. 191-194
Thomas Michael Mayer (Text), Jan-Christoph Hauschild (Recherche): Ba-
  degäste in Ostende 1843. In: Georg Büchner Jahrbuch 1 (1981), S. 263-265
Theo Buck: Grammatik einer neuen Liebe. Anmerkungen zu Georg Büch-
  ners Marion-Figur. Aachen: Rimbaud Verlag 1986
Georg Büchner und die Moderne. Texte, Analysen, Kommentar. Hrsg.
  von Dietmar Goltschnigg. Bd. 3: 1980-2003. Berlin: Erich Schmidt
  Verlag 2003

Louise Reuß

Alex[ander] Büchner: Das »tolle« Jahr. Vor, während und nach. Von einem
  der nicht mehr toll ist. Erinnerungen. Gießen: Emil Roth 1900
Karl Esselborn: Pirmasens und Buchsweiler. Bilder aus der Hessenzeit der
  Grafschaft Hanau-Lichtenberg. Friedberg: Selbstverlag Wilhelm Diehl
  1917 (Hessische Volksbücher, Bd. 28-30)
Jan-Christoph Hauschild: Georg Büchner. Studien und neue Quellen zu
  Leben, Werk und Wirkung. Mit zwei unbekannten Büchner-Briefen.
  Königstein im Taunus: Athenäum 1985
Jan-Christoph Hauschild: Georg Büchner. Bilder zu Leben und Werk
  [Begleitbuch zur Ausstellung des Heinrich-Heine-Instituts]. Zweite,
  um ein Literaturverzeichnis erweiterte, durchgesehene Auflage. Düs-
  seldorf: Droste-Verlag 1987 (Veröffentlichungen des Heinrich Heine-
  Instituts, hrsg. von Joseph A. Kruse)
Jan-Christoph Hauschild: Georg Büchner. Biographie. Stuttgart und Wei-
  mar: J. B. Metzler 1993

Caroline Büchner

Luise Büchner: Aus dem Leben. Erzählungen aus Heimath und Fremde.
  Leipzig: Theodor Thomas 1861

[Ludwig Büchner (Hrsg.):] Luise Büchner's Nachgelassene belletristische
und vermischte Schriften in zwei Bänden. Frankfurt am Main:
J. D. Sauerländer 1878
Georg Büchner's Sämmtliche Werke und handschriftlicher Nachlass.
Erste Kritische Gesammt-Ausgabe. Eingeleitet und hrsg. von Karl Emil
Franzos. Mit Portrait des Dichters und Ansicht des Züricher Grab-
steins. Frankfurt am Main: J. D. Sauerländer 1879
Alex[ander] Büchner: Das »tolle« Jahr. Vor, während und nach. Von einem
der nicht mehr toll ist. Erinnerungen. Gießen: Emil Roth 1900
Alex[ander] Büchner: Vorwort zu: Im Dienste der Wahrheit. Ausgewählte
Aufsätze aus Natur und Wissenschaft. Von Prof. Dr. Ludwig Büchner.
Gießen: Emil Roth 1900, S. V-XXIX
Jan-Christoph Hauschild: Georg Büchner. Studien und neue Quellen zu
Leben, Werk und Wirkung. Mit zwei unbekannten Büchner-Briefen.
Königstein im Taunus: Athenäum Verlag 1985
Jan-Christoph Hauschild: Georg Büchner. Biographie. Stuttgart und Wei-
mar: J. B. Metzler 1993

Mathilde Büchner

Alex[ander] Büchner: Das »tolle« Jahr. Vor, während und nach. Von einem
der nicht mehr toll ist. Erinnerungen. Gießen: Emil Roth 1900
Hans Deuster: Zeitgeschehen und Leben der Familie Büchner im
Hessischen Ried. Berichte über die Familie Büchner, deren Verwandte,
Bekannte, Zeitzeugen, Zeitgeschehen und Ortsgeschichten. Riedstadt-
Goddelau: Selbstverlag 2004
Uwe Wittstock: Die Zurückhaltende und die Genies. In: Die Welt,
10.3.2009
Ein Foto von Mathilde. In: Darmstädter Echo, 20.3.2009
Astrid Ludwig: Auf den Spuren von Büchners Schwester. In: Frankfurter
Rundschau, 24.3.2009
geri: Frau mit Felsencharakter. In: Darmstädter Echo, 23.4.2009
(Besprechung eines Vortrags von Matthias Gröbel in der Kunstgalerie
am Goddelauer Büchner-Haus über Mathilde Büchner)
Matthias Gröbel: Mathilde Büchner – Die Schwester. In: Georg Büchner
und seine Zeit 1813-1837. Ausstellung des Hessischen Staatsarchivs
Darmstadt und des Stadtarchivs Darmstadt. Darmstadt 2012,
S. 25-31

Luise Büchner

Nachruf. In: Darmstädter Zeitung, 1.12.1877
Nachruf. In: Didaskalia, 2.12.1877
Nachruf. In: Kölnische Zeitung, 3.12.1877
Nachruf. In: Deutsche Hausfrauen-Zeitung, 9.12.1877
Elli Müller-Rau: Luise Büchner. In: Neue Zürcher Zeitung, 29.12.1955
Margarete Dierks: Konservativ revolutionär Luise Büchner. In: Georg
    Büchner: Revolutionär, Dichter, Wissenschaftler 1813-1837. Der Katalog
    [zur] Ausstellung Mathildenhöhe, Darmstadt 2. August bis 27. Sep-
    tember 1987 [Redaktion: Susanne Lehmann, Stephan Oettermann,
    Reinhard Pabst, Sibylle Spiegel]. Frankfurt am Main und Basel: Verlag
    Stroemfeld/Roter Stern 1987, S. 380-383
Reinhard Pabst: Ein unbekannter Bericht Luise Büchners über die Zürcher
    Büchner-Feier 1875. In: Georg Büchner Jahrbuch 7 (1988/89), S. 410-413
Margarete Dierks (Hrsg.): Sie gingen voran. Vier bedeutende Darmstädter
    Frauen des 19. Jahrhunderts. Darmstadt: H. L. Schlapp 1990
Margarete Dierks (Hrsg.):»Gebildet, ohne gelehrt zu sein«. Essays,
    Berichte und Briefe von Luise Büchner zur Geschichte ihrer Zeit.
    Darmstadt: Justus-von-Liebig-Verlag 1991
Elke Hausberg, Agnes Schmidt (Hrsg.):»Feder und Wort sind Euch
    gegeben«. Studien und Briefe zu Luise Büchners Leben und Werk.
    Darmstadt: Justus-von-Liebig-Verlag 2004
Heiner Boehncke, Peter Brunner, Hans Sarkowicz: Die Büchners oder
    der Wunsch, die Welt zu verändern. Frankfurt am Main: Societäts-
    Verlag 2008
Agnes Schmidt: Was unsren Mädchen Not tut, ist eine ganz gründliche
    Kenntnis der Weltgeschichte … Luise Büchner als Historikerin. In:
    Georg Büchner und seine Zeit 1813-1837. Ausstellung des Hessischen
    Staatsarchivs Darmstadt und des Stadtarchivs Darmstadt. Darmstadt
    2012, S. 41-49

Hauptwerke von Luise Büchner:

Die Frauen und ihr Beruf. Frankfurt am Main: Meidinger 1855
Dichterstimmen aus Heimat und Fremde. Für Frauen und Jungfrauen
    ausgewählt. Hamm: G. Grote'sche Buchhandlung, 1859
Aus dem Leben. Erzählungen aus Heimath und Fremde. Leipzig: Theodor
    Thomas 1861

Frauenherz. Gedichte. Berlin: Max Hirsch 1862
Das Schloß zu Wimmis. Leipzig: Theodor Thomas 1864
Charlotte Corday. In: Morgenblatt für gebildete Stände, Stuttgart, 59. Jg.,
Nr. 21-24, 21. und 28.5., 4. und 11.6.1865
Die Frauen und die Maschinen. In: Neue Bahnen., Karlsruhe 1866, Nr. 16
Praktische Versuche zur Lösung der Frauenfrage. Berlin: Otto Janke 1870
Über weibliche Berufsarten. Was sollen wir werden? Darmstadt: Karl
Köhler 1872
Über Verkaufs- und Vermittlungsstellen für weibliche Handarbeit, insbe-
sondere den Darmstädter Alice-Bazar. Leipzig: Theodor Thomas 1873
Clara Dettin. Erzählendes Gedicht. Leipzig: Theodor Thomas 1873
Deutsche Geschichte von 1815-1870. Zwanzig Vorträge, gehalten in dem
Alice-Lyceum zu Darmstadt. Leipzig: Theodor Thomas 1875
Die Frau. Hinterlassene Aufsätze, Berichte und Abhandlungen zur Frau-
enfrage. (Hrsg. von Ludwig Büchner). Halle: Hermann Gesenius 1878
Nachgelassene belletristische und vermischte Schriften in zwei Bänden.
(Hrsg. von Ludwig Büchner). Frankfurt am Main: J. D. Sauerländer
1878

Wilhelmine Jaeglé

Ludwig Büchner (Hrsg.): Georg Büchner: Nachgelassene Schriften. Frank-
furt am Main: J. D. Sauerländer 1850
Karl Emil Franzos: (Aus Georg Büchner's Nachlaß. Erster Artikel.) Hand-
schriftliches Bruchstück des ursprünglichen Artikelanfangs für die
Wiener Tageszeitung Neue Freie Presse, Oktober 1875. Eigenhändiges
Manuskript in der Landes- und Stadtbibliothek Wien, Nachlaß Fran-
zos, I. N. 175.285
Karl Emil Franzos: Über Georg Büchner. In: Deutsche Dichtung, Berlin,
Bd. 30, Heft 2, 15.10.1900, S. 195-203 und Heft 6, 15.3.1901, S. 293-300
Ottilie Franzos: Büchners verlorene Handschriften. In: Das Unterhal-
tungsblatt der Vossischen Zeitung. Berlin, Nr. 198, 24.8.1928
Kasimir Edschmid: Wenn es Rosen sind, werden sie blühen. Roman.
München: Kurt Desch 1950. Neuausgabe unter dem Titel: Georg Büch-
ner. Eine deutsche Revolution. Roman. München: Kurt Desch 1966
Gaston Salvatore: Büchners Tod. In: Spectaculum 18. Fünf moderne Thea-
terstücke. Frankfurt am Main: Suhrkamp 1973
Thomas Michael Mayer: Umschlagporträt. Statt eines Vorworts. In: Georg

Büchner I/II, hrsg. von Heinz Ludwig Arnold. München: Edition
text + kritik 1979, S. 5-15

Thomas Michael Mayer: Büchner-Chronik. In: Georg Büchner I/II, hrsg.
von Heinz Ludwig Arnold. München: Edition text + kritik 1979,
S. 357-425

Frederik Hetmann: Georg B. oder Büchner lief zweimal von Gießen nach
Offenbach und wieder zurück. Zeit- und Lebensbild. Erzählung mit
Dokumenten. Weinheim u. Basel: Beltz & Gelberg 1981

Thomas Michael Mayer (Text), Jan-Christoph Hauschild (Recherche):
Badegäste in Ostende 1843. In: Georg Büchner Jahrbuch 1 (1981),
S. 263-265

Wolfram Siemann: Deutschlands Ruhe, Sicherheit und Ordnung. Die
Anfänge der politischen Polizei 1806-1866. Tübingen: Max Niemeyer
1985

Jan-Christoph Hauschild: Georg Büchner. Studien und neue Quellen zu
Leben, Werk und Wirkung. Mit zwei unbekannten Büchner-Briefen.
Königstein im Taunus: Athenäum 1985

Walter Grab (unter Mitarbeit von Thomas Michael Mayer): Georg Büch-
ner und die Revolution von 1848. Der Büchner-Essay von Wilhelm
Schulz aus dem Jahr 1851. Text und Kommentar. Königstein im Taunus:
Athenäum 1985

Jan-Christoph Hauschild: Büchners Braut. In: Georg Büchner. Revolutio-
när, Dichter, Wissenschaftler. Der Katalog [zur] Ausstellung Mathil-
denhöhe, Darmstadt 2. August bis 27. September 1987. [Redaktion:
Susanne Lehmann, Stephan Oettermann, Reinhard Pabst, Sibylle
Spiegel]. Frankfurt am Main und Basel: Stroemfeld/Roter Stern 1987,
S. 124-131

Patrick Werrn: Le pasteur et homme de lettres alsacien Jean-Jacques
Jaeglé. In: Bulletin de la Société de l'histoire du protestantisme
français. Tome 137, 1991, S. 577-586

Patrick Werrn: Jaeglé Jean Jacques. In: Nouveau dictionnaire de
biographie alsacienne. Nr. 19, 1992, S. 1781

Jan-Christoph Hauschild: Georg Büchner. Biographie. Stuttgart und
Weimar: J. B. Metzler 1993

Reinhard Pabst: Georg Büchner: Albumblatt für Edouard Reuss. In:
Georg Büchner Jahrbuch 9 (1995-99), S. 1-4

Georg Büchner: Schriften, Briefe, Dokumente. Hrsg. von Henri Poschmann unter Mitarbeit von Rosemarie Poschmann. (Sämtliche Werke,
Briefe und Dokumente in zwei Bänden, Bd. 2) Frankfurt am Main:

Deutscher Klassiker Verlag 1999 (Bibliothek deutscher Klassiker,
Bd. 169)
Heiner Boehncke, Peter Brunner, Hans Sarkowicz: Die Büchners oder
der Wunsch, die Welt zu verändern. Frankfurt am Main: Societäts-
Verlag 2008
Herbert Wender: An den Grenzen der Konjekturalphilologie. Zu einigen
offenen Fragen der Büchneredition. In: Commitment and Compassion:
Essays on Georg Büchner. Festschrift for Gerhard Knapp. Hrsg.
von Patrick Fortmann und Martha B. Helfer. Amsterdam und New
York 2012

Therese Peche

Morgenblatt für gebildete Stände, Stuttgart, Nr. 87, 10.4.1828, S. 348,
Artikel »Hamburg, im März«
Johann Konrad Friederich: Vierzig Jahre aus dem Leben eines Toten.
Hinterlassene Papiere eines französisch-preußischen Offiziers.
Band 1-3. Tübingen: Osiander, 1848-1849
Artikel »Peché«. In: Pierer's Universal-Lexikon der Vergangenheit und
Gegenwart, Bd. 12, 4. Aufl. Altenburg: H. A. Pierer 1861, S. 770
Kürschner, Joseph: Peche, Therese. In: Allgemeine Deutsche Biographie 25
(1887), S. 305 f.
Erich Zimmermann: Der junge Schüler Büchner und die schöne Schau-
spielerin. Therese Peche am Darmstaedter Hoftheater: Begeisterung für
Shakespeare geweckt? In: Darmstädter Echo, Nr. 252 vom 30.10.1982,
S. 37
Erich Zimmermann: Die Schauspieler Carl Seydelmann und Therese
Peche in Darmstadt. Ein Kapitel hessischer Theatergeschichte unter
Ludwig I. In: Archiv für hessische Geschichte und Altertumskunde,
N. F. Bd. 41 (1983), S.133-150
Jan-Christoph Hauschild: Georg Büchner. Biographie. Stuttgart und
Weimar: J. B. Metzler 1993
Tobias Schmidt: »Aber gehn Sie in's Theater, ich rath' es Ihnen« – Das
Darmstädter Theater zu Georg Büchners Zeit. In: Georg Büchner Jahr-
buch (2000-2004), S. 3–52

Amalie Weidig

[Karl Buchner]: Aus dem Leben des Dr. Friedrich Ludwig Weidig.
In: Reliquien D. Friedrich Ludwig Weidig's, gewesenen Pfarrers in
Obergleen im Großherzogthume Hessen. Mannheim: Hoff 1838
Karl Buchner: Amalie Weidig. Eine biographische Skizze. In: Mitternacht-
zeitung für gebildete Leser. Braunschweig, 14. Jg. 1839, Nr. 130 und 132,
S. 1038-1040 und 1052-1054
Friedrich Noellner: Actenmäßige Darlegung des wegen Hochverraths
eingeleiteten gerichtlichen Verfahrens gegen Pfarrer D. Friedrich Lud-
wig Weidig […]. Darmstadt: Carl Wilhelm Leske 1844
Karl Buchner: Friedrich Ludwig Weidig. In: Eduard Duller (Hrsg.): Die
Männer des Volks, dargestellt von Freunden des Volks. Bd. 7, Frank-
furt am Main: Johann Valentin Meidinger 1849, S. 1-64
Franz Theodor Csokor: Gesellschaft der Menschenrechte. Stück um Georg
Büchner. Berlin, Wien, Leipzig: Zsolnay 1929
Hans Joachim Müller (Hrsg.): Friedrich Ludwig Weidig. Gesammelte
Schriften. Darmstadt 1987 (Hessische Beiträge zur Deutschen Literatur)
Thomas Michael Mayer, Sigurd Rink: Das Inventar und die Versteigerung
des Nachlasses von Friedrich Ludwig und Amalie Weidig. In: Georg
Büchner Jahrbuch 7 (1988/89), S. 383-409
Friedrich Ludwig Weidig (1791-1837). Neue Beiträge zur 200. Wiederkehr
seines Geburtstages. Hrsg. vom Magistrat der Stadt Butzbach (Stadtar-
chiv und Museum) in Verbindung mit dem Butzbacher Geschichtsver-
ein. Butzbach 1991

Lucile

Conversations-Lexicon oder encyclopedisches Handwörterbuch für gebil-
dete Stände. In zehn Bänden. Dritter Band. Vierte Auflage. Altenburg
und Leipzig: F. A. Brockhaus 1817
Die Geschichte Unserer Zeit, bearbeitet von Carl Strahlheim, ehemaligem
Officiere der kaiserlich französischen Armee. Zwölfter Band, Stuttgart:
C. F. Wolters 1828
Unsere Zeit, oder geschichtliche Uebersicht der merkwürdigsten Ereig-
nisse von 1789-1830 nach den vorzüglichsten französischen Werken
bearbeitet von einem ehemaligen Officier der kaiserlich französischen
Armee. Supplement-Heft Nro. V, Stuttgart: C. F. Wolters 1828

Karl Friedrich Beckers Weltgeschichte. Sechste Ausgabe, neu bearbeitet von Johann Wilhelm Loebell. Mit den Fortsetzungen von G. Woltmann und K. A. Menzel. Dreizehnter Theil. Geschichte unserer Zeit, von K. A. Menzel. II. Berlin: Duncker und Humblot 1829

Allgemeine Encyklopädie der Wissenschaften und Künste, hrsg. von Johann Samuel Ersch und Johann Gottfried Gruber, 1. Section, 24. Theil. Leipzig: F. A. Brockhaus 1833, Artikel »Desmoulins, Camille«

Georg Büchner: Gesammelte Werke. Erstdrucke und Erstausgaben in Faksimiles. 10 Bde. Hrsg. von Thomas Michael Mayer, Frankfurt am Main: Athenäum Verlag 1987, Bd. 3

Anna Jaspers: Georg Büchners Trauerspiel ›Dantons Tod‹. Phil. Diss. (masch.) Marburg 1921

Dorothy James: Georg Büchner's ›Dantons Tod‹: A Reappraisal. London: The Modern Humanities Research Association 1982

Jean-Paul Bertaud: Camille et Lucile Desmoulins. Un couple dans la tourmente. Paris: Presses de la Renaissance 1986

Ilona Broch: Die Julia und die Ophelia der Revolution. Zu zwei Frauenfiguren in ›Dantons Tod‹. In: Georg Büchner: Revolutionär, Dichter, Wissenschaftler 1813-1837. Der Katalog [zur] Ausstellung Mathildenhöhe, Darmstadt 2. August bis 27. September 1987 [Redaktion: Susanne Lehmann, Stephan Oettermann, Reinhard Pabst, Sibylle Spiegel]. Frankfurt am Main und Basel: Verlag Stroemfeld / Roter Stern 1987, S. 241-246

Theo Buck: Liebe, Revolution und Tod. Zur Lucile-Figur in Büchners Drama ›Danton's Tod‹. In: Eros, Liebe, Leidenschaft. Hrsg. von H. Kaspar Spinner und Frank-Rutger Hausmann. Bonn: Romanistischer Verlag 1988, S. 132-150

Henry J. Schmidt: Frauen, Tod und Revolution in den Schlußszenen von Büchners ›Danton's Tod‹. In: Zweites Internationales Georg Büchner Symposium 1987. Referate. Hrsg. von Burghard Dedner und Günter Oesterle. Frankfurt am Main: Hain 1990, S. 286-305

Anja Schonlau: »Nimmt einer ein Gefühlchen«. Die Emotionen der Französischen Revolution in Georg Büchners Metadrama ›Danton's Tod‹. In: Georg Büchner Jahrbuch 11 (2005-2008), S. 3-24

Ariane Martin: Miszellen zu Büchners Quellen. In: Georg Büchner und das 19. Jahrhundert. Hrsg. von Ariane Martin und Isabelle Stauffer. Bielefeld: Aisthesis 2012, S. 291-306

Julie

Adolphe Thiers: Histoire de la Révolution française. Paris: Lecointe et
Durey 1823–1827
Dorothy James: Georg Büchner's ›Dantons Tod‹: A Reappraisal. London:
The Modern Humanities Research Association 1982
Georg Büchner: Gesammelte Werke. Erstdrucke und Erstausgaben in
Faksimiles. 10 Bde. Hrsg. von Thomas Michael Mayer. Frankfurt am
Main: Athenäum 1987, Bd. 3
Henry J. Schmidt: Frauen, Tod und Revolution in den Schlußszenen von
Büchners ›Danton's Tod‹. In: Zweites Internationales Georg Büchner
Symposium 1987. Referate. Hrsg. von Burghard Dedner und Günter
Oesterle. Frankfurt am Main: Hain 1990, S. 286-305

Marion

Ernst Dronke: Aus dem Volk. Frankfurt am Main: Literarische Anstalt
1846. Darin: Reich und Arm, 3. Kapitel: Das Gastmahl der Raben-
väter
Ernst Dronke: Polizei-Geschichten. Leipzig: Carl B. Lorck 1846. Darin:
S. 52-73: ›Die Sünderin‹
Erich Edler: Ernst Dronke und die Anfänge des deutschen sozialen
Romans. In: Euphorion 56 (1962), Heft 112, S. 48-68
Bodo Rollka (Hrsg.): Ernst Dronke: Aus dem Volk. Köln: informations-
presse c.w. leske 1981
Jan-Christoph Hauschild: Georg Büchner. Studien und neue Quellen zu
Leben, Werk und Wirkung. Mit zwei unbekannten Büchner-Briefen.
Königstein im Taunus: Athenäum 1985
Theo Buck: Grammatik einer neuen Liebe. Anmerkungen zu Georg
Büchners Marion-Figur. Aachen: Rimbaud 1986

Adelaide, Rosalie

Die Pariser Grisette. Von Ernst Desprez. In: Das Ausland. Ein Tagblatt
für Kunde des geistlichen und sittlichen Lebens der Völker. Nr. 249,
5. September 1832, S. 993-994 (1. Teil)
Jochen Bertheau: Auf fremdem Boden: Studien zu den französischen

Quellen von Georg Büchners Werken. Frankfurt am Main u. a.: Peter
Lang 2004

Friederike Brion

Johann Wolfgang Goethe: Aus meinem Leben. Dichtung und Wahrheit.
3 Bde, Tübingen: J. Fr. Cotta'sche Verlagsbuchhandlung 1811-14
August Stöber: Der Dichter Lenz und Friedericke von Sesenheim. Basel:
Schweighauser'sche Buchhandlung 1842
Jan-Christoph Hauschild: Georg Büchner. Biographie. Stuttgart und
Weimar: J. B. Metzler 1993

Magdalena Salome Oberlin

Ehrenfried Stoeber: Vie de J. F. Oberlin, Pasteur à Waldbach, au Ban-
de-la-Roche, Chevalier de la Légion d'honneur. Paris u. a.: Treuttel et
Würtz 1831
Züge aus dem Leben des Johann Fried. Oberlin, gewesenen Pfarrers im
Steinthal bei Straßburg, hrsg. von Dr. G[otthilf] H[einrich] Schubert.
Vierte, vermehrte Auflage. Nürnberg: Raw'sche Buchhandlung 1832
[Johann Friedrich Oberlin]: Der Dichter Lenz, im Steinthale. In: Erwinia,
ein Blatt zur Unterhaltung und Belehrung [...]. Hrsg. von August
Stöber. Jg. 1-2, Straßburg 1838/39
Johann Friedrich Oberlin's, Pfarrer im Steinthal, vollständige Lebensge-
schichte und gesammelte Schriften. Hrsg. von Dr. Hilpert, Stöber und
Andern. Mit Berücksichtigung aller Hülfsmittel zusammengestellt
und übertragen von W. Burckhardt, Pfarrer. Zweiter Theil. Stuttgart:
Scheible, Rieger & Sattler 1843
Jan-Christoph Hauschild: Georg Büchner. Biographie. Stuttgart und
Weimar: J. B. Metzler 1993

Charlotte Cellarius

Darmstädter Kirchenbuch C 11 Nr. 74, Sterbeprotokoll 1853, S. 68
Zentralarchiv der Evangelischen Kirche in Hessen-Nassau, Best. 244,
KB Gießen Nr. 14, Taufen, Film Nr. 878

Frieder Lorenz: Gedanken bei einem unbekannten Brief Georg Büchners.
In: Maske und Kothurn 10 (1964), S. 532-537
Heinz Fischer: Georg Büchner. Untersuchungen und Marginalien. Bonn:
Bouvier Verlag Herbert Grundmann 1972
Thomas Michael Mayer: Umschlagporträt. Statt eines Vorworts. In: Georg
Büchner I/II, hrsg. von Heinz Ludwig Arnold. München: Edition text +
kritik 1979, S. 5-15
Thomas Michael Mayer: Büchner-Chronik. In: Georg Büchner I/II, hrsg.
von Heinz Ludwig Arnold. München: Edition text + kritik 1979,
S. 357-425
Frederik Hetmann: Georg B. oder Büchner lief zweimal von Gießen nach
Offenbach und wieder zurück. Zeit- und Lebensbild. Erzählung mit
Dokumenten. Weinheim und Basel: Beltz & Gelberg 1981
Erich Zimmermann: Grüße an Fräulein Lottchen. Eine Darmstädter
Jugendliebe Büchners? In: Darmstädter Echo, 9.5.1981
Thomas Michael Mayer: Lottchen Cellarius. In: Georg Büchner Jahrbuch
1/1981, S. 191-194
Heinz Fischer: Neue archivalische Spuren und Erfahrungen: Alexis Mu-
stons Journal d'étudiant. In: Georg Büchner Jahrbuch 2 (1982), S. 51-61
Heinz Fischer: Georg Büchner und Alexis Muston. Untersuchungen zu
einem Büchner-Fund. München: Wilhelm Fink 1987
Erich Zimmermann: ›Geht einmal nach Darmstadt…‹. Bibliothekarische
Skizzen über Georg Büchner und seine Heimatstadt. Darmstadt: Justus
von Liebig Verlag 1993
Georg Büchner: Schriften, Briefe, Dokumente. Hrsg. von Henri Posch-
mann unter Mitarbeit von Rosemarie Poschmann. (Sämtliche Werke,
Briefe und Dokumente in zwei Bänden, Bd. 2) Frankfurt am Main:
Deutscher Klassiker Verlag 1999 (Bibliothek deutscher Klassiker,
Bd. 169)

Lena

Barbara Beck: Mathilde Großherzogin von Hessen und bei Rhein, geb.
Prinzessin von Bayern (1813-1862). Mittlerin zwischen München und
Darmstadt. Darmstadt: E. Roether 1993

Gouvernante

Anika Susek: Blauer Dunst und blaue Strümpfe; http://www.anschlaege.
at/2008/februar08/rauchen2.htm (aufgerufen am 11.10.2011)

Rosetta

Der Tafelluxus im römischen Alterthum. In: Das Ausland. Eine
Wochenschrift für Kunde des geistigen und sittlichen Lebens der Völ-
ker. Stuttgart und Augsburg, 31. Jg. 1858, S. 457-461 und 487-491
Barbara Beck: Mathilde Großherzogin von Hessen und bei Rhein, geb.
Prinzessin von Bayern (1813-1862). Mittlerin zwischen München und
Darmstadt. Darmstadt: E. Roether 1993
Dietmar Goltschnigg (Hrsg.): Georg Büchner und die Moderne. Texte,
Analysen, Kommentar. Bd. 2: 1945-1980. Berlin: Erich Schmidt 2002

Marie

Alfons Glück: Der Woyzeck. Tragödie eines Paupers. In: Georg Büchner:
Revolutionär, Dichter, Wissenschaftler 1813-1837. Der Katalog [zur]
Ausstellung Mathildenhöhe, Darmstadt 2. August bis 27. September
1987 [Redaktion: Susanne Lehmann, Stephan Oettermann, Reinhard
Pabst, Sibylle Spiegel]. Frankfurt am Main und Basel: Verlag Stroem-
feld/Roter Stern 1987, S. 325-332
Anna Dünnebier (Hrsg.): Mein Genie. Haßliebe zu Goethe & Co.
Frankfurt am Main: Fischer 1993, S. 67 (Auszüge aus einem Gespräch,
das Anna Dünnebier mit Ruth Drexel über Goethe führte)
Jan-Christoph Hauschild: Georg Büchner. Biographie. Stuttgart und
Weimar: J. B. Metzler 1993
Georg Büchner: Sämtliche Werke und Schriften (Marburger Ausgabe),
Bd. 7: Woyzeck, Teilband 1: Text. Hrsg. von Burghard Dedner und
Gerald Funk unter Mitarbeit von Per Röcken. Teilband 2: Text,
Editionsbericht, Dokumente und Erläuterungen. Hrsg. von Burghard
Dedner unter Mitarbeit von Arnd Beise, Ingrid Rehme, Eva-Maria
Vering und Manfred Wenzel. Darmstadt: Wissenschaftliche Buch-
gesellschaft 2006

Großmutter

Alfons Glück: Fundament und tragischer Grund des ›Woyzeck‹. In:
Städtische Bühnen Münster. Woyzeck. Programmbuch C der Spielzeit
1984/85. Münster 1985, S. 61-76
Alfons Glück: Der Woyzeck. Tragödie eines Paupers. In: Georg Büchner:
Revolutionär, Dichter, Wissenschaftler 1813-1837. Der Katalog [zur]
Ausstellung Mathildenhöhe, Darmstadt 2. August bis 27. September
1987 [Redaktion: Susanne Lehmann, Stephan Oettermann, Reinhard
Pabst, Sibylle Spiegel]. Frankfurt am Main und Basel: Verlag Stroem-
feld/Roter Stern 1987, S. 325-332
Thornton Wilder: Die Tagebücher 1939-1961. Frankfurt am Main:
Fischer 1988.
Richard Kämmerlings: Im Hafen. Großmutters Märchen aus ›Woyzeck‹.
In: Frankfurter Allgemeine Zeitung, 12.1.2006, Nr. 10, S. 35
Elisabeth von Thadden: Großmutter, erzähl! In: Die Zeit, 10.12.2009, Nr. 51

Caroline Schulz

Wilhelm Schulz: Briefwechsel eines Staatsgefangenen und seiner Befreie-
rin. Bd. 1-2, Mannheim: Verlag von Friedrich Bassermann 1846, Band 2
Walter Grab (unter Mitarbeit von Thomas Michael Mayer): Georg Büch-
ner und die Revolution von 1848. Der Büchner-Essay von Wilhelm
Schulz aus dem Jahr 1851. Text und Kommentar. Königstein im Taunus:
Athenäum 1985
Walter Grab: Dr. Wilhelm Schulz aus Darmstadt. Weggefährte von Georg
Büchner und Inspirator von Karl Marx. Frankfurt am Main: Bücher-
gilde Gutenberg 1987
Jan-Christoph Hauschild: Georg Büchner. Biographie. Stuttgart und Wei-
mar: J. B. Metzler 1993

BILDNACHWEIS